EL BOTE VACÍO

EL BOTE VACÍO

SOBRE ONCE
HISTORIAS TAOÍSTAS
DE CHUANG TSE

OSHO

Gulaab

Primera edición: 1996
Tercera reimpresión: octubre de 2010

Título original: *The Empty Boat*

Diseño de cubierta: Rafael Soria

Traducción: Aquiles Balle Blanes

© Osho International Foundation, 1974 (Suiza), www.osho.com/copyrights
Editado por acuerdo con Osho International Foundation

OSHO® es una marca registrada de Osho International Foundation. www.osho.com

Los textos de esta obra corresponden a una serie original de discursos titulada *The Empty Boat*, impartidos por Osho. Todos los discursos de Osho han sido publicados, en su idioma original, como libros y también están disponibles en grabaciones originales de audio. Las grabaciones de audio y los archivos de texto pueden encontrarse en la librería *online* de Osho, en www.osho.com

De la presente edición española:
© Gulaab Ediciones, 1996
   Alquimia, 6 - 28933 Móstoles (Madrid) - ESPAÑA
   Tels.: 91 614 53 46 / 58 49
   Fax: 91 618 40 12
   e-mail: alfaomega@alfaomega.es
   www.alfaomega.es

Depósito Legal: M. 38.713-2010
I.S.B.N.: 978-84-86797-61-4

Impreso en España por: Artes Gráficas COFÁS, S.A. - Móstoles (Madrid)

   Cualquier forma de reproducción, distribución, comunicación pública o transformación de esta obra solo puede ser realizada con la autorización de sus titulares, salvo excepción prevista por la ley. Diríjase a CEDRO (Centro Español de Derechos Reprográficos, www.cedro.org) si necesita fotocopiar o escanear algún fragmento de esta obra.

ÍNDICE

	Págs.
La Tostada está Quemada	9
El Hombre del Tao	37
La Lechuza y el Fénix	71
Disculpas	93
Tres por la Mañana	119
El Ansia de Ganar	147
Los Tres Amigos	171
Lo Inútil	195
Medios y Fines	219
Ser Total	249
El Funeral de Chuang Tse	275

La tostada está quemada

*El que gobierna hombres, vive en la confusión,
el que es regido por hombres, vive apesadumbrado.
El Tao es, por esta razón, deseado,
para no influenciar a los demás,
ni ser influenciado por ellos.
La forma de aclarar la confusión y liberarse de los pesares,
es vivir en el Tao en la tierra del vacío.*

*Si un hombre está cruzando un río
y un bote vacío colisiona con el suyo,
incluso aunque sea un hombre de mal genio,
no se encolerizará mucho.
Pero si ve a un hombre en el otro bote,
le gritará para evitar el choque.
Y si éste desoye sus advertencias, vociferará
una y otra vez y empezará a maldecir.
Y todo porque hay alguien en ese bote.
Así pues, si el bote hubiese estado vacío,
no hubiera gritado,
ni se hubiese encolerizado.*

*Si puedes vaciar tu propio bote
cruzando el río del mundo,
nadie se te opondrá,
ni nadie buscará hacerte daño.
El árbol recto es el primero en ser cortado,
la fuente de agua clara es la primera en ser agotada.*

Si deseas ahondar en tu sabiduría
y avergonzar al ignorante,
si deseas cultivar tu personalidad para eclipsar a los demás,
una luz brillará a tu alrededor
como si te hubieras tragado el sol y la luna,
y no podrás evitar la desgracia.

Un sabio ha dicho:
"El que está satisfecho consigo mismo
ha hecho un trabajo sin valor alguno".

El éxito es el principio del fracaso,
la fama es el comienzo de la desgracia.
¿Quién puede liberarse a sí mismo
de las metas y de la fama
y descender y perderse entre las multitudes?
El que así lo haga, fluirá, como el Tao, sin ser visto,
discurrirá como la vida misma
sin nombre y sin hogar.
Simple es, sin distinciones.
A los ojos de todos, parece tonto.
Sus pasos no dejan huella.
No tiene poder alguno.
No alcanza nada, no tiene fama.
Puesto que no juzga a nadie,
nadie le juzga.

Así es el hombre perfecto:
su bote está vacío.

La tostada está quemada

¡Has venido a mí! Has dado un paso peligroso. Es un riesgo, porque junto a mí te puedes perder para siempre. Acercarte a mí significa la muerte y no puede significar otra cosa. Soy como un abismo. Acércate y caerás en mí. Por esto, la invitación te ha sido entregada. Has oído y has venido. Sé consciente de que a través de mí no vas a ganar nada. A través de mí únicamente puedes perderlo todo, porque a menos que te pierdas, lo Divino no puede aparecer; a menos que desaparezcas totalmente, lo Divino no puede surgir. Tú eres la barrera.

Y te tienes en tan alta estima, te valoras tanto, estás tan lleno de ti mismo, que nada puede penetrarte. Tus puertas están cerradas. Cuando desaparezcas, cuando no seas, las puertas se abrirán. Y entonces llegarás a ser como el vasto e infinito cielo.

Y ésta es tu naturaleza. Esto es el Tao.

Antes de penetrar en la bella parábola del Bote Vacío de Chuang Tse, me gustaría contarte una historia que establecerá lo que va a ser la pauta en este campo de meditación que estás empezando.

Oí que una vez—en un tiempo remoto, en algún desconocido país—un príncipe enloqueció repentinamente.

El rey estaba desesperado; el príncipe era su único hijo, el único heredero de su trono. Llamaron a todos los magos, a todos los milagreros, consultaron con los doctores, se hicieron todos los esfuerzos humanamente posibles, pero fue en vano. Nadie pudo ayudar al joven príncipe; permaneció loco.

El día en que perdió el juicio, se despojó de todas sus ropas hasta quedar desnudo y empezó a vivir bajo una mesa.

Creía que se había convertido en un gallo. Por último, el rey tuvo que aceptar el hecho de que el príncipe no podría volver a la normalidad. Había enloquecido para siempre; todos los expertos habían fallado.

Pero un día surgió una nueva esperanza. Un sabio, un sufí, un místico, llamó a las puertas del palacio y dijo: "Dadme la oportunidad de curar al príncipe".

El rey desconfió de él porque aquel hombre parecía estar loco; más loco incluso que el príncipe. Pero el místico dijo, "Sólo yo puedo curarle. Para curar a uno que está muy loco se necesita a otro más loco aún. Y todos vuestros expertos, vuestros milagreros y demás, han fracasado porque no conocen el ABC de la locura. Nunca han viajado por ese sendero".

Parecía lógico, así que el rey pensó, "No puede haber ningún mal en ello, ¿por qué no probar?" Y se le concedió la oportunidad.

En el momento en que el rey dijo: "De acuerdo, pruébalo", el místico se desnudó, saltó bajo la mesa y empezó a cacarear como un gallo.

El príncipe empezó a sospechar y le dijo, "¿Quién eres? ¿Y qué crees que estás haciendo?"

El viejo le contestó, "Soy un gallo más experimentado que tú. Tú no eres nada, eres sólo un recién llegado; a lo sumo, un aprendiz".

El príncipe le dijo: "Entonces de acuerdo: tú también eres un gallo, pero pareces un ser humano".

El viejo le dijo, "No te fíes de las apariencias; fíjate en mi espíritu, en mi alma. Soy un gallo como tú".

Se hicieron amigos. Se prometieron uno al otro que siempre vivirían juntos y convinieron que este mundo estaba contra ellos.

Pasaron unos días. De repente, un día, el viejo comenzó a vestirse. Se puso su camisa. El príncipe le dijo, "¿Qué estás haciendo, te has vuelto loco? ¿Un gallo intentando vestirse como un hombre?"

El viejo le contestó, "Sí, lo estoy intentando; engañaré a esos tontos, a esos seres humanos. Y recuerda que, aunque me vista, nada cambia. Mi condición de gallo permanece; nadie puede cambiarla. Sólo por vestirme como un ser humano, ¿crees que algo va a cambiar en mí?" El príncipe tuvo que aceptarlo.

Unos días después el viejo persuadió al príncipe de que se vistiera, porque el invierno se acercaba y empezaba a bajar la temperatura. Y entonces, un día, pidió comida a la gente del palacio. El príncipe se puso en guardia y dijo, "¿Qué estás haciendo?

¿Vas a comer como esos humanos, como ellos? Somos gallos y tenemos que comer como gallos".

El viejo le dijo, "Nada cambiará en cuanto a este gallo. Puedes comer cualquier cosa y puedes disfrutar de cualquier cosa. Puedes vivir como un hombre y permanecer fiel a tu condición de gallo".

Poco a poco el viejo persuadió al príncipe para regresar al mundo de los hombres. Llegó a ser absolutamente normal.

Lo mismo ocurre contigo y conmigo. Y recuerda que vosotros sois sólo iniciados, principiantes. Puedes creer que eres un gallo pero sólo estás aprendiendo el alfabeto. Yo soy un alma vieja y sólo yo puedo ayudarte. Todos los expertos han fallado; por esto estás aquí. Has llamado a muchas puertas; durante muchas vidas has estado buscando y nada te ha servido de ayuda.

Pero puedo decirte que yo sí puedo ayudarte porque no soy un experto, no soy un intruso. He caminado por el mismo camino, por la misma demencia, por la misma locura. He pasado por lo mismo: la misma miseria, la misma angustia, las mismas pesadillas. Y haga lo que haga, todo se reduce a persuadirte, a convencerte de que salgas de tu locura.

Creerse uno mismo un gallo, es insensatez; creerse uno mismo un cuerpo, es también una locura; incluso mayor. Creerse que uno es un gallo es locura, creerse que uno es un ser humano es una locura mayor, porque tú no perteneces a forma alguna. Tanto si la apariencia es la de un gallo, como si es la de un ser humano, es irrelevante. Perteneces a Lo-Sin-Forma, perteneces a la Totalidad, al Todo. Por eso, cualquiera que sea la apariencia que creas ser, estás loco. No tienes forma. No perteneces a nadie, no perteneces a ninguna casta, religión, o credo, no perteneces a ningún nombre. Y a menos que llegues a carecer de forma, de nombre, nunca te volverás cuerdo.

"Cordura" significa alcanzar aquello que es natural, llegar a aquello que es lo máximo en ti, llegar a lo que está oculto tras de ti. Se requiere un gran esfuerzo porque romper la forma; dejarla, eliminarla es muy difícil. Has llegado a estar muy ligado e identificado con ella...

Este *Samadhi Sadhana Shibir*, este campo de meditación, no es sino para persuadirte de que vayas hacia Lo-Sin-Forma; cómo desligarte de la forma. Toda forma significa ego; incluso un gallo tiene su ego y cada hombre tiene el suyo propio. Toda forma está centrada en el ego. Carecer de forma significa ausencia de ego; entonces no estás centrado en el ego, entonces tu centro está en todas y en ninguna parte. Esto es posible; esto que parece imposible, es posible, porque me ha sucedido a mí. Y cuando yo hablo, lo hago a través de la experiencia.

Dondequiera que estés, yo he estado; y donde quiera que yo esté, tú puedes estar. Mírame tan profundamente como puedas y siénteme tan hondamente como te sea posible, porque yo soy tu futuro, yo soy tu posibilidad.

Cuando te diga, "Entrégate a mí", quiero decir que te rindas a esta posibilidad. Tú puedes ser curado, porque tu enfermedad es sólo una idea. El príncipe enloqueció porque se identificó con la idea de que él era un gallo. Todo el mundo está loco a menos que comprenda que no se halla identificado con forma alguna—sólo entonces estás cuerdo.

Por esto, una persona cuerda no se considerará a sí mismo como "alguien" determinado. No puede hacerlo. Sólo uno que esté loco puede considerarse "alguien": a veces un gallo, a veces un hombre, un primer ministro, o un presidente, o cualquier cosa. Una persona cuerda llega a percibirse como un vacío. Éste es el peligro...

Tú has acudido a mí como "alguien", y si me lo permites, si me das la oportunidad, este "alguien" puede desvanecerse y convertirse en una nada, en un vacío. En esto se basa todo mi esfuerzo: en hacer de ti un vacío. Pero ¿por qué? ¿Por qué este esfuerzo por llegar a ser un vacío? Porque a menos que lo seas no podrás ser dichoso; a menos que te conviertas en un vacío, no podrás alcanzar el éxtasis, a menos que seas un vacío la bendición no será para ti; seguirás perdiéndote la vida.

Realmente no estás vivo; simplemente te arrastras, simplemente te soportas, como una carga. Sufrirás mucha angustia, mucho desespero, mucha tristeza; no tendrás ni un solo rayo de bienaventuranza; no será posible. Si eres "alguien", eres como un sólido bloque de piedra; nada puede penetrarte. Cuando no eres nadie, empiezas a hacerte poroso. Cuando no eres nadie, eres realmente un vacío, transparente; todo puede pasar a través tuyo. No hay obstáculo, no hay barrera, ni resistencia. Te conviertes en una pasividad, en una puerta.

Ahora mismo eres como una pared; una pared significa que eres alguien. Cuando seas una puerta, serás un vacío. Una puerta es sólo un vacío; cualquiera puede atravesarla, no hay resistencia, no hay barreras. Ser alguien... es estar loco; no ser nadie... entonces estás cuerdo por primera vez.

Pero la sociedad en general, la educación, la civilización, la cultura, todo te moldea y te ayuda a ser alguien. Y yo te digo: la religión está en contra de la civilización, la religión está en contra de la educación, la religión está en contra de la cultura, porque la religión observa lo natural, el Tao.

Todas las civilizaciones están en contra de lo natural, porque su intención es convertirte en "alguien". Y cuanto más te cristalizas como un "alguien", menos puede lo Divino penetrarte.

Acudes a los templos, a las iglesias, a los curas, pero ahí también estás buscando un modo de convertirte en "alguien" en el otro mundo, buscando un modo para llegar a algo, un camino al éxito. La mente que anhela, te sigue como una sombra. Donde quiera que vayas, vas con la idea del provecho, del alcanzar, del éxito, del realizar. Si alguno de vosotros ha venido aquí con esta idea debería partir tan rápidamente como le fuera posible, alejándose a la mayor velocidad de mí, porque yo no te voy a ayudar a convertirte en "alguien".

Yo no soy tu enemigo. Sólo puedo ayudarte a ser un vacío. Sólo puedo empujarte al abismo... sin fondo. Nunca alcanzarás nada; simplemente te disolverás. Caerás y caerás y te disolverás; y en el momento en que te disuelvas, toda la Existencia se sentirá extática. La totalidad de la Existencia lo celebrará.

Buda lo alcanzó—por cuestiones semánticas digo "alcanzó"; de otra forma la palabra es aborrecible. No hay un alcanzar, pero tú ya comprendes. Buda alcanza ese vacío, esa nada. Durante dos semanas, durante catorce días ininterrumpidamente, estuvo sentado en silencio, sin moverse, sin hablar, sin hacer nada.

Se dice que las deidades del cielo se quedaron perplejas; sólo en muy escasas ocasiones ocurre que alguien alcanza un vacío tan total. Toda la Existencia se regocijó; por esto las deidades acudieron ante él. Se inclinaron ante Buda y le dijeron "Debes decir algo, debes expresar lo que has alcanzado". Se dice que Buda rió y dijo: "No he alcanzado nada, más bien, a causa de esta mente que siempre anda deseosa de alcanzar algo, lo estaba perdiendo todo. No he alcanzado nada, esto no es un logro; más bien al contrario, el "hacedor" ha desaparecido. "Yo" he dejado de ser y—

date cuenta de su belleza—cuando "yo" era, era desgraciado. Ahora que ya no soy, todo es bienaventuranza, la dicha llueve continuamente sobre mí, por todas partes. Ahora no hay ya aflicción".
Buda había dicho anteriormente: "La vida es aflicción, el nacimiento es aflicción, la muerte es aflicción, todo es desdicha. Y era desdicha porque el ego estaba ahí. El bote no estaba vacío. Ahora el bote está vacío; ya no hay más tristeza, más aflicción, más pesadumbre. La Existencia se ha convertido en una celebración y debería permanecer como celebración hasta la eternidad, por y para siempre".
Por esto te digo que es peligroso haber venido a mí. Has dado un paso arriesgado. Si eres valiente, prepárate para saltar.
Todo el esfuerzo estriba en cómo acabar contigo, en cómo destruirte. Una vez seas destruido, lo indestructible surgirá; está ahí, escondido. Una vez que todo lo no-esencial sea eliminado, lo esencial será como una llama viva, en la gloria absoluta.
Esta parábola de Chuang Tse es hermosa. Él dice que un hombre sabio es como un bote vacío.

Así es el hombre perfecto:
su bote está vacío.

No hay nadie dentro. Si te encontrases con Chuang Tse, o con Lao Tse, o conmigo, verías ante ti el bote, pero vacío, sin nadie en él. Si sólo miras superficialmente, entonces parecerá que hay alguien, porque el bote está ahí. Pero si penetras más, si realmente intimas conmigo, si te olvidas del cuerpo, del bote, entonces encontrarás un vacío. Chuang Tse es una rara flor, porque llegar a ser un vacío es lo más difícil, es casi imposible, es lo más extraordinario del mundo.
La mente ordinaria suspira por lo extraordinario y eso es parte de lo ordinario; la mente común desea ser "alguien"—eso es parte de lo ordinario. Puedes convertirte en un Alejandro, pero seguirás siendo alguien corriente. Entonces, ¿qué es ser alguien extraordinario? Lo extraordinario comienza sólo cuando dejas de suspirar por ello. Entonces empieza el viaje. Una nueva semilla ha germinado.
Es lo que Chuang Tse quiere expresar cuando dice: *"Un hombre perfecto es como un bote vacío"*. De ahí, se derivan muchas cosas.

Primero, un bote vacío no va a ninguna parte porque no hay nadie que lo dirija, nadie que lo manipule, nadie que lo conduzca a un lugar determinado. Un bote vacío está ahí, sin ir a parte alguna. Incluso si se mueve, no se dirige a ningún sitio en concreto.

Cuando la mente no está allí, la vida sigue en movimiento, pero no está dirigida. Te moverás, cambiarás, serás como el fluir de un río, pero no te dirigirás a ninguna parte, no tendrás metas a la vista. Un hombre perfecto vive sin propósito, un hombre perfecto vive sin motivo alguno. Si le pides a un hombre perfecto: "¿Qué estás haciendo?", te dirá, "No lo sé, pero esto es lo que está sucediendo". Si me pides por qué te estoy hablando, te diré, "Pregunta a la flor por qué florece". Sucede, nadie lo provoca. No hay nadie que lo manipule; el bote está vacío. Cuando exista un propósito, siempre permanecerás afligido. ¿Por qué?

Una vez un hombre preguntó a un avaro, a un gran tacaño "¿Cómo has logrado acumular tanto dinero?"

El avaro le contestó, "Éste es mi lema: todo lo que pueda hacerse mañana, ha de hacerse hoy y de todo lo que se pueda disfrutar hoy, ha de disfrutarse mañana. Éste ha sido mi lema". Consiguió amasar una gran riqueza y así es como la gente consigue acumular estupideces.

Este avaro era también un desgraciado. De una parte, triunfó acumulando riqueza; de otra, triunfó acumulando amargura. Y el lema es el mismo tanto para acumular dinero, como para acumular desdicha: haz hoy lo que deba ser hecho mañana—hazlo ahora, no lo demores—y de todo lo que puedas disfrutar ahora mismo, no lo disfrutes ahora; posponlo hasta mañana.

Éste es el camino para entrar en el infierno. Siempre tiene éxito, nunca ha fallado. Inténtalo y lo lograrás; o incluso puede que hayas triunfado ya. Puedes haber estado intentándolo sin saberlo. Pospón todo lo que puedas disfrutar, piensa sólo en el mañana.

Jesús fue crucificado por los judíos sólo por esta razón, no por otro motivo. No es que ellos estuvieran en contra de Jesús; Jesús era un hombre perfecto, un bello ser humano, ¿por qué tenían los judíos que estar en su contra? Más bien al contrario, habían estado esperando a este hombre. Durante siglos habían estado suspirando y esperando, "¿Cuándo llegará el Mesías?"

Y entonces, de repente, este Jesús declara: "Yo soy el Mesías al cual habéis estado esperando. He venido ahora; contempladme".

Ellos se quedaron perplejos porque la mente puede esperar, siempre disfruta esperando, pero la mente no puede encarar el hecho, la mente no puede encontrarse con este momento. Siempre sabe posponer, es fácil posponer: el Mesías vendrá, pronto llegará... Durante siglos, los judíos han estado pensando en ello y posponiéndolo y entonces este hombre destruye toda esperanza, porque les dice: "Estoy aquí". Entonces, la mente se siente turbada. Tuvieron que matar a ese hombre; si no lo hubieran hecho, no les hubiese sido posible vivir manteniendo la esperanza del mañana.

Y no sólo fue Jesús; muchos otros han declarado desde entonces: "Estoy aquí. Yo soy el Mesías". Y los judíos siempre los han negado, porque si no los niegan, ¿cómo podrían mantener sus esperanzas? ¿Cómo podrían posponerlo? Han vivido este anhelo con tanto fervor, con tal profunda intensidad, que a duras penas puede uno creerlo. Hubo judíos que probablemente se acostaron esperando que aquella fuese la última noche, que por la mañana el Mesías estaría ahí...

He oído acerca de un rabino que solía decir a su mujer, "Si él viene por la noche, no pierdas un solo instante; despiértame inmediatamente". El Mesías está más y más cerca; puede llegar en cualquier momento.

Y he oído de otro rabino cuyo hijo se iba a casar, de modo que envió las invitaciones para la boda a sus amigos y escribió en ellas: "Mi hijo se va a casar en Jerusalén en tal fecha, pero si el Mesías no ha venido por entonces, mi hijo se casará aquí, en Kortz". ¿Quién sabe?, quizás en la fecha de la boda, el Mesías haya venido ya. Si es así, ya no estará aquí; estará en Jerusalén celebrándolo. Pero si no ha venido por entonces, celebraremos la boda en el pueblo; en caso contrario será en Jerusalén.

Así han estado esperando y esperando; soñando. Toda la mente judía ha estado obsesionada con el Mesías venidero. Pero cuando el Mesías llega, inmediatamente lo niegan. Has de comprender esto. Así es como funciona la mente: esperas la dicha, el éxtasis, y cuando llega, lo niegas; simplemente le vuelves la espalda.

La mente puede vivir en el futuro, pero no puede vivir en el presente. En el presente sólo puedes anhelar y desear. Así es como creas tu propia desgracia. Si empiezas a vivir aquí y ahora, en este mismo momento, la desdicha desaparece.

Pero ¿cómo se relaciona esto con el ego? El ego es el pasado acumulado. Todo lo que has conocido, experimentado, leído, cualquier cosa que te haya sucedido en el pasado, todo se acumula ahí. Este pasado, en conjunto, es el ego, eres tú.

El pasado se puede proyectar en el futuro—el futuro no es más que una extensión del pasado—pero el pasado no puede encarar el presente. El presente es totalmente diferente, tiene la cualidad del aquí y ahora. El pasado siempre está muerto; el presente es vida, la mismísima fuente de todo lo vivo. El pasado no puede enfrentarse al presente y por esto se mueve hacia el futuro. Pero ambos están muertos, ninguno de ellos existe. El presente es vida; el futuro no puede encontrarse con el presente, ni tampoco el pasado. Y tu ego, tu "ser alguien", es tu pasado. A menos que estés vacío, no puedes estar aquí; y a menos que estés aquí, no estás vivo.

¿Cómo puedes conocer la felicidad de la vida? A cada momento está lloviendo sobre ti y tú no te das cuenta.

Dice Chuang Tse,

Así es el hombre perfecto:
su bote está vacío.

¿Vacío de qué? Vacío del yo, vacío del ego, sin nadie en su interior.

El que gobierna hombres, vive en la confusión;
el que es regido por hombres, vive apesadumbrado.

"*El que gobierna hombres, vive en la confusión*". ¿Por qué? El deseo de gobernar proviene del ego; el deseo de poseer, de ser poderoso, el deseo de dominar, surge del ego. Cuanto mayor es el reino que puedes controlar, mayor es el ego que desarrollas. Con tus posesiones, tu "alguien" interior se vuelve más y más grande. A veces, el bote se vuelve muy pequeño; tan solo porque el ego es muy grande...

A los políticos, a la gente obsesionada por la riqueza, el prestigio, el poder, les sucede esto: sus egos alcanzan tal tamaño que sus botes no pueden contenerlos. A cada momento están a punto de ahogarse, están al límite, asustados, muertos de miedo. Y cuanto más asustado está uno, más posesivo se vuelve, porque cree que a través de los bienes alcanzará algún tipo de seguridad. Cuanto más asustado estés, más creerás que si tu imperio fuese un poco mayor estarías más seguro.

El que gobierna hombres, vive en la confusión ....

Realmente, el deseo de gobernar nace de tu confusión, el deseo de ser líder de hombres proviene de tu desorden. Cuando empiezas a dirigir a otros te olvidas de tu propio caos; es un escape, un truco. Estás enfermo, pero si alguien está también enfermo y te interesas por curarlo, te olvidas de tu propia enfermedad.

Oí una vez que G.B. Shaw telefoneó a su médico y le dijo: "Me encuentro muy mal y creo que voy a tener un ataque de corazón. Venga inmediatamente". El doctor acudió a toda prisa. Tuvo que subir corriendo las escaleras y sudaba copiosamente. Entró y sin decir nada, se desplomó en una silla y cerró sus ojos. Bernard Shaw saltó de su cama y le preguntó: "¿Qué ocurre?"

El médico le contestó: "No diga nada. Creo que me voy a morir. Es un infarto." Bernard Shaw empezó a ayudarle; le trajo una taza de té, una aspirina e hizo lo que pudo. A la media hora, el doctor se había recuperado. Entonces le espetó: "Debo irme. Págueme mis honorarios". George Bernard Shaw le contestó, "¡Es realmente increíble! ¡Es usted quién debería pagarme! Le he estado cuidando durante más de media hora y ni me ha preguntado cómo estoy". Pero el galeno le dijo, "Yo le he curado. Éste ha sido el tratamiento y usted tiene que abonarme mis honorarios".

Cuando uno se interesa por la enfermedad de otro, olvida la suya propia; de aquí que haya tantos gurús, tantos líderes, tantos maestros. Esto te proporciona una ocupación. Si estás pendiente de los demás, si eres un servidor de los demás, un trabajador social y ayudas al prójimo, te olvidas de tu propia confusión, de tu propio torbellino interior; y todo porque estás muy atareado.

Los psiquiatras nunca enloquecen, no porque sean inmunes a ello, sino porque están tan pendientes de la locura del otro, curándole, ayudándole, que se olvidan totalmente de su propia locura.

He conocido a muchos trabajadores sociales, líderes, políticos, gurús, que se mantienen cuerdos únicamente porque se preocupan por los demás.

Pero si diriges a los demás, si les dominas, debido a tu propia confusión crearás el caos en sus vidas. Puede que sea un buen tratamiento para ti mismo, puede que te sirva de escape, pero es extender la enfermedad.

El que gobierna hombres, vive en la confusión...

Y no sólo es que vive en la confusión, sino que también la contagia a los demás. De la confusión nace únicamente la confusión. Por esto, si te hallas confuso, por favor recuerda: no ayudes a nadie, porque tu ayuda será un veneno. Si estás desorientado, no te preocupes por los demás, pues solamente crearás problemas; tu enfermedad se volverá contagiosa. No aconsejes a nadie. Y si tienes algo de claridad mental, no recibas consejo de alguien que esté desorientado. Permanece alerta, porque aquél que está confuso siempre da consejos. Y te los dará sin que pagues nada a cambio; te los dará generosamente.

Permanece alerta. De la confusión solo nace la confusión...

El que es regido por hombres, vive apesadumbrado.

Si dominas a los hombres, vives en la confusión; si permites que el prójimo te dirija, vives afligido, porque un esclavo no puede ser dichoso.

El Tao es por esta razón deseado,
ni para influir a los demás,
ni ser influenciado por ellos.

Deberías intentar no influenciar a nadie y deberías estar alerta para no ser influido por los demás. El ego puede hacer ambas cosas, pero no puede mantenerse en el medio. El ego puede intentar influenciar y entonces se siente bien, superior, dominando, pero recuerda que el ego también se siente bien siendo dominado. Los jefes se sienten bien porque hay muchos esclavos dominados y los esclavos se sienten bien siendo dominados.

Hay dos tipos de mente en el mundo: la mente de los dominadores—la mente masculina—y la mente de aquellos que gustan de ser dominados—la mente femenina. Y por femenina no quiero significar "mujeres", ni por masculina, "hombres". Hay mujeres que tienen mentes masculinas y hay hombres que son de mente femenina. No siempre coinciden.

Esos son los dos tipos de mente: a una le gusta dominar y a la otra le gusta ser dominada. En ambos casos, el ego se siente satisfecho porque tanto si eres el dominador, como si eres el dominado, eres importante. Si alguien te domina, también entonces tú eres importante porque su dominio depende de ti. Sin ti, ¿qué seria de él? Sin ti, ¿sobre qué tendría su dominio, su reino, su pertenencia? Sin ti, él no sería nadie.

El ego se siente satisfecho en los dos extremos; solamente en el medio, el ego muere. No seas dominado, ni intentes dominar.

Piensa tan sólo en lo que te sucedería. No eres importante en modo alguno, no eres en absoluto importante: ni como amo, ni como esclavo. Los amos no pueden vivir sin esclavos y los esclavos no pueden vivir sin amos; se necesitan los unos a los otros. Son complementarios, igual que hombres y mujeres son complementarios. El otro es necesario para su plenitud.

No seas ni uno, ni otro. Y entonces, ¿quién eres tú? Repentinamente, desapareces, porque no eres importante en modo alguno. Nadie depende de ti, no eres necesario. Hay una gran necesidad de ser necesitado. Recuerda: te sientes bien cuando eres solicitado. Incluso a veces, aunque te cree infelicidad, amas el ser necesario.

Un niño impedido está postrado en la cama y su madre está constantemente preocupada por su deber para con él: "Tengo que cuidar de este niño, pero estoy desperdiciando toda mi vida".

Pero si el niño muere, la madre se sentirá perdida, porque al menos este niño dependía de ella tan absolutamente que la hacía sentirse importante.

Si no hay nadie que te necesite, ¿qué eres? Tú creas la necesidad de ser necesitado. Incluso los esclavos son necesarios.

El Tao es por esta razón deseado,
ni para influenciar a los demás,
ni para ser influenciado por ellos.
El modo de aclarar la confusión
y liberarse de los pesares
es vivir en el Tao
en la tierra del vacío.

Este punto medio es la "tierra del vacío", o la puerta hacia la tierra del vacío; como si tú no existieras, como si nadie te necesitara y tú no necesitaras a nadie. Existes como si no existieras. Si tú no eres importante, el ego no puede subsistir. Por esto intentas ser importante de una forma u otra. Cuando te sientes necesario, te sientes bien. Pero ésa es tu desgracia y tu confusión y es la base de tu infierno.

¿Cómo puedes liberarte? Observa esos dos extremos. Buda llamo a su religión "el camino del medio", *majhim nikaya*. La llamó "el camino del medio" porque decía que la mente vive en los extremos. Si permaneces en el punto medio, la mente desaparece. En el punto medio, no hay mente.

¿Has visto alguna vez a un equilibrista? La próxima vez que veas uno, obsérvalo. Cuando el funámbulo se inclina a la izquierda, inmediatamente tiene que moverse hacia la derecha para equilibrarse; cuando siente que se está yendo demasiado a la derecha, tiene que inclinarse a la izquierda. Tienes que desplazarte al extremo opuesto para lograr un equilibrio.

Por esto, los amos se convierten en esclavos y los esclavos se convierten en amos; los que poseen llegan a ser poseídos y los poseídos se convierten en poseedores. Y así siempre; es un equilibrio continuo.

¿Lo has observado en tus relaciones? Si eres un esposo, ¿lo eres realmente durante las veinticuatro horas? No lo has observado. En veinticuatro horas el cambio ocurre al menos veinticuatro veces; a veces la esposa es el marido y el marido es la esposa; en otras ocasiones, el marido es de nuevo el marido y la esposa es de nuevo la esposa.

Y así se continúa, oscilando de derecha a izquierda. Es un andar de equilibrista. Tienes que equilibrarte. No puedes dominar durante veinticuatro horas, porque entonces el equilibrio se rompería y la relación se destruiría.

Siempre que el equilibrista se sitúa en el centro, sin inclinarse ni a la derecha, ni a la izquierda,... es difícil que lo observes, a menos que seas tú el equilibrista. Caminar por la cuerda floja ha sido utilizado en el Tíbet como meditación, porque en el punto medio, la mente desaparece. La mente vuelve a existir de nuevo cuando te inclinas a la derecha; entonces la mente entra y dice: "Equilíbrate, inclínate a la izquierda".

Cuando surge un problema, surge la mente. Cuando no hay problemas, ¿cómo puede haber mente? Cuando estás en el punto medio, en total equilibrio, no hay mente. El equilibrio significa no-mente.

Oí que una madre estaba muy preocupada por su hijo. Tenía ya diez años y no hablaba una sola palabra. Se probaron todos los sistemas posibles, pero los doctores dijeron: "No hay nada que esté mal; su cerebro está perfectamente sano. El cuerpo está bien, el chico es sano y no podemos hacer nada. Si hubiera habido algo mal, entonces hubiéramos podido hacer algo".

Pero aun así, el niño no hablaba. Entonces, de repente, una mañana, el hijo habló y dijo, "Esta tostada está quemada".

La madre no podía creerlo. Lo miró, se quedó pasmada y le dijo: "¿Qué? ¡Has hablado! Y correctamente ¿Por qué estabas siempre callado? Intentamos persuadirte, pero nunca hablaste".

El chico dijo, "Nunca hubo nada que estuviera mal. Por primera vez, la tostada está quemada".

Si no hay nada mal, ¿por qué hablar?

La gente acude a mí y me dice, "Sigues hablando cada día...", y les contesto, "Sí, porque hay mucha gente equivocada que viene aquí y me escucha. Hay tantas cosas mal, que he de hablar. Si todo estuviera bien, no habría necesidad de hablar. Hablo por vosotros, porque la tostada está quemada".

En el momento en que estás en el punto medio, entre cualquier polaridad o extremo, la mente desaparece. Pruébalo. El caminar en la cuerda floja es un bello ejercicio, uno de los más sutiles métodos de meditación. No se necesita nada más. Puedes observar al equilibrista por ti mismo; observa cómo ocurre.

Y recuerda: en la cuerda, el pensar se detiene porque es una situación muy peligrosa. No puedes pensar. En el momento en que pienses, caerás. Un equilibrista no puede pensar; ha de estar atento en todo momento. Ha de mantener el equilibrio en todo momento. No puede sentirse seguro; no está seguro. No puede sentirse sano y salvo; no está a salvo. El peligro está ahí siempre; en cualquier momento una pequeña oscilación y caerá... Y la muerte aguarda.

Si andas por una cuerda floja, llegarás a sentir dos cosas: el pensamiento se detiene porque hay peligro, y en el momento en que te sitúas en el medio—ni a la izquierda, ni a la derecha; justo en el centro—un gran silencio desciende sobre ti de una forma que nunca antes has conocido. Y esto sucede en muchas ocasiones. Toda la vida es un caminar por la cuerda floja.

El Tao así deseado permanece en el punto medio; no siendo dominado, ni dominando; no siendo esposo, ni esposa; no siendo amo, ni esclavo.

*La forma de aclarar la confusión
y liberarse de los pesares
es vivir en el Tao
en la tierra del vacío.*

En el punto medio, la puerta se abre—la tierra del vacío. Cuando tú no eres, el mundo en su totalidad desaparece, porque el mundo depende de ti. El mundo que has creado a tu alrededor depende de ti. Si tú no eres, el mundo desaparece.

No es que la Existencia se convierta en no-Existencia, no; sino que el mundo desaparece y la Existencia aparece. El mundo es una creación mental; la Existencia es lo verdadero.

Esta casa estará ahí, pero entonces esta casa no será tuya. La flor estará ahí, pero la flor no tendrá nombre. No será ni hermosa, ni fea. Estará ahí, pero en tu mente no surgirá ningún concepto respecto a ella. Todo el entramado conceptual desaparece. La Existencia desnuda, inocente, permanece ahí en todo su puro y cristalino ser. Y todos los conceptos, todas las fantasías, todos los sueños, desaparecen en la tierra del vacío.

*Si un hombre está cruzando un río
y un bote vacío colisiona con el suyo
incluso aunque sea un hombre de mal genio,
no se encolerizará mucho.
Pero si ve a un hombre en el otro bote,
le gritará para evitar el choque.
Y si éste desoye sus advertencias, vociferará
una y otra vez, y empezará a maldecir.
Y todo porque hay alguien en ese bote.
Así pues, si el bote estuviera vacío,
no hubiera gritado, ni se hubiese encolerizado.*

Si la gente sigue chocando contigo y si sigue enfadándose contigo, recuerda: ellos no tienen la culpa; tu bote no está vacío. Se enfadan porque tú estás ahí. Si tu bote estuviera vacío, parecerían tontos; si se enfadaran, sería una estupidez. Aquellos que son íntimos míos a veces se enfadan conmigo y entonces parecen tontos. Si el bote está vacío, puedes incluso disfrutar con la ira de los demás, porque no hay nadie con quién enojarse; ellos no te han visto. Por esto, recuerda: si la gente sigue chocando contigo, eres una pared demasiado sólida. Conviértete en una puerta, vacíate, déjalos pasar.

E incluso entonces, a veces la gente se enfadará; se enojan incluso con un Buda. Porque hay tontos que al colisionar su bote con otro bote vacío, no miran si hay o no hay alguien en él. Empiezan a gritar; están tan confusos, que no pueden ver si hay alguien o no hay alguien en el otro bote.

Pero incluso entonces, el bote vacío puede disfrutarlo porque la ira nunca te golpea. "Tú" no estás allí; entonces ¿a quién puede herir?

Este símbolo del bote vacío es realmente hermoso. La gente se encoleriza porque estás demasiado presente, porque tienes demasiada substancia; eres tan sólido que ellos no pueden pasar. Y la vida está interrelacionada con todo. Si tú estás excesivamente presente, por todo habrá colisiones, ira, depresión, agresión, violencia. El conflicto continuará.

Cuando sientes que alguien está irritado, o que ha chocado contigo, siempre crees que él es el responsable. Así es como la ignorancia deduce, interpreta. La ignorancia siempre afirma, "El otro es el responsable". La sabiduría siempre dice, "Si alguien es el responsable, entonces soy yo. Y el único modo de no chocar, es no ser".

"Yo soy responsable", no significa, "Yo estoy haciendo algo. Por esto están enfadados". No es eso. Puede que no estás haciendo nada, sino que tu sola presencia sea suficiente para que la gente se enoje. La cuestión no es si estás haciendo algo bueno o malo. La cuestión es que tú estás ahí.

Ésta es la diferencia entre el Tao y otras religiones.

Las otras religiones dicen, "Sé bueno, compórtate así o asá, de modo que nadie se irrite contigo". El Tao dice: "No seas". No es cuestión de comportarse o no comportarse. Eso no es lo importante. Incluso un buen hombre, un hombre santo, provoca irá, porque él está ahí. A veces, un hombre bueno provoca más ira que un mal hombre, porque un hombre bueno significa un muy sutil egoísta. Un hombre malo se siente culpable; su bote puede estar lleno, pero él se siente culpable. Él no está realmente ocupando todo el bote; su culpa lo mantiene encogido. Un hombre bueno se siente tan bueno que llena el bote totalmente, lo desborda.

Por esto, cuando te acercas a una buena persona, te sientes torturado. Y no es que él te torture; es sólo su presencia. Con los mal llamados hombres buenos siempre te sentirás triste; e intentarás evitarlos. Las mal llamadas buenas personas, son realmente muy pesadas. Siempre que contactes con ellos, te harán sentir triste, te deprimirán e intentarás dejarlos tan pronto como puedas.

Los moralistas, los puritanos, los virtuosos,... todos son pesados y llevan con ellos una carga y negras sombras. No gustan a nadie. No pueden ser buenos compañeros, no pueden ser buenos amigos. La amistad es imposible con un hombre bueno; casi imposible, porque sus ojos están siempre condenando. En el momento en que te acercas a él, él es bueno y tú malo. No es que haga nada en particular; su sola presencia provoca algo y te sientes enojado.

El Tao es totalmente diferente. El Tao tiene una cualidad distinta. Y para mí, el Tao es la religión más profunda que ha existido sobre esta Tierra. No hay comparación posible. Ha habido algunos vislumbres; hay destellos en los dichos de Jesús, en Buda, en Krishna, pero solo vislumbres.

El mensaje de Lao Tse, o el de Chuang Tse, es el más puro; es absolutamente puro, nada lo ha contaminado. Y éste es el mensaje: todo ocurre porque hay alguien en el bote. Todo este infierno se debe a que hay alguien en el bote.

Así, si el bote estuviera vacío,
no hubiera gritado, ni se hubiese encolerizado.
Si puedes vaciar tu propio bote
cruzando el río del mundo,
nadie se te opondrá,
ni nadie buscará hacerte daño.
El árbol recto es el primero en ser cortado,
la fuente de agua clara es la primera en ser agotada.

*Si deseas ahondar en tu sabiduría
para avergonzar al ignorante,
si deseas cultivar tu personalidad para eclipsar a los demás,
una luz brillará a tu alrededor
como si te hubieras tragado el sol y la luna,
y no podrás evitar la desgracia.*

Es único. Chuang Tse está diciendo que el halo de santidad a tu alrededor revela que "tú" estás todavía ahí. Tu halo de bondad, seguro que te causará desgracia—a ti y a los demás. Lao Tse y Chuang Tse, Maestro y discípulo, nunca han sido reproducidos en cuadros con halos, con auras a su alrededor. Al contrario que Jesús, Krishna, Zarathustra, Buda, Mahavira, nunca han sido pintados con un aura alrededor de su cabeza, "Porque"—dicen—"si eres en realidad un hombre bueno, ningún aura aparecerá alrededor de tu cabeza; más bien al contrario, la cabeza desaparecerá". ¿Dónde dibujar entonces el aura? La cabeza ha desaparecido.

Todas las auras están, en cierto modo, relacionadas con el ego. No es Krishna el que hizo su autorretrato; fueron sus discípulos. Ellos no pueden pensar en él sin representar un aura alrededor de su cabeza; entonces él aparece como alguien extraordinario.

Y Chuang Tse dice: "Ser corriente es ser sabio. Nadie te reconoce, nadie siente que seas alguien extraordinario". Chuang Tse dice: "Vas con la multitud y te mezclas con ella, pero nadie sabe que un Buda se encuentra entre el gentío". Nadie llega a notar que uno es diferente, porque si alguien se da cuenta, seguro que habrá ira y desgracia. Siempre que uno se da cuenta de que tú eres alguien, su propia ira, su propio ego, es herido. Reacciona, empieza a atacarte.

Por esto Chuang Tse dice: "No debes cultivar tu carácter, porque esto es también una forma de riqueza". Y la mal llamada gente religiosa, sigue enseñando: "Cultiva tu carácter, cultiva la moralidad, sé virtuoso".

Pero ¿por qué? ¿Por qué ser virtuoso? ¿Por qué estar en contra del pecador? Pues porque tu mente es "hacedora", eres todavía ambicioso. Y si alcanzas el Paraíso y ves a los pecadores sentándose en torno a Dios, te sentirás herido; toda tú vida habrá sido desperdiciada. Tú cultivaste la virtud, cultivaste tu carácter, mientras esa gente estuvo disfrutando y haciendo toda clase de cosas condenables; y aquí están ellos sentados en torno a Dios. Si ves a santos y a pecadores juntos en el Paraíso te sentirás muy dolido, te sentirás triste y desgraciado porque tu virtud forma parte también de tu ego. Cultivas la santidad para ser superior, pero la mente permanece tal cual. Quieres ser superior de una u otra forma, hacer inferiores a los demás.

Si puedes acumular mucha riqueza, entonces ellos son pobres y tú, rico. Si te puedes convertir en un Alejandro, entonces tú tienes un imperio y ellos son mendigos. Si puedes llegar a ser un gran erudito, entonces tú eres un entendido y ellos son unos ignorantes, analfabetos. Si puedes llegar a ser un hombre religioso, respetable, un dechado de virtud, un ejemplo de moralidad, entonces ellos son condenados: son pecadores. Pero la dualidad continúa. Estás luchando contra los demás y estás intentando ser superior.

Chuang Tse dice: "Si cultivas tu carácter y eclipsas a los demás, no podrás evitar la desgracia". No intentes brillar más que el prójimo y no cultives tú personalidad para propósitos egoístas.

Por esto, para Chuang Tse sólo hay una naturaleza que cultivar y es la que implica la ausencia de ego. Todo lo demás es una consecuencia. Sin eso, nada tiene valor. Puedes llegar a parecerte a Dios, pero si el ego está ahí dentro, toda tu divinidad estará al servicio del demonio; toda tu virtud no será nada más que una fachada y el pecador estará agazapado dentro. Y el pecador no puede ser transformado mediante la virtud, ni mediante cualquier otra clase de proceso. Sólo cuando tú no estás ahí, desaparece.

Un sabio ha dicho:
"El que está satisfecho consigo mismo
ha hecho un trabajo sin valor alguno.
El éxito es el principio del fracaso,
la fama es el comienzo de la desgracia".

Estos son unos dichos muy paradójicos y tienes que estar muy atento para comprenderlos, de otra forma pueden ser mal entendidos.

Un sabio ha dicho:
"El que está satisfecho consigo mismo
ha hecho un trabajo sin valor alguno".

La gente religiosa sigue predicando: "Siéntete satisfecho contigo mismo", pero tú permaneces ahí para sentirlo. Chuang Tse dice: "No estés ahí y no habrá ya posibilidad de satisfacción, ni de insatisfacción". Ésta es la satisfacción real: cuando tú no estás. Pero si sientes que estás satisfecho, es falso, porque estás ahí y es sólo una satisfacción del ego. Sientes que Lo has logrado, sientes que Lo has alcanzado.

El Tao dice que uno que siente que Lo ha alcanzado, en realidad Lo ha perdido. Uno que siente que Lo ha logrado, Lo ha perdido, porque el éxito es el comienzo del fracaso. El éxito y el fracaso son las dos partes de una circunferencia, de una rueda. Siempre que el éxito alcanza su clímax, el fracaso ya ha comenzado, la rueda ya gira hacia abajo. En el momento en que la luna es llena, ya no hay progreso. Dejas de avanzar. Al día siguiente, comienza la cuesta abajo y cada día la luna será más y más y más pequeña.

La vida se mueve en círculos. En el momento en que sientes que has llegado, la rueda se ha movido y te estás realmente apartando. Puede tomarte tiempo reconocerlo, porque la mente es perezosa. Se requiere mucha inteligencia, mucha claridad para ver las cosas cuando suceden. Las cosas ocurren y te lleva varios días el darte cuenta; a veces meses o años. A veces, incluso lleva muchas vidas poder reconocer qué es lo que ha sucedido.

Pero piensa sólo en tu pasado. Cuando tuviste la sensación de que habías triunfado, inmediatamente las cosas cambiaron, empezaste a decaer, porque el ego es parte de la rueda. Tiene éxito porque puede fallar: si no pudiese fracasar no habría posibilidad de triunfar. El éxito y el fracaso son las dos caras de una misma moneda.

Chuang Tse dice,

Un sabio ha dicho:
"El que está satisfecho consigo mismo
ha hecho un trabajo sin valor alguno".

Porque él está todavía ahí; el bote vacío no existe todavía, el bote está todavía lleno. El ego está sentado allí, el ego está todavía entronizado.

> *El éxito es el principio del fracaso,*
> *la fama es el comienzo de la desgracia".*

Él no tiene nada que perder. He aquí los mendigos de Buda: sin nombre, sin hogar, sin nada que proteger, nada que preservar. Podían ir donde fuera, como nubes en el cielo, sin casa, sin raíces, flotando, sin metas, ni propósitos, ni ego.

> *El que así lo haga, fluirá como el Tao,*
> *sin ser visto,*
> *discurrirá corno la vida misma*
> *sin nombre y sin hogar.*

Esto es lo que ser *sanyasin* significa para mí. Cuando te inicio en el *sanyas*, te inicio en la muerte de Lo-sin-Nombre, de Lo-sin-Hogar. No te estoy dando ninguna llave secreta para el éxito, no te estoy dando ninguna fórmula secreta para triunfar.

En todo caso, si te estuviera dando algo, sería la llave de cómo no triunfar, de cómo ser un fracasado y estar despreocupado, de cómo moverte sin nombre, sin casa, sin meta, de cómo ser un mendigo; lo que Jesús llama "pobre de espíritu". Un hombre que es "pobre de espíritu", carece de ego; él es el bote vacío.

> *Simple es él, sin distinciones.*

¿A quién llamas simple? ¿Puedes cultivar la sencillez? Ves a un hombre que come sólo una vez al día, que se viste con pocas ropas, o que está desnudo, que no vive en un palacio, que vive debajo de un árbol... y dices: "Este hombre es simple". ¿Es esto sencillez? Puedes vivir bajo un árbol y no obstante cultivar tu vida. La cultivas para ser sencillo; premeditadamente has calculado ser sencillo. Quizás comas una vez al día, pero es algo cultivado. Es una manipulación de la mente. Puedes ir desnudo, pero esto no puede volverte simple. La simplicidad sólo puede suceder.

> *Simple es él, sin distinciones.*

Pero tú sientes que eres un santo porque vives bajo un árbol, porque comes una vez al día, porque eres vegetariano y vives desnudo, porque no posees dinero alguno—eres un santo.

Y entonces, cuando pasa junto por tu lado un hombre adinerado, la condena surge en ti y piensas, "¿Qué le ocurrirá a este pecador? Será condenado al infierno". Y sientes compasión por ese pecador. Entonces no eres ya sencillo, porque la diferenciación ha entrado; tú eres distinto.

No importa cómo se haya creado la diferenciación. Un rey vive en un palacio; él es diferente de aquellos que viven en chozas. Un rey lleva ropas que tú no puedes llevar; son tan caras, que le hacen distinto. Un hombre vive desnudo en la calle y tú no puedes vivir desnudo en la calle; por esto él es diferente. Dondequiera que haya diferenciación, existe el ego. Cuando no hay diferenciación, el ego desaparece; y el no-ego es sencillez.

Simple es él, sin distinciones.
A los ojos de todos parece tonto.

Éste es el más profundo dicho de Chuang Tse. Es difícil de entender, porque siempre creemos que una persona Iluminada, un hombre perfecto, es un hombre de sabiduría. Y él dice: "*A los ojos de todos parece tonto...*"

Pero así es como debería ser. Entre tantos tontos, ¿cómo puede un sabio ser diferente? A los ojos de todos, parecerá tonto; sólo hay este camino. ¿Cómo si no podrá cambiar este estúpido mundo y a tantos tontos y devolverles la cordura? Él tiene que desnudarse, meterse debajo de la mesa y cantar como un gallo. Sólo entonces podrá cambiarte. Ha de volverse loco como tú, tonto como tú; ha de permitir que te rías de él. Entonces no te sentirás celoso, entonces no te sentirás herido, entonces no te irritarás con él, entonces podrás tolerarlo, entonces podrás perdonarlo y olvidarlo, entonces podrás dejarlo a su aire.

Muchos grandes místicos se comportaron como tontos; sus contemporáneos no supieron interpretar sus vidas. Y en esos sabios había la mayor sabiduría. Comportarse como sabio entre vosotros, es realmente una tontería. No funcionaría; crearía muchos problemas. Sócrates fue envenenado porque no conocía a Chuang Tse. Si hubiera conocido a Chuang Tse, no hubiera sido necesario que le envenenaran. Trató de comportarse como un sabio; entre tontos, demostró ser sabio.

Chuang Tse dice: "A los ojos de todos el sabio se comporta como un tonto". Chuang Tse mismo vivió como un tonto, riendo, cantando y bailando, bromeando y contando anécdotas. Nadie pensó que fuera formal. Y no podrás hallar a alguien más formal o sincero que Chuang Tse. Pero nadie le consideraba así. La gente disfrutaba con él, le amaba; y a través de este amor, él sembraba las semillas de su sabiduría. Cambió a muchos.

Pero para cambiar a un loco has de aprender su lenguaje, has de usar su lenguaje. Tienes que ser como él, has de bajar. Si sigues en tu pedestal entonces no habrá comunión. Esto fue lo que le ocurrió a Sócrates. Y así tuvo que suceder porque la mente griega es la mente más racional del mundo; y la mente racional siempre intenta no ser necia.

Sócrates encolerizó a mucha gente. Tuvieron que matarle, porque siempre planteaba preguntas extrañas y hacía que todo el mundo se sintiera como tonto. Puso a todos contra las cuerdas; porque, si alguien insiste, uno es incapaz de contestar hasta las preguntas más simples.

Si tú creías en Dios, Sócrates te preguntaba algo sobre Dios y tú no podías contestarle; no Le habías visto todavía. ¿Cuál es la prueba? Dios es algo lejano. No puedes demostrar ni siquiera las cosas más obvias. Has dejado tu mujer en casa; ¿cómo puedes probar realmente que has dejado a tu mujer en casa, o incluso que tienes mujer? Puede que exista sólo en tu memoria. Puedes haberla visto en sueños y que cuando regreses no haya ni mujer, ni casa.

Sócrates planteaba preguntas penetrantes, lo analizaba todo; y todos en Atenas se llegaron a enfadar.

Este hombre intentaba demostrar que los demás eran tontos. Le mataron. Si se hubiese encontrado con Chuang Tse—y por entonces Chuang Tse estaba vivo en China, pues eran contemporáneos—, Chuang Tse le hubiera explicado el secreto: "No intentes demostrarles que son tontos, porque a los tontos eso no les gusta". No intentes demostrarle a un loco que está loco, porque a ningún loco le gusta. Se enojará y se volverá arrogante y agresivo. Te matará si se lo muestras demasiado evidentemente. Si llegas al punto donde puedas probarlo, se vengará.

Chuang Tse hubiera dicho: "Es mejor ser tonto; entonces la gente se complacerá contigo y mediante una sutil metodología puedes ayudarlos a cambiar. Ellos no están contra ti".

Y por esto, en Oriente, particularmente en la India, en China y en Japón, nunca ha ocurrido nada tan desagradable como en Grecia cuando Sócrates fue envenenado y asesinado. Sucedió en Jerusalén; Jesús fue crucificado. Sucedió en Irán, en Egipto, en otros países muchos sabios fueron asesinados, muertos. Nunca ocurrió en la India, en China, en Japón, porque en estos tres países la gente llegó a saber que comportarse como sabio, es invitar a la desgracia.

Comportarse como un tonto, como un loco, simplemente estar loco; éste es el primer paso del sabio: hacer que te sientas cómodo para que no le temas.

Y por esto te cuento esta historia. El príncipe llegó a entablar amistad con el hombre. Tenía miedo de los otros doctores, de los expertos eruditos, porque intentaban cambiarle, curarle; y él no estaba loco. Él no creía que estuviese loco; ningún loco cree estar loco. Si un loco llega a pensar que lo está, la locura desaparece. Deja de estar loco.

Por eso, todos aquellos sabios que intentaban curar al príncipe eran estúpidos y sólo este viejo sabio, era sabio. Se comportaba neciamente. La corte rió, el rey rió, la reina rió y dijo: "¿Qué? ¿Cómo va este hombre a cambiar al príncipe? Si él mismo parece estar loco, e incluso parece estar sumido en una locura mayor que la del príncipe".

Incluso el príncipe se alteró. Dijo: "¿Qué estás haciendo? ¿Qué pretendes?" Pero este hombre debió de ser un sabio Iluminado.

Chuang Tse está hablando sobre este tipo de fenómeno, sobre este hombre extraordinario.

A los ojos de todos parece tonto.
Sus pasos no dejan huella.

Tú no puedes seguirle. No puedes seguir a un Iluminado; no, nunca. Él no deja pistas, no deja huellas. Es como un pájaro en el cielo: se mueve y no deja huellas.

¿Por qué un sabio no deja huellas? Para que tú no puedas seguirle. Ningún sabio desea que le sigas porque cuando sigues a alguien, te conviertes en un imitador. Él se mueve en un zigzag tal, que no puedes seguirlo. Si intentas seguirlo, te perderás.

¿Puedes tú seguirme? Es imposible, porque no sabes dónde voy a estar mañana. No puedes predecirlo. Si puedes predecir,

puedes planear; entonces sabes a dónde voy, conoces la dirección, conoces mis pasos. Conoces mi pasado y entonces puedes inferir mi futuro. Pero yo soy ilógico.
Si fuera lógico, podrías deducir lo que voy a decir mañana. Tan sólo mirando lo que dije ayer, puedes deducir lógicamente lo que diré mañana. Pero eso no es posible. Yo puedo contradecirme totalmente. Todos mis mañanas contradirán todos mis ayeres, de forma que ¿cómo vas a seguirme? Si intentas seguirme, te volverás loco.
Antes o después, tienes que descubrir que has de ser tú mismo; no puedes imitar a nadie.

Sus pasos no dejan huella.

Él no es consistente, no es lógico. Es ilógico; se comporta como un loco.

No tiene poder alguno.

Esto te será muy difícil de entender porque creemos que el sabio tiene poder, que es el más poderoso de los hombres; creemos que puede tocarte en tu ceguera y que al hacerlo, tus ojos se abrirán y podrás ver. Crees que estás muerto y que él te tocará y resucitarás. Para nosotros un sabio es un hacedor de milagros.
Pero Chuang Tse dice: "Él no tiene poder, porque usar el poder forma siempre parte del ego". El ego desea ser poderoso. No puedes persuadir a un sabio para que use su poder; es imposible. Si puedes, significa que quedó algo de ego para ser persuadido. Él nunca usará su poder porque no hay nadie para que lo use y lo maneje. El ego, el manipulador, no está ya allí; el bote está vacío. ¿Quién dirigirá este bote? No hay nadie.
Un sabio es poder, pero no tiene poder; un sabio es poderoso, pero no tiene poder, porque aquél que controla, ya no está allí.
Él es energía desbordante, sin dirección; pero no hay nadie que la dirija. Puedes ser curado en su presencia; tus ojos se pueden abrir, pero él no los ha abierto, no los ha tocado. Él no te ha curado. Si él cree que te ha curado, está enfermo. Este sentimiento de "yo"—yo lo he curado—es una enfermedad aún mayor, es una ceguera aún mayor.

*No tiene poder alguno.
No alcanza nada, no tiene reputación.
Puesto que no juzga a nadie,
nadie le juzga.
Así es el hombre perfecto:
Su bote está vacío.*

Y éste va a ser tu camino: vacía tu bote. Ve arrojando afuera todo lo que encuentres en él hasta que todo haya sido arrojado y no quede nada; hasta que incluso tú hayas sido arrojado, hasta que no quede nada, hasta que tu ser se haya convertido en un vacío.

Lo primero y lo último es estar vacío; una vez estás vacío puedes ser llenado. El Todo descenderá sobre ti cuando estés vacío. Sólo el vacío puede recibir el Todo; cualquier otra cosa, no funcionará, porque para recibir el Todo tienes que estar vacío, vacío sin límites. Sólo entonces puede ser recibido. Vuestras mentes son tan pequeñas que no pueden contener a lo Divino. Vuestras habitaciones son tan pequeñas que no pueden invitar a lo Divino. Destruid esta casa completamente porque sólo el cielo, el espacio, el espacio abierto puede recibirlo.

El vacío va a ser el camino, la meta, el Todo. Desde mañana por la mañana prueba de vaciarte de todo lo que puedas encontrar dentro de ti: de tu sufrimiento, de tu ira, de tu ego, de tus envidias, de tus padeceres, de tu dolor, de tus placeres...; todo lo que encuentres, tíralo. Sin distinciones, sin elegir; vacíate. Y en el momento en que estás completamente vacío, de repente verás que tú eres el Todo, la Totalidad. A través de la vacuidad, la Totalidad es alcanzada.

La meditación no es más que el proceso del vaciado, del llegar a ser una nada.

En este campo de meditación, muévete como si no fueras nadie. Y si irritas a alguien y chocas, recuerda: debes estar aún en el bote; por esto te ocurre. Pronto, cuando tu bote esté vacío, no colisionarás, no habrá más conflicto, ni ira, ni violencia; nada.

Y esta nada es la bendición, esta nada es la bienaventuranza. Por esta nada es por lo que has estado buscando y buscando. Suficiente por hoy.

El hombre del Tao

*El hombre del Tao actúa sin impedimentos,
no daña a otros seres con sus acciones,
y aun así, no se reconoce a sí mismo
como amable y benévolo.*

*No se esfuerza por ganar dinero,
y no hace de la pobreza una virtud.
Sigue su camino sin esperar nada de los demás
y no se enorgullece de caminar solo.*

*El hombre del Tao permanece sin ser conocido.
La perfecta virtud no produce nada.
Ningún "yo" es el verdadero Yo;
el hombre más grande no es nada.*

El hombre del Tao

Lo más difícil, lo que es casi imposible para la mente es permanecer en el punto medio, permanecer en equilibrio. Y moverse desde algo a su opuesto, es lo más fácil. Moverse de un extremo al extremo opuesto, es la naturaleza de la mente. Has de comprenderlo muy bien, porque a menos que lo entiendas, nada podrá conducirte a la meditación.

La naturaleza de la mente es moverse de un extremo a otro. Depende de un desequilibrio. Si estás equilibrado, la mente desaparece. La mente es como una enfermedad: cuando estás desequilibrado está ahí; cuando estás equilibrado, no está.

Por esto le es fácil ayunar a una persona glotona. Parece ilógico, porque creemos que una persona que está obsesionada con la comida no puede ayunar. Pero estás equivocado. Solamente aquél que está obsesionado con la comida, puede ayunar, porque ayunar es la misma obsesión en sentido opuesto. No es realmente cambiarte a ti mismo. Todavía estás obsesionado con la comida. Antes te excedías comiendo; ahora estás hambriento, pero la mente permanece focalizada en la comida desde el extremo opuesto.

Un hombre que se ha complacido en exceso en el sexo puede convertirse en célibe fácilmente. No hay problema. Pero es difícil para la mente alcanzar la dieta correcta; es difícil para la mente mantenerse en el punto medio.

¿Por qué es difícil estar en el medio? Es como el péndulo de un reloj. El péndulo va hacia la derecha y entonces se desplaza a la izquierda; de nuevo a la derecha y de nuevo a la izquierda; el reloj depende totalmente de este movimiento. Si el péndulo permanece en el punto medio, el reloj se para. Y cuando se mueve hacia la derecha, crees que sólo está yendo a la derecha, pero al mismo tiempo está adquiriendo inercia para ir hacia la izquierda. Cuanto más vaya a la derecha, más energía acumulará para moverse hacia la izquierda, al opuesto. Al moverse hacia la izquierda, de nuevo está acumulando inercia para desplazarse hacia la derecha.

Siempre que te excedes comiendo, estás acumulando inercia para ayunar. Siempre que indulges en el sexo, antes o después, el *brahmacharya*, el celibato, te atraerá.

Y lo mismo ocurre con el polo opuesto. Puedes ir y pedir a los llamados *sadhus*, a tus *bikus*, a tus *sanyasins*. Ellos han convertido el ser célibes en lo más importante; ahora sus mentes están adquiriendo impulso para moverse hacia el sexo. Han tornado prioritario el estar hambriento y pasar hambre y sus mentes están continuamente pensando en comida. El pensar demasiado en la comida demuestra que estás acumulando impulso para lanzarte hacia ella. El pensar significa acumular inercia. La mente empieza a disponerlo todo para el opuesto.

Y una cosa más: siempre que te mueves, te estás moviendo también hacia el opuesto. El opuesto está escondido, no es visible.

Cuando amas a una persona estás acumulando inercia para odiarla. Sólo los amigos pueden convertirse en enemigos. No puedes convertirte en un enemigo de repente, a menos que hayas sido un amigo. Los amantes se pelean, luchan. Sólo los amantes pueden disputar y pelear, porque, a menos que ames ¿cómo puedes odiar? A menos que te hayas ido al mismo extremo izquierdo, ¿cómo puedes ir al derecho? La investigación actual dice que el tal llamado "amor" no es más que una íntima enemistad. Tu esposa es tu íntimo enemigo, tu marido es tu íntimo enemigo; ambos íntimos y contrarios. Parecen opuestos, ilógicos, y nos preguntamos, ¿cómo puede, uno que es íntimo, ser el enemigo? Aquél que es un amigo, ¿cómo puede ser también el enemigo?

La lógica es superficial; la vida penetra más hondo. Y en la vida, todos los opuestos se hallan juntos, existen juntos. Recuérdalo, porque entonces meditar se convierte en equilibrar.

Buda enseñó ocho reglas, y con cada una usó la palabra "correcto". Él dijo: "Esfuerzo correcto", porque es muy fácil moverse de la acción a la inacción, del despertar al sueño, pero permanecer en el punto medio es difícil. Cuando Buda usó la palabra "correcto" quería decir: no te vayas al opuesto, permanece en el punto medio. "Comida correcta". Él nunca invitó al ayuno. No te excedas en comer demasiado y no te excedas en el ayuno. Él dijo: "Comida correcta". "Comida correcta" significa permanecer en el punto medio.

Cuando estás en el punto medio, no estás acumulando inercia alguna. Y en esto radica su belleza. Un hombre que no está acumulando impulso para ir a ningún lado, puede estar a gusto consigo mismo, puede sentirse en casa.

Tú nunca puedes estar en casa, porque hagas lo que hagas, tendrás que desplazarte inmediatamente al opuesto, para equilibrarte. Y el opuesto nunca equilibra; simplemente te da la impresión de que te equilibras, pero tendrás que volver, de nuevo, al opuesto.

Un Buda no es ni amigo, ni enemigo de nadie. Simplemente se ha parado en el punto medio; el reloj no funciona.

Se dice de un místico jasídico, Muzhid, que cuando alcanzó la Iluminación, de repente el reloj de la pared se paró. No sé si sucedió o no sucedió; es posible, pero el simbolismo es claro: cuando tu mente se detiene, el tiempo se para; cuando el péndulo se para, el reloj se para. Desde entonces el reloj nunca volvió a marchar; desde entonces siempre indicó la misma hora.

El tiempo es creado por el movimiento de la mente, igual que el movimiento del péndulo. La mente se mueve, sientes el tiempo. Cuando la mente está inmóvil, ¿cómo puedes sentir el paso del tiempo? Cuando no hay movimiento, el tiempo no puede ser percibido. Los científicos y los místicos coinciden en este punto: el movimiento crea el fenómeno del tiempo. Si estás inmóvil, si estás quieto, el tiempo desaparece; la eternidad entra en la existencia.

Tu reloj se mueve rápido y su mecanismo es el movimiento de un extremo a otro.

La segundo que has de comprender sobre la mente es que la mente siempre suspira por lo distante, nunca por lo próximo. Lo cercano te aburre, te harta; lo distante te proporciona sueños, esperanzas, posibilidad de placer. Por esto la mente siempre suspira por lo distante. Siempre es la mujer de alguien la que es atractiva, hermosa; es siempre la casa de alguien la que te obsesiona; es siempre el coche de alguien el que te fascina. Siempre es lo distante. Estás ciego a lo próximo. La mente no puede ver lo que está muy cerca. Sólo puede ver lo que está muy lejano.

¿Y qué es lo más lejano, lo más distante? Lo opuesto es lo más distante. Amas a una persona; ahora el odio es lo más lejano.

Estás excediéndote comiendo; ahora el ayuno es lo más distante. Eres célibe; ahora el sexo es lo más lejano. Eres un rey; ser un monje es lo más lejano.

Lo más distante es lo más ensoñador. Te atrae, te obsesiona, te llama, te invita... y cuando alcanzas el otro extremo, el lugar que has abandonado vuelve a atraerte de nuevo. Te divorcias de tu esposa y al cabo de unos pocos años tu esposa te vuelve a gustar.

Una actriz acudió a mí. Se había divorciado de su esposo hacía quince años. Ahora era mayor, no tan hermosa como cuando se separó de su esposo. Su hijo se casó el año anterior de modo que en la boda se encontró con su ex-marido de nuevo y tuvieron que viajar juntos. El marido se enamoró otra vez de ella. Por eso vino a mí y me preguntó, "¿Qué he de hacer? Me lo está proponiendo de nuevo; quiere casarse conmigo otra vez".

Ella estaba también fascinada. Esperaba tan sólo que le diera el sí. Le dije: "Pero vosotros vivisteis juntos y siempre hubo conflicto y nada más. Conozco toda la historia: cómo peleabais, discutíais, cómo creabais un infierno entre vosotros y os sentíais desgraciados. Ahora ¿otra vez...?"

Para la mente, lo opuesto es magnético y a menos que a través de la comprensión lo trasciendas, la mente se irá moviendo de izquierda a derecha, de derecha a izquierda, y el reloj seguirá funcionando. Ha seguido funcionando durante muchas vidas y así es cómo te has engañado a ti mismo: no comprendes el mecanismo. De nuevo lo lejano te atrae, de nuevo comienzas a viajar. En cuanto alcanzas tu meta, eso que conocías se vuelve distante; ahora tiene atractivo, ahora se ha convertido en una estrella, en algo de valor.

Estaba leyendo de un piloto que volaba sobre California con un amigo. Le dijo al amigo: "Mira allá abajo. ¡Qué hermoso lago! Yo nací cerca de él; ése es mi pueblo".

Señaló un pequeño pueblecito colgado de las colinas cerca del lago y le dijo: "Nací allí. Cuando niño solía sentarme a la orilla del lago a pescar; pescar era mi *hobby*. Pero en esa época, cuando era niño y pescaba en el lago, los aviones solían surcar el cielo sobre mi cabeza y soñaba que un día sería piloto, soñaba que pilotaría un avión. Ése era mi único sueño. Ahora se ha realizado y ¡qué desgracia! Ahora estoy continuamente mirando abajo, hacia el lago y pensando cuándo podré retirarme y pescar de nuevo. ¡El lago es tan hermoso...!"

Así es cómo ocurre todo. Así es cómo te suceden las cosas. En tu infancia ansiabas volverte mayor, porque los mayores eran más poderosos. Un chico desea crecer inmediatamente. Los mayores son más sabios y el niño siente que, haga lo que haga, siempre estará mal. Y pregúntale a un viejo; siempre creerá que cuando se fue la infancia, todo se perdió; el paraíso estaba allí en la niñez. Y todos los ancianos mueren pensando en la niñez—la inocencia, la belleza, la tierra de ensueño.

Tengas lo que tengas, parece que no te sirve; todo lo que no tienes, te parece útil. Recuérdalo, si no la meditación no puede surgir, porque meditación significa entender la mente, el funcionamiento de la mente, el mismo proceso de la mente.

La mente es dialéctica; hace que te muevas una y otra vez hacia el opuesto. Y éste es un proceso infinito; nunca acaba a menos que te deshagas de él, a menos que en un instante te des cuenta de todo el juego, a menos que, de repente, percibas el engaño de la mente y te pares en el medio.

El pararse en el punto medio, es meditación.

En tercer lugar, debido a que la mente consiste en polaridades, nunca eres completo. La mente no puede ser total, siempre es parcial. Cuando amas a alguien, ¿has observado cómo suprimes tu odio? El amor no es total, no es íntegro; tras él se hallan todas las oscuras fuerzas escondidas que pueden emerger en cualquier momento. Estás sentado sobre un volcán.

Cuando amas a alguien, simplemente olvidas que contienes ira, que contienes odio, que tienes celos. Te desprendes sencillamente de ellos como si nunca hubieran existido. Pero, ¿cómo puedes deshacerte de ellos? Simplemente los escondes en el inconsciente. En la superficie, puedes ser amoroso; en tu interior, se esconde la confusión. Antes o después, te hartarás; el amado se volverá familiar.

Se dice que la familiaridad alimenta la indiferencia, pero no es que esa familiaridad alimente la indiferencia, sino que la familiaridad hace que te aburras; la indiferencia siempre ha estado ahí, escondida. Emerge, estaba esperando el momento adecuado; la semilla estaba allí.

La mente siempre contiene en sí misma al opuesto y este opuesto se refugia en el inconsciente esperando el momento para emerger. Si lo observas detenidamente, lo sentirás a cada instante. Cuando le dices a alguien, "Te quiero", cierra tus ojos, medita y busca si hay algo de odio escondido tras esas palabras. Lo percibirás. Pero debido a que quieres engañarte a ti mismo—porque la verdad, la verdad de que odias a la persona que amas, es muy desagradable—no quieres encararla. Quieres escapar de la realidad; por esto lo escondes. Pero el esconderlo no ayudará, porque no engañas a nadie; te engañas a ti mismo.

Por esto, siempre que sientas algo, cierra los ojos y entra en ti mismo y busca el opuesto en alguna parte. Está ahí. Y si puedes ver al opuesto, esto te equilibrará y entonces no dirás. "Te quiero". Si eres auténtico dirás, "Mi relación contigo es de amor y de odio".

Todas las relaciones son relaciones de amor y odio.

Ninguna relación es de amor puro y ninguna relación es de odio puro. Contiene a ambos. Si eres sincero, te hallarás en dificultades. Si le dices a una chica, "Mi relación contigo es de amor y de odio. Te amo como nunca he amado a nadie y te odio como nunca he odiado a nadie", te resultará difícil casarte—a menos que encuentres una chica meditativa que pueda comprender la realidad, a menos que puedas encontrar una amiga que pueda comprender la complejidad de la mente.

La mente no es un mecanismo sencillo; es muy complejo. Mediante la mente, nunca te volverás sencillo, porque la mente sigue creando engaños. Ser meditativo significa ser consciente del hecho de que la mente te está escondiendo algo, de que estás cerrando los ojos a algo que te incomoda. Antes o después, estos molestos hechos emergerán, te dominarán y te trasladarás al opuesto. Y el opuesto no se halla allí, en algún lejano lugar, en alguna estrella; el opuesto se esconde en ti, dentro de ti, en tu mente, en el mismo funcionamiento de tu mente. Si puedes comprender esto, te detendrás en el medio.

Si puedes ver tu amor y tu odio, de repente ambos desaparecerán, porque ambos no pueden existir juntos en el consciente. Tienes que crear una barrera: uno ha de existir en el inconsciente y otro en el consciente. Ambos no pueden existir juntos en el consciente; se anulan el uno al otro. El amor destruirá el odio, el odio destruirá el amor; se equilibrarán uno al otro y simplemente desaparecerán. La misma cantidad de odio y la misma cantidad de amor se anulan mutuamente. Repentinamente se evaporarán; estarás ahí, pero sin amor, ni odio. Entonces estarás equilibrado.

Cuando estás equilibrado, la mente no está presente. Entonces eres total. Cuando eres total, eres santo, pero la mente no está allí (*). Por esto la meditación es un estado de no-mente. A través de la mente no se alcanza. A través de la mente—hagas lo que hagas—no puede lograrse nunca. ¿Qué estás haciendo entonces cuando meditas?

Meditas porque has creado mucha tensión en tu vida. Pero esto es lo opuesto a la tensión; no es la meditación verdadera. Estás tan tenso que la meditación se ha vuelto atractiva. Es por ello que en Occidente la meditación atrae más que en Oriente, porque allí existe más tensión que en Oriente. Oriente está todavía relajado, la gente no está tan tensa, no enloquece tan fácilmente, no comete suicidio tan fácilmente. No son tan violentos, tan agresivos, no están tan asustados, no están tan temerosos— no, no están tan tensos. No viven a una velocidad tan endiablada, donde nada, excepto tensión, se acumula.

Por esto, si Mahesh Yogui viene a la India, nadie le escucha. Pero en América, la gente enloquece con él. Donde existe tanta tensión, la meditación atrae. Pero esta atracción supone caer de nuevo en la misma trampa. No es la meditación verdadera, es un truco de nuevo. Meditas durante unos cuantos días y luego te relajas; cuando estás relajado de nuevo surge la necesidad de actividad y la mente comienza a pensar en hacer algo, en moverse. Estás aburrido.

La gente acude a mí y me dice, "Meditamos durante unos años y entonces se convierte en algo aburrido; entonces deja de haber alegría".

Justamente el otro día vino una chica y me dijo: "Ahora la meditación ha perdido su lado divertido, ¿qué debería hacer?"

Ahora la mente está buscando algo más; tiene ya suficiente de meditación. Ahora que ella está en paz, la mente pide más tensiones, algo que la altere. Cuando dice que ahora la meditación ya no es divertida significa que la tensión no está allí, de modo que ¿cómo puede la meditación ser alegre? Tendrá que moverse hacia la tensión y entonces la meditación se convertirá en algo que val-

---

* N. del T.- Juego de palabras en inglés entre "*whole*" = total y "*holy*" = santo.

ga la pena. Mira lo absurdo de la mente: tienes que alejarte para acercarte, tienes que volverte tenso para ser meditativo. Pero entonces esto no es meditación; de nuevo es una treta de la misma mente. En un nuevo nivel, el mismo juego continúa.

Cuando yo digo "meditación", eso significa trascender el juego de los polos opuestos; abandonar todo el juego, ver el absurdo que ello supone y trascenderlo. La misma comprensión se convierte en transcendencia.

La mente te forzará a ir hacia el opuesto; no te vayas al opuesto. Párate en el punto medio y date cuenta de que éste ha sido siempre el truco de la mente. Así es como la mente te ha dominado: a través del opuesto.

¿Lo has percibido? Después de hacer el amor a una mujer, empiezas, inmediatamente, a pensar en el *brahmacharya* y el *brahmacharya* tiene una fascinación tal que en ese momento te sientes como si no hubiese nada más que alcanzar. Te sientes frustrado, engañado, como si no hubiese nada en el sexo; sólo el *brahmacharya* proporciona la felicidad. Pero después de veinticuatro horas, el sexo de nuevo recobra importancia y de nuevo te has de mover hacia él. ¿Qué está haciendo la mente? Después del acto sexual comienza a pensar en el opuesto, con lo que de nuevo crea el gusto por el sexo.

Un hombre violento comienza a pensar en la no violencia y así puede ser violento de nuevo fácilmente. Un hombre que se encoleriza, una y otra vez piensa en la no-ira, siempre decide no enojarse de nuevo. Esta decisión le ayuda a encolerizarse otra vez.

Si realmente deseas no enojarte otra vez, no decidas no enfadarte más. Sencillamente mira en la ira y contempla la sombra de la ira, la que tú crees que es la ausencia de ira. Mira en el sexo y observa la sombra del sexo, tu *brahmacharya*, tu celibato. Es sólo negatividad, ausencia. Mira la gula y su sombra, el ayuno. El ayuno siempre sigue al comer en exceso; el desenfreno siempre es seguido por votos de celibato; la tensión siempre es seguida de algunas técnicas de meditación. Contémplalas, percibe cómo se relacionan; son parte de un proceso.

Si puedes entender esto, la meditación te sucederá. En realidad no es algo que se pueda hacer, es una comprensión. No es un esfuerzo, no es nada que deba ser cultivado. Es algo para ser entendido en profundidad.

La comprensión te da libertad. El conocimiento completo del mecanismo de la mente es transformación. Entonces de repente, el reloj se para, el tiempo desaparece y al pararse el reloj, ya no hay mente. Al detenerse el tiempo, ¿en dónde estás? El bote está vacío. Entremos ahora en este *sutra* de Chuang Tse,

> *El hombre del Tao actúa sin impedimento,*
> *no daña a otros seres con sus acciones,*
> *y aun así, no se reconoce a sí mismo como amable y gentil.*

El hombre del Tao actúa sin impedimento... Tú siempre actúas con impedimentos; el opuesto siempre esta ahí creando obstáculos; no fluyes.

Si amas, el odio siempre está ahí como un impedimento. Si te mueves, algo te mantiene anclado. Nunca te mueves totalmente, siempre queda algo, el movimiento no es total; te mueves con una pierna pero la otra no se mueve. ¿Cómo te puedes mover? El obstáculo esta ahí. Y este obstáculo, este continuo movimiento de una mitad y de no-movimiento de la otra mitad, es tu angustia, tu ansiedad.

¿Por qué estás sumido en tanta angustia? ¿Qué es lo que crea tanta ansiedad en ti? Hagas lo que hagas, ¿por qué no fluye la felicidad a través de ti? La felicidad sólo puede fluir en la totalidad, nunca en la parte.

Cuando el conjunto se mueve sin impedimento, el mismo movimiento en sí, es extático. La dicha no es algo que provenga del exterior; es el sentimiento que llega cuando todo tu ser se mueve. El movimiento mismo del Todo, es felicidad. No es algo que te suceda, que surja de ti; es una armonía en tu ser.

Si estás dividido—y siempre estás dividido: medio en movimiento, medio contenido; en parte diciendo sí, en parte diciendo no; medio enamorado, medio odiando; eres un reino dividido—hay un conflicto constante en ti. Dices algo, pero nunca lo dices totalmente en serio porque el opuesto está ahí obstaculizando, creando impedimentos.

Los discípulos de Baal Shem solían anotar todo lo que decía, y Baal Shem les solía decir: "Sé que tomáis nota de lo que digo; lo que anotáis no es lo que ha sido dicho por mí. Habéis oído una cosa, yo he dicho otra y vosotros escribís algo diferente. Y si atendéis al significado, el significado es también algo diferente. Nunca haréis lo que habéis escrito, haréis algo diferente". Fragmentos; no el ser completo.

¿Por qué están esos fragmentos ahí?

¿Has oído la historia del ciempiés? Un ciempiés caminaba sobre sus cien patas; por eso se le llama ciempiés. Es un milagro caminar sobre cien patas, ¡incluso manejar sólo dos resulta extremadamente difícil! Habérselas con cien patas es casi imposible, pero el ciempiés se las había arreglado para hacerlo.

Una zorra se le acercó curiosa—los zorros son siempre curiosos. El zorro es el símbolo, en el folklore, de la mente, del intelecto, de la lógica. Los zorros son grandes lógicos.

La zorra miró, analizó, y no podía creerlo. Dijo: "¡Espera! Tengo que preguntarte algo. ¿Cómo te las arreglas? ¿Cómo sabes qué secuencia de pies es la que hay que emplear? ¡Cien pies! Y caminas tan armoniosamente. ¿Cómo logras esta armonía?"

El ciempiés le contestó: "He caminado toda mi vida, pero nunca pensé en ello. Dame un poco de tiempo". Cerró sus ojos y por primera vez quedó dividido: la mente como observador y él mismo como observado. Por primera vez el ciempiés fue dual. Siempre había vivido y caminado y su vida era una; no había ningún observador contemplándolo, nunca estuvo dividido; era un ser completo. Ahora, por primera vez, surgió la dualidad. Se hallaba contemplando a su propio ser, pensando. Se había escindido en sujeto y objeto, se había convertido en dos, y entonces trató de caminar. Era difícil, casi imposible. Cayó al suelo... porque ¿cómo arreglártelas para manejar cien pies?

La zorra se rió y le dijo: "Sabía que sería complicado. Lo sabía de antemano". El ciempiés empezó a llorar y gritar. Con lágrimas en los ojos dijo: "Nunca fue difícil antes, pero tú me has creado el problema. Nunca podré caminar de nuevo".

La mente ha entrado en el ser; entra en el ser cuando estás dividido. La mente se alimenta de la dualidad. Por esto, Krishnamurti sigue diciendo que cuando el observador se convierte en lo observado, estás en meditación.

Lo contrario sucedió al ciempiés. Perdió la unidad, se convirtió en dos: el observador y lo observado—la división: sujeto y objeto; pensador y pensamiento. Y entonces todo fue alterado, perdió la felicidad y el fluir se detuvo. Se quedó congelado.

En el momento en que la mente entra, llega como fuerza controladora, como director. No es el amo, es el gerente. Y no puedes llegar al amo hasta que este gerente sea apartado. El gerente no te permitirá alcanzar al amo, el gerente siempre estará en la puerta dirigiendo. Y todos los gerentes administran mal—la mente ha hecho un gran trabajo como mala administradora.

¡Pobre ciempiés! Había sido siempre feliz. No tenía problemas. Vivía, se movía, amaba, todo sin problemas, porque no había mente. La mente entró con el problema, con la pregunta, con la petición. Y hay muchos zorros a tu alrededor; ten cuidado con ellos: filósofos, teólogos, lógicos, profesores, todos a tu alrededor—zorros. Te preguntan y te confunden.

El Maestro de Chuang Tse, Lao Tse, decía: "Cuando no había un sólo filósofo, todo estaba resuelto, no había preguntas. Y todas las respuestas estaban a tu alcance. Cuando surgieron los filósofos, llegaron las preguntas y desaparecieron las respuestas. Dondequiera que haya una pregunta, la respuesta está muy lejos. Cuando preguntes, nunca obtendrás la respuesta, pero cuando dejes de preguntar, descubrirás que la respuesta siempre ha estado allí".

No sé qué le ocurrió a este ciempiés. Si fue tan tonto como los seres humanos, debe de estar en algún hospital, lisiado, paralítico para siempre. Pero no creo que los ciempiés sean tan tontos. Debe de haber descartado la cuestión. Debe de haberle dicho a la zorra "Guarda tus preguntas para ti y déjame caminar". Debe de haber descubierto que la división no le permitiría vivir porque la dualidad genera la muerte. Sin dividir, eres vida; dividido, te conviertes en algo muerto—cuanto más dividido, más muerto.

¿Qué es el gozo? El gozo es el sentimiento que te penetra cuando el observador se convierte en lo observado.

Gozo es el sentimiento que surge en ti cuando estás en armonía, sin fragmentar, sin descomponer, cuando eres uno, indiviso. Sentir, no es algo que provenga del exterior. Es la melodía que surge de tu armonía interior.

Dice Chuang Tse,

El hombre del Tao actúa sin impedimento...

Él no está dividido, por lo tanto, ¿quién está ahí para poner impedimentos? ¿Qué hay ahí que pueda ser un obstáculo? Él está solo, se mueve con su totalidad. Este movimiento total es lo más bello que puede suceder, la más hermosa posibilidad.

A veces puedes tener vislumbres de ello. A veces, cuando de repente eres total, cuando la mente no funciona, sucede.

Amanece... de pronto miras y el observador no esta ahí. El sol no está ahí y tú no estás ahí; no hay observador ni observado. Sencillamente el sol está saliendo y tu mente no está allí para dirigir. No te das cuenta y dices: "¡Qué hermoso sol!" En el momento en que lo dices, el gozo desaparece. Ya no hay gozo; se ha convertido en el pasado, se ha ido.

De pronto ves el sol salir y el que ve, no está allí; el que ve no se ha introducido en el ser, no se ha convertido en un pensamiento. No has mirado, no has analizado, no has observado. El sol está saliendo y no hay nadie; el bote está vacío. Hay gozo, hay un vislumbre, pero la mente de inmediato entra y dice: "¡Qué bello sol! ¡Qué hermoso amanecer!" La comparación se ha introducido y la belleza ha desaparecido.

Aquellos que saben dicen que al decir "Te amo" a alguien, el amor desaparece. El amor se ha ido porque el amante se ha introducido. ¿Cómo puede existir el amor cuando la división, el director, ha entrado? Es la mente la que dice "Te amo", porque realmente en el amor no hay "tú" ni "yo". En el amor no hay individuos. El amor es un fundirse, un disolverse; ya no son dos.

El amor existe, no los amantes. Enamorado, el amor existe, no los amantes; pero la mente se introduce y dice: "Estoy enamorado, te quiero". Cuando el "yo" aparece, surge la duda; la dualidad se introduce y ya no hay más amor.

Tú tendrás muchas veces tales vislumbres en tu meditación. Recuerda: cada vez que lo sientas, no digas "¡Qué hermoso!", no digas "¡Qué precioso!" porque así lo perderás.

Cuando quiera que llegue el destello, ábrete a él. No hagas lo que hizo el ciempiés, no crees una pregunta, no hagas observación algún, no analices, no permitas que se introduzca la mente.

Camina con los cien pies, pero no pienses en cómo estás caminando. Cuando, en meditación, tengas un atisbo de algo extático, déjalo que ocurra, déjalo que ahonde. No te dividas.

No opines; de otra forma se perderá el contacto.

A veces tendrás vislumbres, pero has llegado a ser tan diestro en perder tu contacto con ellos que no puedes comprender cómo vienen y cómo los pierdes de nuevo. Llegan cuando tú no estás; los pierdes cuando vuelves otra vez. Cuando eres, ellos no están. Cuando el bote está vacío, la dicha surge continuamente. No es un accidente, es la misma naturaleza de la Existencia. No depende de nada; es un derramarse, es el mismo aliento de la vida.

Es realmente un milagro cómo te las has ingeniado para ser tan desdichado, para estar tan sediento, cuando está lloviendo a tu alrededor. ¡Has conseguido lo imposible! La luz está por doquier y tú vives en la oscuridad; la muerte no está en ninguna parte y te estás muriendo continuamente; la vida es una bendición y tú estás en el infierno.

¿Cómo lo has conseguido? Mediante el dividir, mediante el pensar... El pensar depende del dividir, del análisis; la meditación surge cuando no hay análisis, ni división, cuando todo ha sido sintetizado, cuando todo se ha vuelto uno.

Dice Chuang Tse:

> *El hombre del Tao actúa sin impedimento,*
> *no daña a otros seres con sus acciones.*

¿Cómo puedes hacer daño? Puedes perjudicar a los demás sólo cuando te has perjudicado a ti. Recuérdalo, éste es el secreto. Si te perjudicas a ti, perjudicarás a los demás. Y harás mal aunque creas que les estés haciendo bien. Nada puede suceder a través tuyo excepto causar dolor, porque uno que vive con heridas, uno que vive en la angustia y el sufrimiento, haga lo que haga, creará más sufrimiento y angustia en los demás. Sólo puedes dar lo que tienes.

He oído que una vez un mendigo llegó a una sinagoga y le dijo al rabino: "Soy un gran músico y he oído que el músico de esta sinagoga ha muerto y andáis buscando a otro. Por esto os ofrezco mis servicios".

El rabino y toda la congregación se sintieron felices porque ya echaban en falta su música. Y entonces el hombre empezó a tocar. ¡Fue horrible! ¡Había más musicalidad sin su música! Creó un infierno. Era del todo imposible sentir silencio alguno en esa sinagoga esa mañana. Tenían que detenerle porque la mayor parte de la parroquia comenzaba a irse. La gente escapaba tan rápido como podía pues su música era absolutamente anárquica, como de locura, y empezaba a afectar a la gente.

Cuando el rabino se dio cuenta de que toda la gente se estaba yendo, se dirigió al hombre y le dijo que lo dejara. El hombre le contestó: "Si no quieres mis servicios, págame por mi trabajo de esta mañana y luego me iré".

El rabino le dijo: "Es imposible que te pague porque nunca he oído algo tan horrible".

Entonces el músico le contestó: "De acuerdo, entonces guárdatelo como un donativo de mi parte".

El rabino le dijo: "Pero ¿cómo puedes donar algo que no posees? No tienes música alguna que ofrecer ¿cómo puedes donarla? Puedes donar algo sólo cuando lo tienes. Esto no es música; más bien al contrario, es algo así como anti-música. Por esto, por favor, llévatela contigo; no nos la cedas o continuará persiguiéndonos."

Tú das sólo lo que tienes. Siempre das tu ser. Si estás muerto por dentro, no puedes ayudar a la vida; dondequiera que vayas matarás. A sabiendas o sin saberlo, ésta no es la cuestión; puedes creer que estás ayudando a otros a vivir, pero en realidad les estás matando.

A un gran psicoanalista—Wilheim Reich—que estudiaba a los niños y sus problemas, le preguntaron una vez: "¿Cuál es el problema básico con los niños? ¿Cuál crees que es la raíz de todas sus padeceres, de sus problemas, de sus anormalidades?"

Él contestó, "Las madres".

Ninguna madre estaría de acuerdo con esto, porque cada madre siente que está ayudando a su hijo sin ningún egoísmo por su parte. Ella se desvive por el crío. Y los psicoanalistas dicen que las madres son el problema. Sin saberlo, los están matando, mutilando, mientras creen que los están amando.

Si estás tullido interiormente, lisiarás a tus hijos. No puedes hacer otra cosa, no puedes ayudarles, porque das desde lo que tú eres; no hay otra forma de dar.

Dice Chuang Tse,

El hombre del Tao... no daña a nadie con sus acciones.

No es que cultive la no violencia, no es que cultive la compasión, no es que viva una vida de bondad, no es que se comporte de un forma santa; no. Él no puede perjudicar a nadie porque ha dejado de perjudicarse a sí mismo. No tiene heridas. Es tan dichoso que de su acción o inacción sólo fluye la dicha. Incluso aunque pueda parecer a veces que se equivoca, no puede equivocarse. Justo lo contrario ocurre contigo. A veces parece que haces una buena acción. No es así. El hombre del Tao no puede causar daño. Es imposible. No hay forma, es inconcebible—porque no está dividido, fragmentado. No es una multitud, no es polipsíquico. Ahora es un universo y en su interior solamente surge una melodía. Eso es lo único que produce.

El hombre del Tao no es muy activo, no es un hombre de acción. A través de él, se desarrolla la menor cantidad posible de actividad. Es realmente un hombre de inacción; no es muy activo.

Pero tú te afanas en la actividad tan sólo para escapar de ti mismo. No puedes tolerarte, no puedes tolerar tu propia compañía. Buscas y buscas a alguien como un escape, buscas una ocupación en la que olvidarte de ti mismo, en la que te puedas implicar. Estás aburrido de ti mismo...

Un hombre del Tao, un hombre que ha alcanzado su naturaleza interior, un hombre que es realmente religioso, no es un hombre de mucha actividad. Sólo desarrolla la necesaria.

Abandona totalmente lo innecesario, porque puede estar en paz, sin estar activo; puede sentirse en casa, sin hacer nada; puede relajarse, puede sentirse acompañado estando solo; puede estar consigo mismo.

Tú no puedes estar contigo mismo; de aquí la constante necesidad de buscar compañía. Vas a un club, asistes a una reunión, acudes a una fiesta, te entremezclas con la multitud, donde no estás solo. Estás tan asustado de ti mismo que si te dejasen solo, enloquecerías. En sólo tres semanas, si te quedaras absolutamente solo, sin actividad alguna, enloquecerías. Y no es algo que diga la gente religiosa; ahora, los psicólogos también coinciden en ello. En tan sólo tres semanas, si toda actividad, toda compañía, te es quitada, si eres dejado solo en una habitación, en tres semanas perderás la cabeza—porque toda tu actividad tiene como fin expulsar tu locura, es una catarsis.

¿Qué harías si estuvieras solo? Durante los tres o cuatro primeros días soñarías y hablarías contigo mismo—un diálogo interno. Luego se convertiría en un aburrimiento. Después de la primera semana comenzarías a hablar en voz alta porque al menos así oirías el sonido de tu propia voz. Cuando caminas por una oscura calle, de noche, empiezas a silbar; ¿por qué? ¿Cómo te va a dar coraje el silbar? ¿Cómo te va a ayudar el silbar? Con tan sólo oírlo sientes que no estás solo; alguien está silbando. ¡Se crea la ilusión de ser dos!

Después de la primera semana comenzarías a hablar en voz alta porque entonces también tú te escucharías. No estás solo, estás hablando y te estás escuchando como si otro te estuviera hablando. Después de la segunda semana empezarías a contestarte. No tan sólo hablarías, sino que empezarías a contestarte—aparece la división. Ahora eres dos: uno que pregunta y otro que contesta. Hay un diálogo—te has vuelto completamente loco.

Un hombre le preguntó a su psiquiatra, "Estoy muy preocupado. Hablo conmigo mismo. ¿Qué puedo hacer? ¿Puede ayudarme?"

El psiquiatra le contestó, "No es nada grave. Todo el mundo habla consigo mismo, no es un gran problema. Sólo cuando empiece a contestarse, venga a mí. Entonces le puedo ser de ayuda".

Pero la diferencia es sólo cuantitativa, no cualitativa; es sólo de cantidad. Si comienzas a hablarte a ti mismo, antes o después empezarás a contestarte también, porque ¿cómo puede estar uno únicamente hablando? Se necesita una respuesta; si no, te sentirás como un tonto. A la tercera semana comenzarás a contestarte —te habrás vuelto loco.

Este mundo, este mundo de actividad, negocios y trabajo, te mantiene a salvo del manicomio. Si estás ocupado, la energía sale al exterior y así no necesitas preocuparte de lo interno, del mundo interior; puedes olvidarlo.

Un hombre del Tao no es un hombre de mucha actividad; tan sólo la actividad esencial. Se dice de Chuang Tse que si podía estar de pie, no caminaba; si podía estar sentado, no estaba de pie; si podía dormirse, no estaba despierto. Sólo hacía lo necesario, lo imprescindible, lo esencial, porque no hay locura en ello.

Tú te ocupas de lo no-esencial, continúas con lo no-esencial. Observa tus actividades: el noventa y nueve por ciento no son esenciales. Puedes abandonarlas y así salvar mucha energía, puedes ganar mucho tiempo. Pero no puedes dejarlas porque estás asustado, tienes miedo de ti mismo. Si no hubiera radio, ni TV, ni periódicos, ni nadie con quién hablar, ¿qué harías?

Oí de un sacerdote que murió. Evidentemente, esperaba ir al cielo, al paraíso. Llegó allí y todo era hermoso. La casa en la que entró era la más maravillosa que podía haber soñado, un palacio. Y en cuanto tenía un deseo, inmediatamente aparecía un criado. Si tenía hambre, aparecía el criado con comida; la más deliciosa que jamás hubiera probado. Si sentía sed—incluso antes de que el deseo se formara como pensamiento, mientras era tan sólo un sentimiento—un hombre aparecía con bebidas. Así siguieron las cosas y él fue feliz durante dos o tres días y entonces comenzó a sentirse intranquilo, porque un hombre ha de hacer algo, no puedes estar tan sólo sentado en una silla. Unicamente un hombre del Tao puede estar sentado en un silla y permanecer sentado y sentado y sentado. Tú no puedes.

El cura se puso nervioso. Durante dos o tres días está bien como vacaciones, como descanso. Él había sido muy activo—el servicio a los demás, la evangelización, la iglesia, los sermones—había estado tan implicado social y comunitariamente, que descansó. Pero, ¿durante cuánto tiempo puedes estar descansando? A menos que todo tu ser esté descansando, antes o después las vacaciones se acaban y tienes que regresar al mundo. Surgió el desasosiego; empezó a sentirse incómodo.

De repente, el criado apareció y le preguntó, "¿Qué deseas? Este sentimiento tuyo no es un deseo; no estás ni hambriento, ni sediento, sólo intranquilo. ¿Qué puedo hacer por ti?"

El cura le dijo, "No puedo quedarme aquí sentado para siempre, durante toda la eternidad. Quiero algo de actividad".

El criado le dijo "Esto es imposible. Aquí satisfaremos todos tus deseos; ¿qué necesidad tienes de hacer algo? No hay ninguna necesidad. Aquí no te proporcionamos eso".

El cura se puso muy nervioso y le dijo, "¿Qué clase de cielo es éste?" Y el criado le replicó, "¿Quién te dijo que esto era el cielo? Esto es el infierno. ¿Quién te dijo que fuese el cielo?"

Y realmente era el infierno. Ahora comprendió: sin actividad, era el infierno. Debió de volverse loco antes o después. Sin comunicación, sin charla, sin un servicio social para hacer, sin un pagano para ser convertido al cristianismo, sin un tonto al que volver sabio... ¿qué podía hacer?

Sólo un hombre del Tao podía haber convertido ese infierno en un cielo. Un hombre del Tao, esté dónde esté; está en paz, cómodo. Sólo hace lo esencial. Y si tú puedes hacer lo esencial por él, es feliz. Lo no-esencial es abandonado.

Tú no puedes dejar lo no-esencial. Realmente el noventa y nueve por ciento de tu energía se desperdicia en lo no-esencial. Lo esencial no es suficiente y la mente siempre suspira por lo no-esencial, porque lo esencial es tan poco, tan ínfimo, que puede ser satisfecho fácilmente. Y entonces ¿qué harás?

A la gente no le interesa demasiado comer bien. Le interesa más tener un gran coche, porque la buena comida puede ser obtenida fácilmente. Y entonces ¿qué les interesa? A la gente no le interesa tener el cuerpo sano. Eso es muy sencillo. Se interesan por algo que no pueda ser obtenido de forma tan fácil, algo imposible; y lo no esencial es siempre lo imposible. Siempre hay casas mayores, coches mejores,... vas acumulando más y mejores bienes y no se te permite nunca descansar.

Todo el mundo está intentando satisfacer lo no-esencial. El noventa por ciento de la industria está implicada en lo no- esencial. El cincuenta por ciento del trabajo del hombre se desperdicia en cosas que no son útiles en modo alguno. El cincuenta por ciento de la industria se dedica a la mente femenina, en vez de al cuerpo femenino: diseñando nuevos vestidos cada tres meses, diseñando nuevas casas, ropas, polvos, cremas, jabones; el cincuenta por ciento de la industria se dedica a este sin sentido. Y la Humanidad se muere de hambre, la gente se muere por no tener comida. Media humanidad está interesada en lo absolutamente no-esencial.

Alcanzar la Luna es absolutamente no-esencial. Si fuéramos un poco más sabios, ni siquiera pensaríamos en ello. Es una absoluta estupidez desperdiciar tanto dinero en eso; podría emplearse en alimentar toda la Tierra. Las guerras no son esenciales, pero la Humanidad está loca y necesita las guerras más que la comida. Necesita alcanzar la Luna antes que tener comida, antes que tener ropas, antes que tener lo esencial, porque lo esencial no es suficiente.

Y ahora la ciencia ha creado el mayor horror; y ese horror consiste en que ahora, lo esencial puede ser satisfecho muy fácilmente. En diez años todas las necesidades de la Humanidad podrán ser satisfechas, toda la Tierra podrá ser satisfecha en lo concerniente a sus necesidades. Y entonces ¿qué? ¿Qué harás? Te hallarás en la misma tesitura que el párroco. Creyó que estaba en el cielo y descubrió que se encontraba en el infierno. Dentro de diez años, toda la Tierra se convertirá en un infierno.

Lo no-esencial es necesario para que tu locura permanezca ocupada. Por eso, todas las lunas no son suficientes; tendremos que seguir explorando, deberemos seguir creando lo inútil. Es necesario. La gente lo necesita para estar ocupada.

Un hombre del Tao no es un hombre de mucha actividad. Sus acciones son las más esenciales, las que no pueden ser evitadas. Lo que se puede evitar, él lo evita. Es tan feliz consigo mismo que no necesita desarrollar ninguna actividad. Su actividad es como la inactividad: actúa, hace, sin que haya nadie actuando. Es un bote vacío, navegando por el mar, sin ir a ninguna parte.

... y aun así, no se reconoce a sí mismo como amable y benévolo.

Permite que esto penetre en lo profundo de tu corazón.

... y aun así, no se reconoce a sí mismo como amable y benévolo.

Porque si te reconoces así, no comprendes el aspecto principal. Si sabes que eres un hombre sencillo, no lo eres. Este saber lo complica. Si te reconoces como un hombre religioso, no lo eres, porque esta astuta mente que lo sabe está todavía ahí.

Cuando eres bueno y no eres consciente de ello, cuando eres sencillo y no te das cuenta, entonces se ha convertido en tu misma naturaleza. Cuando algo es realmente natural, no te das cuenta, pero cuando algo es impuesto, eres consciente de ello. Cuando alguien se vuelve rico—un nuevo rico—es consciente de su casa, de su piscina, de sus riquezas y puedes darte cuenta de que no es un aristócrata porque desea hacer ostentación de ello.

Un nuevo rico solicitó tres piscinas para su jardín. Se hicieron y luego se las enseñaba a un amigo. El amigo estaba un poco extrañado. Le dijo, "¿Tres piscinas? ¿Para qué? Con una sería suficiente".

El nuevo rico le dijo, "No. ¿Cómo podría ser una suficiente? Una con agua fría, otra con agua caliente".

Y el amigo le preguntó, "¿Y la tercera?"

Él contestó, "Para los que no sepan nadar. Por eso, esta tercera piscina permanecerá vacía".

Puedes saber si un hombre se ha enriquecido recientemente:

estará haciendo ostentación de ello. El aristócrata de verdad es aquél que se ha olvidado de que es rico. Un hombre del Tao es un aristócrata del mundo interior.

Si una persona presume de su religión, no es realmente religiosa. La religión es todavía como una espina, no es natural, hiere; él está ansioso por exhibirla. Si deseas exhibir tu sencillez, ¿qué clase de sencillez es ésta? Si exhibes tu amabilidad, se convierte en puro cálculo; no hay amabilidad en ello.

Un hombre del Tao es un aristócrata del mundo interior. Está absolutamente sintonizado con él, no hay exhibicionismo; no sólo hacia ti, sino que él mismo no es consciente de ello. Él no advierte su sabiduría, no es consciente de su inocencia—¿cómo puedes saber tú que eres inocente? Tu conocimiento alterará esa inocencia.

Un seguidor de Hazrat Mohammed fue con él a la mezquita para las oraciones de madrugada. Era verano y de regreso se dio cuenta de que mucha gente todavía dormía en sus casas, o paseaba por la calle. Era de madrugada—una mañana de verano—y mucha gente dormía todavía. El hombre le dijo a Hazrat Mohammed muy arrogantemente, "¿Qué les pasará a estos pecadores? ¿No han acudido a los rezos matutinos?"

Aquél era el primer día que él acudía a rezar. El día anterior estaba tan dormido como aquellos pecadores. El nuevo rico deseaba exhibirse, destacar ante Mohammed: "Mohammed Hazrat, ¿qué les ocurrirá a esos pecadores? No han asistido a los rezos de la mañana, son todavía perezosos y están dormidos".

Mohammed se paró y le dijo, "Vete a casa, tengo que regresar a la mezquita de nuevo".

El hombre le dijo "¿Por qué?"

Él le replicó, "He desperdiciado mi oración de la mañana por tu culpa; estando en tu compañía lo he echado todo a perder. Tengo que rezar de nuevo. Y en cuanto a ti, acuérdate de no venir más. Sería mejor para ti permanecer dormido como los demás; al menos así no serían pecadores. Tus rezos sólo han conseguido una cosa: te han proporcionado la clave para condenar a los demás".

La mal llamada persona religiosa, es religiosa tan sólo para miraros con ojos condenatorios, para poder decir que sois pecadores. Ve a tus santos—a tus mal llamados santos—y míralos a los ojos. No hallarás allí la inocencia que debería haber. Encontrarás una mente calculadora observándote y cavilando sobre el infierno: "Serás arrojado al infierno y yo estaré en el cielo, porque he estado rezando mucho—cinco veces al día—y he ayunado mucho". ¡Como si tú pudieras comprar el cielo...! Ésas son las monedas de cambio: ayunar, rezar. Esas son las monedas con las que uno esta tratando de regatear.

Si ves la condena en los ojos de un santo, da por cierto que él es un nuevo rico; no es un aristócrata del mundo interior, no ha llegado a ser uno con ello. Él puede saber algo, pero tú sabes algo solamente cuando ese algo está separado de ti.

Has de recordar lo siguiente: el conocimiento de uno mismo es imposible. No puedes conocerte a ti mismo, porque todo lo que puedas conocer no eres tú; es algo distinto, es algo separado de ti. Él Yo es siempre el conocedor, nunca lo conocido, de forma que ¿cómo puedes conocerlo? No lo puedes reducir a un objeto.

Yo puedo verte. ¿Cómo me puedo ver a mí mismo? ¿Quién sería entonces el que ve y quién sería visto? No, el Yo no puede ser conocido de la manera en que conoces las demás cosas.

El conocimiento del Yo no es posible de la forma ordinaria, porque el conocedor siempre trasciende el conocer, va más allá. Sea lo que sea que conozcas, no es eso. Los Upanishads dicen: *neti, neti*—ni esto, ni eso. Cualquier cosa que conozcas, tú no eres eso; cualquier cosa que no conozcas, no eres eso tampoco. Tú eres el que conoce; y este conocedor no puede ser reducido a un objeto.

No es posible conocer al Yo. Si tu inocencia proviene de tu fuente interior, no puedes reconocerla. Si la has impuesto desde el exterior, puedes reconocerla; si es como un vestido que te has de poner, lo reconoces, pero no es el mismísimo aliento de tu vida. Esta inocencia es entonces cultivada, y una inocencia cultivada es algo repugnante.

Un hombre del Tao no se reconoce a sí mismo como amable y benévolo. Es benévolo, pero no lo sabe; es amable, pero no lo sabe; es amor, pero no lo sabe—porque el amante y el conocedor no son dos; la benevolencia, la amabilidad, la compasión y el conocedor, no son dos. No, no se puede dividir en el conocedor y lo conocido. Ésta es la aristocracia interior: cuando te has vuelto tan rico que no eres consciente de ello. Cuando posees tanta riqueza, no tienes necesidad de mostrarla.

He oído. Sucedió una vez que Henry Ford fue a Inglaterra. En la oficina de información del aeropuerto preguntó por el hotel más barato de la ciudad. El hombre de la oficina le miró; su cara era muy conocida. Henry Ford era conocido en todo el mundo. El día anterior habían aparecido grandes fotos suyas en los periódicos diciendo que iba a venir. Y aquí estaba él, preguntando por el hotel más barato de la ciudad, llevando un abrigo que parecía, al menos, tan viejo como él.

Por esto el empleado le dijo, "Si no estoy equivocado usted es el Sr. Henry Ford. Lo recuerdo bien, he visto su foto".

El hombre le contestó, "Sí".

Esto desconcertó mucho al oficinista que le dijo, "Está preguntando por el hotel más económico y lleva un abrigo que parece tan viejo como usted. He visto también a su hijo venir por aquí y él siempre solicita el mejor hotel y llega vestido con las mejores ropas".

Se dice que Henry Ford le contestó, "Sí, el comportamiento de mi hijo es exhibicionista; no se ha acostumbrado aún. No hay necesidad para mí de estar en un costoso hotel; dondequiera que esté, yo soy Henry Ford. Incluso en el hotel más barato soy Henry Ford, no hay diferencia. Mi hijo es todavía un novato que teme lo que la gente pensará si se aloja en un hotel barato. Y este abrigo... sí, pertenecía a mi padre, pero da igual, no necesito nuevas ropas. Soy Henry Ford, me vista como me vista; incluso si voy desnudo soy Henry Ford. No hay en absoluto diferencia alguna.

Cuando estás realmente en armonía, pleno en el reino interior, no te preocupas del exhibirte. Cuando asistes por primera vez a un templo, tu oración es algo más fuerte que la de los demás. Tiene que ser así. Deseas impresionar.

El hecho de exhibirse, forma parte del ego; aquello que exhibes no es el problema. Te exhibes, te pavoneas; entonces el ego está ahí, el bote no está vacío. Y un hombre del Tao es un bote vacío. Es amable, sin ser consciente; es inocente, sin saberlo; es sabio y por esto puede actuar como un tonto, sin preocuparse. Haga lo que haga, le da igual; su sabiduría permanece intacta. Puede permitirse ser tonto. Tú no puedes.

Siempre temes que alguien pueda pensar que eres tonto. Tienes miedo de que si los demás te creen tonto, tú empieces a creértelo. Si tanta gente te cree tonto, tu autoconfianza se disolverá. Y si todo el mundo te repite que eres tonto, antes o después te lo creerás.

Sólo un sabio no puede ser engañado; él puede permitirse parecer tonto.

Oí una vez de un sabio conocido como el Loco. Nadie sabía nada más sobre él; ni su nombre, ni nada. Únicamente era conocido como el Loco. Era judío—los judíos han generado algunos hombres realmente sabios; poseen algo de la naturaleza interior. Por eso Jesús pudo nacer entre ellos.

Este loco se comportaba de una forma tan estúpida, que toda la comunidad se llegó a alterar, porque nunca sabían qué era lo próximo que iba a hacer. En las fiestas religiosas, en el Yom Kippur y otras celebraciones, toda la comunidad estaba asustada porque no podían predecir lo que este rabino iba a hacer, cómo aparecería o cómo se comportaría. Sus plegarias también carecían de sentido.

Una vez convocó al tribunal—la corte judía, los diez jueces del tribunal. El tribunal compareció a la llamada del rabino y él les dijo, "Tengo una querella contra Dios, de modo que decidid cómo castigar a ese sujeto, a Dios. Voy a presentar todas las alegaciones para demostrar que ese Dios es injusto y criminal".

Los jueces se asustaron mucho pero tuvieron que escucharle porque era el rabino, la cabeza visible de la iglesia. Y presentó su caso como un procurador en un juicio.

Dijo, "Dios, tú creaste al mundo y ahora nos envías mensajeros para decirnos cómo renunciar a él. ¡Qué tontería! Nos das deseos y ahora los Maestros vienen y nos dicen: permaneced sin deseos. ¿A qué estás jugando? Y si hemos cometido algunos pecados, tú eres realmente el culpable, si no ¿por qué creaste el deseo?" ¿Qué podía resolver el tribunal? Él tenía razón, pero el tribunal decidió que aquel hombre se había vuelto totalmente loco y que debía ser expulsado del templo.

Pero este hombre está diciendo la verdad. Ama tanto a Dios que establece una relación de tú-yo, íntima. Pregunta, "¿Qué estás haciendo? Ya es suficiente; ahora detente, deja de tontear". Ha de haber amado mucho a Dios para comportarse de esta forma.

Y se dice que cuando se dirigió a Él, Dios se detuvo de inmediato. Tenía que escuchar a aquel hombre.

Y los ángeles le preguntaron, "De repente te has detenido, ¿qué ocurre?"

Él les dijo, "Ese loco esta orando. Tengo que escucharle, porque diga lo que diga, es verdad; y me ama tanto que no hay necesidad de formalidades... ". En el amor, en el odio, todo está permitido, todo vale.

Ese loco estaba paseando y una mujer fue a él. Le preguntó, "He estado suspirando y suspirando por un hijo durante cuarenta años. Si en tres o cuatro años la criatura no llega, ya no será posible. Por favor, ayúdame".

El loco le dijo, "Puedo ayudarte, porque mi madre tuvo el mismo problema. Esperó y esperó durante cuarenta años y el crío no vino. Entonces acudió a Baal Shem, un místico; se lo contó y él intervino. Mi madre le regaló una hermosa gorra. Baal Shem se puso la gorra, miró al cielo y le dijo a Dios, «¿Qué estás haciendo? Es injusto. No hay nada malo en la demanda de esta mujer, de modo que concédele un niño». Y después de nueve meses, nací yo".

Entonces la mujer le dijo, sonriente y feliz, "Iré a casa y te traeré la más hermosa gorra que nunca hayas visto. ¿Tendré así un niño?"

Dijo el loco, "No lo entiendes. Mi madre nunca conoció esa historia. Tu gorra no funcionará, no lo has entendido. No puedes imitar la religión, no puedes imitar la oración. Una vez imitas, yerras". Y así, fuera quién fuera que se acercase a ese loco, él decía, "No imites; deshazte de las escrituras".

Cuando se estaba muriendo, hizo quemar todos los libros que habían sido escritos sobre él. Y lo último que hizo fue decir a sus discípulos, "Id por toda la casa y buscad, de forma que no quede ninguno y yo pueda morir en paz. No ha de quedar ni una sola carta escrita por mí, pues sino, cuando esté muerto, la gente empezará a imitar el ejemplo. Y cuando imitas el ejemplo, yerras". Por eso, todo fue recogido y quemado. Y entonces dijo, "Ahora puedo morir en paz, no dejo ninguna huella tras de mí".

Esta clase de sabio no tiene miedo. ¿Cómo puede un sabio tener miedo a alguien? Ante todos, puede parecer tonto; no necesita exhibir su sabiduría.

¿Te has observado? Estás siempre intentando exhibir tu sabiduría, siempre en busca de una víctima a la cual mostrar tu conocimiento, buscando a alguien más débil que tú. Entonces te abalanzas y le demuestras tu sabiduría.

Un hombre sabio no necesita ser un exhibicionista. Sea lo que sea, es. No es consciente de ello, no tiene apremio por demostrarlo. Si quieres encontrarlo, tienes que esforzarte, tendrás que descubrir si es amable o no; será tu descubrimiento.

*No se esfuerza por ganar dinero,
y no hace de la pobreza una virtud.*

Recuerda esto: es muy fácil "hacer" dinero y es muy fácil "hacer" de la pobreza una virtud. Pero estas dos formas de "hacer" no son muy diferentes. Un hombre puede continuar acumulando dinero hasta que de repente se siente frustrado. Lo ha logrado y no ha ganado nada; por eso renuncia. Entonces la pobreza se convierte en virtud; vive la vida de un pobre y dice: "Ésta es la verdadera vida, ésta es la vida religiosa". El hambre es la misma, nada ha cambiado. El péndulo se fue a la izquierda, pero ahora se ha ido al otro extremo.

No se esfuerza por ganar dinero...

Esto lo entenderás. La segunda parte es más difícil,

... y no hace de la pobreza una virtud.

Ni es rico, ni es pobre. No hace esfuerzo alguno por ganar dinero, ni hace esfuerzo alguno por ser pobre; sea lo que sea, permite que ocurra. Si aparece un palacio, vive en el palacio; si el palacio desaparece, no lo busca. Sea lo que sea lo que ocurra, lo acepta; su dicha no puede ser alterada. No persigue el dinero, no persigue la pobreza.

Sigue su camino sin esperar nada de los demás...

Esto lo entenderás fácilmente.

*Sigue su camino sin esperar nada de los demás
y no se enorgullece de caminar solo.*

Tú dependes de los demás, de tu mujer, de tus niños, de tu padre, de tu madre, de tus amigos, de la sociedad; y de pronto lo abandonas todo y escapas a los Himalayas. Y comienzas a envanecerte: "Vivo solo, no necesito a nadie; me he liberado de este mundo".
Incluso así, no estás solo, porque tu soledad depende aún del

mundo. ¿Cómo podrías estar solo si no hubiera un mundo que dejar? ¿Cómo podrías estar solo si no hubiera una sociedad a la que renunciar? ¿Cómo podrías estar solo si no hubiera una esposa, unos niños, una familia, a la que abandonar? Tu soledad depende de ellos. ¿Cómo podrías ser pobre si no hubiera un dinero que dejar? Tu pobreza depende de tus riquezas.

No, un hombre perfecto, uno que es realmente un sabio, el hombre del Tao, anda su camino sin esperar de los demás. Si esperas de los demás, sufrirás; si esperas de los demás, siempre serás un esclavo, te volverás dependiente y débil.

Esto no significa que debas enorgullecerte de andar solo. Camina solo, pero no te enorgullezcas de ello. Entonces podrás estar en el mundo sin formar parte de él. Podrás ser un marido sin ser un marido. Podrás poseer sin ser poseído por tus posesiones. Entonces el mundo estará ahí afuera, pero no dentro de ti. Entonces estarás ahí, pero sin ser corrompido.

Ésta es la verdadera soledad: moverse en el mundo sin ser tocado por él. Pero si te enorgulleces, es que no lo has comprendido. Si piensas, "Me he convertido en alguien", el bote no está vacío; de nuevo has caído víctima del ego.

El hombre del Tao permanece sin ser conocido.
La perfecta virtud no produce nada.
Ningún "yo" es el verdadero Yo.
El hombre más grande no es nada.

Escucha... "*el hombre del Tao permanece sin ser conocido*". No es que no lo pueda conocer nadie, sino que depende de ti el descubrirle. No hace esfuerzo alguno para darse a conocer. El esfuerzo para darse a conocer proviene del ego, porque el ego no puede existir cuando eres desconocido. Existe solamente cuando eres conocido, cuando te prestan atención, cuando eres alguien importante, apreciado.

¿Pero cómo puedes ser importante si nadie te conoce? Cuando el mundo entero te conozca, entonces serás importante. Por esto la gente persigue tanto la fama,... y si no pueden alcanzar fama, intentan crear escándalo, ¡para no seguir siendo desconocidos! Si la gente no puede ensalzarte, intentarás que te censuren, pero no puedes soportar que la gente permanezca indiferente a ti.

Oí que un político tenía una multitud de seguidores. Mucha gente le apreciaba,... hasta que alcanzo el poder...

Cuando no estás en el poder pareces muy inocente, porque cuando no hay poder ¿qué puedes hacer? ¿Qué sentido tiene disimular? Por esto, tu verdadera naturaleza se revela sólo cuando alcanzas el poder.

Mira a los partidarios de Gandhi en la India; antes de la independencia, tan santos. Y ahora se han convertido en el polo opuesto. Ahora son los más corruptos. ¿Qué ha ocurrido? Una ley muy simple: cuando no estaban en el poder eran como palomas, inocentes; cuando les llegó el poder se convirtieron en serpientes— astutos, corruptos, explotadores.

Tu verdadera naturaleza sólo se desvela cuando tienes poder. Cuando tienes la posibilidad de hacer daño, entonces se puede saber si lo harás o no.

Lord Acton dijo: "El poder corrompe, y el poder absoluto corrompe absolutamente". No, no es cierto. El poder no corrompe; tan sólo revela la corrupción. ¿Cómo puede corromper el poder? Tú ya eras corrupto, sólo que no existía una salida para la corrupción. Ya eras horrible, pero permanecías en la oscuridad. Ahora has salido a la luz, ¿cómo puedes decir que la luz te hace horrible? No, la luz sólo revela.

... Este político era muy apreciado y querido, tenía una personalidad carismática. Entonces llegó al poder y todo el mundo se volvió contra él. Fue destituido, su nombre se convirtió en una abominación, fue condenado en todas partes, de forma que tuvo que dejar su ciudad porque la gente no le permitía vivir allí de tantísimo daño que había hecho.

Con su mujer se puso a buscar una nueva residencia en una nueva ciudad. Viajó por muchas ciudades observando y buscando dónde quedarse. Y entonces, en una ciudad, la gente comenzó a arrojarle piedras. Él dijo, "Éste es el lugar apropiado, debemos elegir esta ciudad".

La mujer le dijo, "¿Estás loco? ¿Te has vuelto loco? La gente nos está tirando piedras".

El político le contestó, "Al menos no son indiferentes".

La indiferencia te hiere al máximo porque el ego no puede existir en la indiferencia. Tanto conmigo como en contra mía, el ego puede existir, pero no seas indiferente a mí porque entonces ¿cómo puedo existir, cómo puede existir el ego? El hombre del Tao permanece sin ser conocido. Eso significa que no busca a la gente para que le conozcan. Si desean saber de él, pueden buscarle.

La perfecta virtud no produce nada.

Ésta es una de las premisas básicas de la vida taoísta.

La virtud perfecta no produce nada, porque cuando eres perfectamente virtuoso, nada necesitas. Cuando eres perfectamente virtuoso no hay deseo, no hay motivación; eres perfecto. ¿Cómo puede la perfección ir hacia algo? Sólo la imperfección se mueve. Sólo la imperfección desea producir algo. Por eso, un artista perfecto nunca pinta un cuadro y un músico perfecto arroja a un lado su sitar. Un arquero perfecto rompe su arco y lo tira, y un hombre perfecto como Buda es absolutamente inútil. ¿Qué creó Buda? ¿Poesía, una escultura, un cuadro, una sociedad? Parece ser absolutamente improductivo, no ha hecho nada.

La perfecta virtud no produce nada.

Porque no necesita nada. El producir surge del deseo. El producir surge porque eres imperfecto. Creas algo como sustitutivo, porque te sientes incompleto. ¿Por qué vas a crear, cómo vas a crear, si estás absolutamente realizado? Entonces te has convertido en la gloria de la creación, entonces el ser interior es perfecto, no necesitas nada.

La perfecta virtud no produce nada. Si el mundo fuera virtuoso, toda meta práctica sería olvidada. Si el mundo fuera en verdad virtuoso, existiría el juego y no la producción. Entonces se convertiría en un juego. Lo disfrutarías, pero no lo necesitarías. Un sabio perfecto es totalmente inútil.

Ningún "yo" es el verdadero Yo.

Cuando sientes que no eres, por primera vez eres, porque "yo" no es nada más que un sinónimo de "ego". Por esto Buda,

Lao Tse, Chuang Tse, todos ellos dijeron que no hay "yo", no hay *atman*. No, no existe; ellos dicen que no hay *atman*, que no hay "yo", porque tu ego es tan astuto que puede esconderse tras él. Puedes decir, *Aham Brahmasmi*—Yo soy *Brahman*—, *Anal'haq*—Yo soy Dios—y el ego puede esconderse tras esas palabras.

Buda dice que no hay nadie a quién dirigirse, no hay un "yo" dentro de ti. Buda dice que eres como una cebolla: quitas y quitas capas y finalmente nada queda. Tu mente es como una cebolla; sigue pelándola. Esto es meditar: pelar, pelar y llegar a un punto en que nada queda. Esta vacuidad es tu verdadero Yo. Ningún "yo" es el verdadero Yo. Cuando el bote está vacío, entonces, por primera vez, "Tú" estás en el bote.

El hombre más grande no es nada.

Sucedió que Buda renunció a su reino. Se fue, buscando, de un bosque a otro, de un *ashram* a otro, de un maestro a otro. Nunca antes había andado sin zapatos, pero ahora era tan sólo un mendigo. Caminaba por la arena de la orilla de un río y sus huellas quedaron marcadas.

Mientras descansaba a la sombra de un árbol, un astrólogo las vio. El astrólogo volvía de Kashi, la sede de la sapiencia. Se había doctorado en astrología, había alcanzado la perfección y ahora que se había convertido en un gran doctor en astrología regresaba a su casa para ponerla en práctica. Observó las huellas en la arena húmeda y quedó desconcertado. Esas huellas no podían pertenecer a un hombre corriente caminando por la arena sin zapatos en un cálido verano, al mediodía. Esos pies pertenecían a un gran emperador, a un *chakravartin*. Un *chakravartin* es el emperador que gobierna al mundo.

Todo indicaba que ese hombre era un *chakravartin*, un emperador del mundo entero, de los seis continentes. Y ¿por qué un *chakravartin* andaba con los pies descalzos por la arena en una tarde tan calurosa de verano? ¡Era imposible!

El astrólogo llevaba consigo sus libros más valiosos. Él pensó, "Si esto fuera así, debería de tirar todos estos libros al río y olvidarme de la astrología para siempre, porque es absurdo. Es muy,

muy difícil encontrar a un hombre con los pies de un *chakravartin*. Una vez en millones de años un hombre se convierte en un *chakravartin*, y ¿qué está haciendo aquí un *chakravartin*?

Por eso siguió las huellas hasta su origen y contempló al Buda que estaba sentado descansando bajo un árbol con los ojos cerrados—y quedó aún más desconcertado. El astrólogo se quedó totalmente desconcertado porque aquel rostro era también el rostro de un *chakravartin*. Pero el hombre aparentaba ser un mendigo, con su cuenco de pedir limosna junto a él, con sus ropas raídas.

Pero la cara parecía la de un *chakravartin*. ¿Qué debía hacer? Le dijo, "Estoy muy alterado; tranquilízame. Sólo tengo una pregunta que hacerte. He visto y he estudiado tus huellas. Probablemente pertenezcan a un *chakravartin*, a un gran emperador que gobierne el mundo entero, cuyo reino sea toda la Tierra.., y tú eres un mendigo. ¿Qué debo hacer? ¿He de desembarazarme de todos mis libros de astrología? Mis doce años de estudio en Kashi han sido en vano; esa gente era estúpida. He desperdiciado la mayor parte de mi vida. Tranquilízame, dime, ¿qué he de hacer?"

Buda le dijo, "No tienes por qué preocuparte. No te encontrarás en esta situación nunca más. Toma tus libros, ve a la ciudad, empieza con tu trabajo y no te preocupes por mí. Nací para ser un *chakravartin*. Esas huellas llevan mi pasado".

Todas las huellas son portadoras de tu pasado: las líneas de tu mano, de tu palma, llevan tu pasado. Por eso la astrología, la quiromancia, tienen siempre razón respecto al pasado, pero son inciertas sobre el futuro y absolutamente inciertas respecto a un Buda, porque aquél que se desembaraza de todo su pasado, penetra en lo desconocido. No puedes predecir su futuro.

Buda dijo, "No te encontrarás con alguien tan problemático de nuevo. No te preocupes, no sucederá otra vez; considéralo una excepción".

Pero el astrólogo dijo, "Unas cuantas preguntas más. Me gustaría saber quién eres. ¿Estoy realmente soñando? ¿Un *chakravartin* sentado como un mendigo? ¿Quién eres? ¿Eres un emperador disfrazado?"

Buda le contestó, "No".

Entonces el astrólogo le preguntó, "Pero tu cara es tan hermosa, tan quieta, tan llena de silencio interior. ¿Quién eres? ¿Eres un ángel del paraíso?"

Buda contestó, "No".

El astrólogo inquirió una vez más, "Te pareceré descortés con tanta pregunta, pero has creado en mí ese deseo y esa urgencia. ¿Eres un ser humano? Si no eres un emperador, un *chakravartin*, si no eres un *deva* del paraíso, ¿eres un ser humano?"

Y Buda le dijo, "No, «yo» no soy nadie, no pertenezco a forma alguna, a ningún nombre".

El astrólogo le dijo, "Me has confundido todavía más. ¿Qué quieres decir?"

Esto es lo que Buda quiso decir: el hombre más grande no es nada.

Puedes ser alguien, pero no puedes ser el más grande. Siempre hay alguien en el mundo más grande que tú. ¿Y cuándo se considera que uno es alguien? Tú eres la medida. Tú dices que este hombre es alguien importante, pero, ¿quién es la medida? La medida eres tú.

La cuchara es la medida del océano. Dices. "Este hombre es alguien importante". Dices—y muchos como tú dicen—"Este hombre es alguien importante" ¡Él se convierte en alguien importante porque tú le das esa importancia!

No. En este mundo, quién sea alguien, no puede ser el más grande, porque el océano no puede ser medido con cucharas. Y vosotros sois cucharillas de café mesurando el océano. No, no es posible.

Por eso, el verdaderamente más grande no será nada entre vosotros. ¿Qué quiere decir Chuang Tse cuando dice, "*El más grande no será nada...*". Significa: será inconmensurable. No podrás medirle, no podrás etiquetarle, no podrás clasificarle, no podrás decir, "¿Quién es éste?" Simplemente escapa a toda medida. Simplemente va más allá y más allá y más allá y la cucharilla de café se vuelve inútil.

Suficiente por hoy.

La lechuza y el fénix

*Hui Tse era el Primer Ministro de Liang.
Mediante lo que él consideraba información confidencial,
sospechaba que Chuang Tse codiciaba su cargo,
y que estaba conspirando para suplantarle.*

*Cuando Chuang Tse visitó Liang,
el Primer Ministro envió la policía a arrestarle,
pero aunque le estuvieron buscando durante tres días
y tres noches,
no pudieron encontrarle.
Mientras, Chuang Tse se presentó ante Hui Tse
por propia iniciativa y le dijo:
"¿Has oído del pájaro
que vive en el sur,
del fénix que nunca envejece?*

*"Ese fénix inmortal surge del mar del sur
y vuela hacia el mar del norte,
sin posarse nunca,
excepto sobre ciertos árboles sagrados.
No prueba la comida,
excepto los más exquisitos y raros frutos
y bebe sólo de las fuentes más claras.*

*"Una vez, mientras roía
una rata muerta
y medio podrida,
una lechuza vio al fénix sobrevolarla.
Levantando la vista
emitió un chillido alarmada
y estrechó la rata contra su cuerpo
presa del miedo y la consternación.*

*"Primer Ministro,
¿por qué os enfurecéis tanto,
agarrándoos a vuestro cargo
aullándome consternado?"*

La lechuza y el fénix

La mente religiosa es básicamente no ambiciosa. Si hay algún tipo de ambición, es imposible ser religioso, porque sólo un hombre superior puede llegar a ser religioso. Ambición implica inferioridad. Trata de comprender esto porque es una de las leyes básicas. Puedes acudir a templos, ir a los Himalayas, puedes orar y puedes meditar, pero si no comprendes, todo será en vano. Estarás simplemente desperdiciando tu vida si no has comprendido cuál es la naturaleza de tu mente: si es o no es ambiciosa. Tu búsqueda será inútil, porque la ambición nunca podrá llevarte a lo Divino. Sólo la no-ambición puede convertirse en la puerta.

La psicología moderna también concuerda con Chuang Tse, con Lao Tse, con Buda, con todos aquellos-que-han-conocido, en que la inferioridad crea ambición. De aquí que los políticos se hayan convertido en la peor calaña de la humanidad. Todos los políticos son *sudras*, intocables. No puede ser de otra forma, porque en cuanto la mente experimenta un complejo de inferioridad, trata de convertirse en superior. Lo opuesto nace. Cuando te ves feo, intentas volverte hermoso. Si ya eres hermoso, entonces no hay intento.

Observa una mujer fea y descubrirás en ella la naturaleza del político. Una mujer fea siempre trata de esconder su fealdad, siempre trata de ser hermosa. Su rostro—la cara pintada—, sus ropas, sus adornos, llevan la marca de la fealdad.

La fealdad debe ser superada sea como sea y tienes que crear el opuesto para tratar de esconderla, para escapar de ella. A una mujer realmente hermosa, eso no le preocupa; ni siquiera es consciente de su belleza. Y sólo la belleza inconsciente es hermosa. Cuando te vuelves consciente, aparece la fealdad.

Cuando sientes que eres inferior, cuando te comparas con otros y ves que son superiores a ti, ¿qué puedes hacer? El ego se siente herido: tú eres inferior. No puedes aceptarlo; por esto has de engañarte a ti y a los demás.

¿Cómo lo consigues? Hay dos formas. Una es volverse loco. Puedes declarar que eres Alejandro, Hitler, Nixon. Así lo consigues fácilmente porque no te preocupas de lo que digan los demás. ¡Ve a los manicomios de todo el mundo y encontrarás a los grandes personajes de la historia! ¡Todavía vivos!

Mientras el *Pandit* Jawaharlal Nehru vivía, al menos una docena de personas en la India creían ser el *Pandit* Jawaharlal Nehru.

Una vez acudió a un manicomio para inaugurar unas nuevas dependencias. Las autoridades del manicomio lo arreglaron para que algunos internos fueran liberados por él, puesto que se habían vuelto sanos y cuerdos. Le fue traído el primero y Nehru se presentó al loco que se había vuelto cuerdo y le dijo, "Soy el *Pandit* Jawaharlal Nehru, Primer Ministro de la India".

El loco se rió y le dijo, "No se preocupe. Quédese aquí durante tres años y se volverá cuerdo, igual que me ha ocurrido a mí. Tres años hace que llegué a esta casa y eso era lo que creía ser: el *Pandit* Jawaharlal Nehru, Primer Ministro de la India. Pero ellos me han curado completamente, por tanto, no se preocupe".

Esto mismo ha ocurrido en diferentes ocasiones. Lloyd George era Primer Ministro de Inglaterra. En los días de la guerra, a las seis en punto de la tarde solía haber toque de queda y nadie podía salir de su casa. Todo el tráfico se detenía; no se permitían luces encendidas y todos debían estar en un refugio. Lloyd George estaba dando su habitual paseo y se despistó.

De repente la sirena sonó. Eran las seis en punto y se encontraba a varias millas de su casa. Llamó a la puerta más cercana y dijo al hombre que le abrió, "Déjeme descansar aquí por esta noche; si no, la policía me detendrá. Soy Lloyd George, el Primer Ministro".

El hombre le agarró de improviso y le dijo, "Entre. Éste es el sitio adecuado para usted. Tenemos ya tres Lloyd George aquí". Era un manicomio.

Lloyd George intentó convencer al hombre de que en verdad él era el verdadero, pero el otro le contestó, "Todos se resisten, deje de intentarlo; entre ya, o tendré que emplear la fuerza".

Así que Lloyd George tuvo que permanecer quieto durante toda la noche, de otra forma hubiera sido maltratado. ¿Cómo hubiera podido convencerles? Había ya tres Lloyd George y todos se empeñaban en ser los auténticos.

Una manera es enloquecer. De repente declaras que eres superior, el más grande. Otra forma es convertirte en político. O bien enloquecer, o volverte un político. En política no puedes declarar algo sin demostrarlo; tienes que probar que eres el primer ministro, o el presidente. Así que éste es el camino largo. La locura es el atajo hacia el sentirse importante; la política es el camino con rodeos. Pero ambos alcanzan la misma meta.

Y si el mundo quiere alcanzar la cordura, si quiere volverse un mundo normal, dos tipos de personas deben ser curadas: los locos y los políticos. Ambos están enfermos. Uno ha tomado el camino largo, el otro el atajo. Y recuerda que el loco es menos dañino que el político, porque simplemente declara su superioridad, no se preocupa de demostrarlo; el político se empeña en probarlo; y la comprobación exige un alto precio.

¿Qué trataba de demostrar Hitler? Que él era el más grande, el Ario supremo. Hubiera sido mejor para el mundo si hubiera enloquecido, si hubiera utilizado el atajo; entonces no hubiera habido una Segunda Guerra Mundial.

Los políticos son más peligrosos porque están locos y lo prueban. Ellos son locos que trabajan, que se esfuerzan, que intentan alcanzar una meta, tan sólo para esconder su inferioridad. Cuando alguien se siente inferior, tiene que demostrarse—o simplemente hipnotizarse—a sí mismo que no es inferior. Tú no puedes ser religioso si estás loco. No me refiero a estar loco de la forma en que un San Francisco está loco; esta locura se obtiene a través del éxtasis; aquella, a través de la inferioridad. La locura de un San Francisco, o de un Chuang Tse, surge de la superioridad, surge del corazón, proviene de la fuente original. La otra locura surge del ego. El alma es siempre superior y el ego es siempre inferior.

Por esto un egotista tiene que convertirse en político de una u otra forma; sea cual sea la profesión que elija, mediante ella se convertirá en político.

¿Qué quiero decir cuando utilizo la palabra político? Me refiero al conflicto entre egos, a la lucha por la supervivencia.

Cuando tu ego y el mío están en conflicto, entonces somos políticos. Cuando no me hallo en conflicto con el ego de nadie, entonces soy religioso. Cuando no intento ser superior, soy superior. Pero esta superioridad no está en oposición a la inferioridad; es la ausencia misma del sentimiento de inferioridad.

Has de recordar esta diferencia. Hay dos tipos de superioridad. En una, tan sólo encubres tu inferioridad, la escondes, utilizas una máscara. Tras la máscara se encuentra la inferioridad. Tu superioridad es sólo superficial; en lo más profundo permaneces inferior y debido a que continúas sintiéndolo tienes que llevar esta máscara de superioridad, de belleza. Al darte cuenta de que eres feo, tienes que ingeniártelas para parecer bello, tienes que demostrarlo, tienes que mostrar un falso rostro. Ésta es una clase de superioridad; no es real.

Existe otro tipo de superioridad y esa superioridad supone la ausencia de inferioridad; no es su opuesto. Simplemente no comparas. Cuando no comparas, ¿cómo puedes ser inferior? Si fueses el único ser sobre la Tierra y no existiera nadie más, ¿serías inferior? ¿Con quién te compararías? ¿En relación a qué? Si estuvieras solo, ¿qué serías: inferior o superior? No serías ninguna de las dos cosas. No podrías sentirte inferior porque no habría nadie por encima de ti; no podrías declararte superior porque no habría nadie por debajo de ti. No serías ni superior, ni inferior... y yo te digo que ésa es la superioridad del alma. Nunca compares. Compara y surgirá la inferioridad. No compares; simplemente eres Único.

Un hombre religioso es superior porque en él la inferioridad ha desaparecido. Un político es superior porque ha superado una inferioridad que todavía está escondida ahí, está todavía dentro. Él lleva tan sólo el traje, la fachada, la máscara del hombre superior.

Cuando comparas, yerras; siempre estás mirando a los demás. Y no hay dos personas iguales, no puede haberlas.

Cada individuo es único y cada individuo es superior, pero esa superioridad no es comparable. Tú eres superior porque no puedes ser otra cosa. La superioridad es tu naturaleza. Ese árbol es superior, esa roca es también superior. Toda la Existencia es, en su totalidad, divina, de forma que ¿cómo puede algo ser inferior? Es Dios, desparramándose en millones de formas. En algún lugar, Dios se ha convertido en árbol; en otro, Dios se ha convertido en roca; en algún otro, Dios se ha tornado pájaro; en otra parte, Dios se ha transformado en ti. Y sólo Dios existe, de forma que no puede haber comparación. Dios es superior, pero no superior a algo, porque sólo Dios *es*; no puede haber inferioridad alguna.

Un hombre religioso llega a experimentar esta unidad, llega a experimentar su divinidad. Y a través de esta experiencia de divinidad reconoce la divinidad de todo. No es político, porque ahora no hay ambición. No tienes nada que probar; ya has sido contrastado. No tienes nada que afirmar, porque ya has sido afirmado. Tu mismo ser es la prueba. Tú *eres*... es suficiente. No se requiere nada más.

Así pues recuerda esto como la ley básica. Si en religión sigues comparando, estás en el terreno político, no en el religioso. Por eso, todas las religiones han devenido en política. Usan la terminología religiosa, pero tras ella, está la política. ¿Qué es el Islam? ¿Qué es el Hinduismo? ¿Qué es el Cristianismo? Son agrupaciones políticas, organizaciones políticas, haciendo política en nombre de la religión.

Cuando acudes al templo a orar, ¿simplemente oras, o comparas? Si allí hay alguien orando, ¿surge la comparación en tu mente? ¿Te preguntas si lo está haciendo mejor que tú, o si tú lo haces mejor que él? Si es así, entonces el templo ya no está ahí. El templo ha desaparecido, se ha transformado en política.

En religión, la comparación no es posible; simplemente rezas y el orar llega a convertirse en tu ser interior. No es algo exterior para ser comparado. Esta oración incomparable, esta meditación incomparable, te desvelará a la superioridad intrínseca de todo lo existente.

Buda dice, "No seas ambicioso, porque ambicionando seguirás siendo siempre inferior". No seas ambicioso y alcanza tu intrínseca superioridad. Es intrínseca. No tiene que ser probada, o alcanzada; ya la posees, la tienes. Está ya ahí; siempre ha estado contigo y siempre permanecerá en ti. Tú mismo ser es superior, pero desconoces el ser que está ahí. No sabes quién eres. Por eso te esfuerzas tanto buscando tu identidad, demostrando que eres superior a los demás. No sabes quién eres.

Una vez lo sepas, no existirá el problema. Tú ya eres en realidad superior. Y no sólo tú eres superior; todo es superior. La totalidad de la Existencia es superior, sin que nada sea inferior, porque

Dios es uno, la Existencia es una. Ni lo inferior, ni lo superior pueden existir. La mente no ambiciosa llega a comprenderlo.

Este bello episodio ocurrió realmente. Chuang Tse estaba de camino hacia la capital y el Primer Ministro se asustó. Debió de averiguar a través de la policía secreta—la CIA—que Chuang Tse estaba por llegar. Los políticos están siempre recelosos, porque todo el mundo es su enemigo; incluso sus amigos son enemigos. Uno tiene que protegerse de sus amigos porque también ellos intentan hundirte.

Recuerda, nadie es un amigo. En política todo el mundo es un enemigo. La amistad es sólo una fachada. En religión no hay nadie que sea tu enemigo. En religión, no puede haber enemigo alguno; en política no puede existir amigo alguno.

El Primer Ministro tenía miedo porque Chuang Tse estaba por llegar. La superioridad de Chuang Tse era tal que el Primer Ministro pensó que podría tratar de ocupar su cargo. Era una situación delicada. Y, evidentemente, Chuang Tse era superior. Y no sólo superior en comparación con alguien; era simplemente superior, intrínsecamente.

Un hombre como Chuang Tse, es un rey; viva o no viva como un mendigo, no importa. Es un rey dondequiera que vaya. La realeza no es algo externo a él; es algo interno. Un monje mendicante de la India fue a América a principios de siglo, su nombre era Ramatirtha. Solía llamarse a sí mismo "El Emperador". El Presidente de América acudió a verle y le observó asombrado. ¡Era tan sólo un mendigo! El Presidente le interpeló, "No puedo comprenderlo ¿por qué te llamas a ti mismo "El Emperador"? Si pareces un mendigo. Has escrito un libro llamado "Las seis Ordenes del Emperador Ram". ¿Por qué?"

Ramatirtha se rió y dijo, "Mira en mi interior; mi reino pertenece al mundo interior. Mira dentro de mí. Yo soy un emperador. Mi reino no es de este mundo".

Por esto mismo, Jesús fue crucificado. Él decía, "Soy un rey". Fue mal interpretado. Aquél que era el rey—Herodes—se puso en guardia. El virrey, Poncio Pilatos, creyó que Jesús era peligroso, porque hablaba del reino y del rey y había declarado, "Yo soy el rey de los Judíos". Fue mal interpretado. Hablaba de un tipo de reino diferente, un reino que no es de este mundo.

Cuando era crucificado, los soldados se mofaban de él arrojándole piedras y sandalias y, a modo de escarnio, le colocaron una corona de espinas en su cabeza con la inscripción: "Rey de los Judíos". Y mientras le arrojaban piedras y sandalias le decían, "Cuéntanos ahora algo sobre el reino, di algo Rey de los Judíos".

Él les estaba hablando de otro reino, no de este mundo; ese reino no esta afuera, ese reino está dentro. Mas cuando un hombre como Jesús camina, él es el Emperador. No puede evitarlo. No es que compita con nadie, no suspira por ninguna corona de este mundo, pero dondequiera que va, la gente ambiciosa se asusta, los políticos se asustan. Este hombre es peligroso porque su rostro, sus ojos, la forma en que camina, revelan que es un emperador. No necesita demostrarlo; él es la evidencia. No necesita mencionarlo, no necesita decirlo.

Por eso, cuando el Primer Ministro se enteró a través de la policía secreta de que Chuang Tse estaba por llegar, pensó que iba a la capital para suplantarle; si no, ¿para qué iba? La gente sólo acude a la capital para eso. Uno nunca va a Delhi por un motivo distinto. La gente va a la capital por ambición, en busca de ego, de identidad. Entonces, ¿por qué viene un fakir, un mendigo? ¿Cuál es la necesidad de venir a la capital? Debe de venir a arrebatarme mi cargo, mi silla. Debe de venir para ver al Rey y decirle, "Yo soy el hombre que necesitas. Hazme primer ministro y te lo solucionaré todo, resolveré todos tus problemas".

Y el hombre tenía cierta majestuosidad que le envolvía, un carisma. El primer ministro se asustó. Los primeros ministros son siempre inferiores. En lo profundo, el complejo de inferioridad permanece como una enfermedad, como un gusano devorando el corazón, siempre receloso del superior.

Hui Tse era el Primer Ministro de Liang.
Mediante lo que él consideraba como información confidencial sospechaba que Chuang Tse codiciaba su cargo,
y que estaba conspirando para suplantarle.

Los políticos no pueden pensar diferente. Lo primero que debe entenderse es que tú eres lo que piensas de los demás. Tus deseos, tus propias ambiciones, te modelan. Si persigues el dinero, creerás que los demás van en pos del dinero. Si eres un ladrón, te palparás constantemente el bolsillo; así demuestras que eres un ladrón. Tu nivel de comprensión es el nivel de tus deseos. Los políticos siempre piensan en términos de complots, de conspiraciones: alguien me va a suplantar, alguien desea librarse de mí... Porque esto es lo que ellos han hecho, esto es lo que han estado haciendo durante toda su vida: conspirar. Los políticos son conspiradores. Ése es su lenguaje. Y tú miras a los demás a través de tu mente, proyectas en los demás las cosas que están escondidas en lo más hondo de ti. Hui Tse pensó, "Este Chuang Tse está conspirando para suplantarme".

Cuando Chuang Tse llegó para visitarle, el Primer Ministro envió a la policía a arrestarle. Pero aunque lo buscaron durante tres días y noches, no pudieron encontrarle. ¡Qué hermoso! La policía sólo puede encontrar a ladrones; ellos se entienden entre sí. La mente del policía y la mente del ladrón no difieren entre sí. Los ladrones al servicio del gobierno son los policías. Su mente, su forma de pensar, es la misma; sólo cambia el amo. Un ladrón está al servicio de sí mismo; un policía está al servicio del Estado, pero ambos son ladrones. Por eso, los policías pueden detener a los ladrones. Si envías a un *sadu* a buscar a un ladrón, no lo encontrará, porque verá a los demás a través de su propia mente.

Un rabino pasó junto a un joven durante un festejo religioso. El joven estaba fumando y el fumar estaba prohibido durante ese día, de forma que el rabino le detuvo y le preguntó: "Joven, ¿no sabes que hoy es un día religioso y que no deberías fumar?"

El joven le contestó, "Sí; sé que es una festividad religiosa". Y aun así continuó fumando; y no sólo fumando, sino que lanzó el humo a la cara del rabino.

El rabino le preguntó, "¿Y no sabes que está prohibido fumar?"

El joven le contestó arrogantemente, "Sí, sé que está prohibido". Y continuó.

El rabino miró al cielo y dijo, "Padre, ¡qué belleza la de este joven! Puede que esté infringiendo la ley, pero nadie puede forzarle a mentir. Es un hombre sincero. Dice: 'Sí, sé que es un día festivo y sé que está prohibido. Recuerda, en el día del juicio, que este joven no pudo ser forzado a mentir'".

Éste era un gran rabino. Ésta es la mente de un *sadu*. No puede ver algo erróneo, siempre ve lo correcto.

La policía no pudo encontrar a Chuang Tse, era imposible. Lo hubieran encontrado si hubiera sido un hombre ambicioso, si hubiese estado conspirando, si hubiese estado pensando en términos de política; entonces podría haber sido cogido. La policía quizás buscó en lugares donde él no estaba y sus caminos se debieron de cruzar muchas veces.

Pero él era un mendigo, un hombre no ambicioso. No estaba conspirando. Él no tenía mente para conspirar, era como la brisa. La policía buscó y buscó durante muchos días y no pudo encontrarle.

Sólo puedes hallar aquello que eres. Siempre te descubres a ti mismo en los demás, porque ellos actúan como espejos. Para coger a Chuang Tse, se necesitaba un Lao Tse. Nadie más podría haberle cogido, porque ¿quién podría entenderle? Hubiera sido necesario un Buda; Buda hubiese adivinado dónde se hallaba, pero ¿un policía? ¡Imposible! Sólo si hubiera sido un ladrón hubiese sido posible. Observa a un policía: la forma en que se comporta, cómo habla, el sucio lenguaje que usa... es incluso más vulgar que el lenguaje de los propios ladrones. El policía ha de ser más vulgar que el propio ladrón, si no, los ladrones ganarían.

Una vez un hombre fue capturado por la policía y el magistrado le preguntó, "Dígame, cuando fue capturado, ¿qué le dijo el policía?"

El hombre le dijo, "¿Puedo repetir el mismo vulgar lenguaje que él utilizó, aquí en la corte? ¿No se sentirá usted ofendido? Puede que le moleste".

El magistrado le contestó, "Omita el lenguaje vulgar y díganos qué le dijo".

El hombre se puso a pensar y le dijo, "Entonces... el policía no dijo nada".

La policía regresó donde Hui Tse y le informó que no habían podido encontrar a Chuang Tse. Tal hombre no existía.

Debían de guiarse por un retrato, por algún sistema de identificación, o tenían alguna idea de cómo encontrarle, de cómo cogerle, de su aspecto.

Pero Chuang Tse no tiene identidad, no tiene rostro. Momento a momento, fluye; es líquido. Momento a momento, refleja, responde a la Existencia. No tiene morada fija, es un vagabundo, sin rostro. No tiene nombre. No es pasado, es siempre presente. Y todas las fotos pertenecen al pasado.

Es bello y significativo. Aunque parezca absurdo, se dice que no puedes retratar a un hombre como Buda. No es que no puedas retratarle; es que en el momento en que lo has retratado, Buda ya se ha movido. Por eso, un retrato pertenece siempre al pasado y nunca al presente. No puedes perpetuar la cara actual de Buda. El momento en que la tienes, ya ha pasado. En el momento en que comprendes, ya se ha ido.

Uno de los nombres de Buda es Tathagata. Esta palabra es realmente maravillosa, significa, "al igual que el viento, él vino y se fue". Llegó como el viento y así se fue. No puedes fotografiar al viento, a la brisa. Antes de que la hayas cogido, se ha ido; ya no está más ahí.

Chuang Tse no podía ser hallado porque la policía andaba buscando su pasado y él vivía en el presente. Era un ser, no una mente. La mente puede ser atrapada, pero no el ser. No existen redes.

La mente puede ser atrapada muy fácilmente y todos vosotros sois atrapados de un modo u otro. Debido a que tenéis una mente, una esposa o un marido os atrapará; una tienda, un tesoro, una colocación, cualquier cosa os atrapará. Hay redes, millones de redes. Y no puedes ser libre a menos que te liberes de la mente. Serás atrapado una y otra vez. Si dejas esta esposa, otra mujer te atrapará inmediatamente. No puedes escapar. Puedes escapar de esta mujer, pero no puedes escapar de las mujeres. Puedes escapar de este hombre, pero ¿adónde irás? Antes de que le hayas dejado, otro hombre se habrá introducido en tu vida. Puedes dejar esta ciudad, pero ¿adónde irás? Otra ciudad te atrapará. Puedes abandonar este deseo, pero otro se convertirá en tu atadura. La mente está siempre en esclavitud, está atrapada. Cuando abandones la mente, entonces la policía no podrá atraparte.

Este Chuang Tse carecía de mente. Era un mendigo sin mente, o un emperador. Significan lo mismo. No podía ser atrapado.

Cuando Chuang Tse visitó Liang,
el Primer Ministro envió a la policía a arrestarle,
pero aunque le estuvieron buscando durante tres días
y tres noches
no pudieron encontrarle.

Mientras, al tercer o cuarto día, Chuang Tse apareció ante Hui Tse por propia voluntad y le dijo, "La clase de hombre que yo— Chuang Tse—soy, no puede ser atrapado. Siempre aparece por su propia voluntad. Es su elección. No puedes cogerle, sólo puedes invitarle. Es libre de aparecer o de no aparecer".

Cuando hay mente, siempre estás atrapado. La mente te fuerza; eres su prisionero. Cuando existe la no-mente, eres libre: puedes aparecer y puedes desaparecer a voluntad. Es tu propia elección. Si te estoy hablando a ti no es porque hayas planteado una pregunta, es porque así lo quiero. Si estoy trabajando contigo no es a causa de ti, sino porque así lo he elegido. Cuando existe la no-mente, existe la libertad. La mente es la base de toda esclavitud.

Chuang Tse apareció por propia voluntad y contó una hermosa parábola. Escúchala desde lo más profundo de tu corazón.

"¿Has oído del pájaro
que vive en el sur,
del fénix—una mítica ave—
que nunca envejece?"

Es un mito chino, hermoso y cargado de sentido. Un mito no es la verdad, pero es más cierto que cualquier verdad. Un mito es una parábola; revela algo que no puede ser indicado de otra forma. Sólo a través de una parábola, a través de la poesía, puede ser expresado. Un mito es poesía, no es una descripción. Indica la verdad; no un suceso del mundo exterior, sino perteneciente al mundo interior.

"¿Has oído del pájaro
que vive en el sur?"

Para la China, la India es el sur; y ese pájaro vive allí.

Se dice que cuando Lao Tse desapareció, desapareció en dirección al sur. No se sabe cuando murió... él nunca murió. Esa clase de gente nunca muere; simplemente se dirigen al sur, desaparecen en la India.

Se dice que Bodhidharma vino del sur. Dejó la India y buscó al discípulo al cual le iba a transmitir el tesoro de Buda. Después de nueve años esperando, le fue dado el transmitirlo y se dice que entonces desapareció de nuevo hacia el sur. La India es el sur para China. Realmente, la India es la fuente de todos los mitos; no existe ni un solo mito en todo el mundo que no haya surgido de allí.

La ciencia surgió de la mente griega; el mito nació de la mente india. Y hay sólo dos formas de encarar al mundo: uno es la ciencia, el otro es la religión. Si contemplas al mundo a través de la ciencia, lo estás mirando a través del análisis, la matemática, la lógica.

Atenas—la mente griega—aportó al mundo la ciencia, el método socrático del análisis, de la lógica y la duda. La religión es un modelo totalmente diferente de mirar al mundo. Lo contempla a través de la poesía, a través del mito, a través del amor. Desde luego es romántico. No puede aportar hechos, sólo te dará ficciones. Pero te digo que las ficciones son más objetivas que cualquier hecho, porque te aportan la esencia más profunda; no están preocupados con los sucesos externos. De ahí que la India no posea historia. Posee sólo mitos, los Puranas; no historia.

Rama no es un personaje histórico. Puede que haya o no haya existido; no se puede comprobar. Krishna es un mito, no un hecho histórico. Puede que existiera, puede que no. Pero la India no se preocupa de si Krishna o Rama son un hecho histórico. Ellos están llenos de significado, son grandes poemas épicos. Y la Historia no tiene sentido para la India porque sólo aporta hechos desnudos, nunca revela la esencia más profunda. A nosotros tan sólo nos interesa la esencia interior, el centro de la rueda. La rueda sigue moviéndose—eso es la historia—pero el centro de la rueda, lo que nunca se mueve, es el mito.

Dijo Chuang Tse,

> *"¿Has oído del pájaro*
> *que vive en el sur,*
> *del fénix que nunca envejece?"*

Todo lo que nace, envejece. La Historia no puede creer en ese pájaro, porque "historia" quiere decir "principio con final". Historia es el intervalo entre el nacimiento y la muerte. Y el período entre lo que no tiene comienzo y lo que no muere, es el mito.

Rama nunca nació, ni nunca morirá. Krishna nunca nació, ni nunca morirá. Siempre estarán ahí. El mito no tiene que ver con el tiempo; tiene que ver con la eternidad. La Historia cambia con el tiempo; el mito pervive siempre. No, ningún mito puede pasar de moda. El periódico es historia, y el periódico de ayer está ya fuera de órbita. Rama no es parte de un periódico, no es noticia alguna,

Y nunca será caduco. Él está siempre en el presente, siempre lleno de significado, relevante. La Historia sigue cambiando; Rama permanece en el centro de la rueda, inmóvil.

Dice Chuang Tse,

"... que vive en el sur,
del fénix que nunca envejece?"

¿Has visto alguna vez una representación de Rama o Krishna en la que aparezcan con edad avanzada? Siempre son representados jóvenes, sin ni siquiera barba o bigote. ¿Has visto alguna vez un retrato de Rama con barba? A menos que tuviera un defecto hormonal, le debería haber crecido; si era en verdad un hombre—y lo era—la barba le tendría que haber crecido. Si Rama hubiera sido histórico, la barba hubiera estado allí; pero lo hemos representado sin barba, porque en el momento en que la barba crece, has empezado a volverte viejo. Más tarde, o más temprano, comenzarás a encanecer. La muerte se acerca y no podemos soportar la imagen de Rama muerto; por eso hemos limpiado totalmente su cara de signo alguno de muerte. Y no ocurre sólo con Rama; los veinticuatro *Tirthankaras* de los jainos carecen todos de barba y bigote. Buda y todos los *Avataras* de los hindúes no tienen barbas, ni bigotes. Es sólo para indicar su eterna juventud, la eternidad, lo sin tiempo, la lejanía.

"... del fénix que nunca envejece?"

Existe el tiempo; en el tiempo todo cambia. Y existe la eternidad; en la eternidad nada cambia. La historia pertenece al tiempo; el mito pertenece a la eternidad. La ciencia pertenece al tiempo; la religión pertenece a lo intemporal, a lo eterno.

En ti también existen ambos: tiempo y eternidad. En tu superficie: la rueda, el tiempo—naciste, morirás—pero esto ocurre sólo en la superficie. Eres joven, envejecerás. Estás sano, enfermarás. Ahora estás lleno de vida; antes o después, todo empalidecerá; la muerte penetrará en ti. Pero esto sólo es en la superficie—la rueda de la historia. En lo profundo, ahora mismo, existe la eternidad, existe Lo-Sin-Tiempo. Ahí nada envejece: el fénix, el sur, la India, lo eterno. Nada envejece, nada cambia, todo permanece inmóvil.

Este Sur está dentro de ti. Por eso, sigo repitiendo que la India no es parte de la geografía, no es parte de la Historia; es parte de un mapa interior. No existe en Delhi, nunca ha existido ahí. Los políticos no le pertenecen y no pertenece a los políticos. Es lo interior. Existe en todas partes.

Cuando un hombre profundiza en sí mismo, alcanza la India. Ésa es la razón de la eterna atracción, el magnetismo de la India. Cuando una persona se siente a disgustó con su vida, se mueve hacia la India. Es sólo un símbolo. A través del movimiento físico no hallarás la India. Es necesario un movimiento distinto, en el que comiences a moverte desde lo exterior a lo interior, hacia el sur, hacia la tierra del mito y lo imperecedero, hacia el fénix siempre joven—*el fénix que nunca envejece.*

"Este fénix inmortal surge del mar del sur
y vuela hacia el mar del norte,
sin posarse nunca,
excepto sobre ciertos árboles sagrados.
No prueba la comida
excepto los más exquisitos y raros frutos,
y bebe sólo de las fuentes más claras.

Esta alma, la más profunda esencia de tu ser que nunca se posa excepto en los más sagrados árboles, esta ave interior, éste es tu ser. Se posa sólo en ciertos árboles sagrados.

" ...No prueba la comida
excepto los más exquisitos y raros frutos,
y bebe sólo de las fuentes más claras.

"Una vez, mientras roía
una rata muerta
y medio podrida,
una lechuza vio al fénix sobrevolarla.
Levantando la vista
emitió un chillido alarmada
y estrechó la rata contra su cuerpo
presa del miedo y la consternación.

Chuang Tse está diciendo, "Yo soy el fénix y tú eres tan sólo una lechuza que roe una rata medio descompuesta. Y temes que venga a suplantarte. Tu puesto, tu poder, no es para mí más que una rata muerta. No es mi clase de alimento. La ambición no es un camino para la vida; sirve sólo a aquellos que están ya muertos. He mirado dentro de la ambición y la he encontrado inútil".

Una vez, una mujer acudió lamentándose y llorando a un rabino, pero el rabino estaba en oración. Así que le dijo al secretario, "Ve y si tienes que interrumpir su oración, interrúmpela. Mi marido me ha dejado. Quiero que el rabino rece por mi marido para que vuelva".

El secretario entró y le interrumpió en la oración. El rabino le dijo, "Dile que no se preocupe, que su marido volverá pronto".

El secretario regresó y le dijo a la mujer, "No se preocupe, no esté triste. El rabino dice que su marido regresará en breve. Váyase a casa y tranquilícese".

Feliz, la mujer partió diciendo, "Que Dios recompense al rabino un millón de veces por ser tan gentil".

Pero una vez la mujer hubo partido, el secretario se puso triste y le contó a alguien que estaba por allí que esto no ayudaría a aquella mujer. Su marido no podía regresar—¡pobre mujer!—y ella había partido tan feliz.

Aquél que estaba por allí le dijo, "Pero ¿por qué no confías en tu rabino y en sus rezos?"

"Tengo fe en mi rabino y creo en sus rezos, pero él sabe tan sólo de la petición que le ha hecho la mujer; yo he visto su cara. Su marido no puede regresar nunca".

Uno que ha visto el rostro de la ambición, uno que ha visto el rostro del deseo, uno que ha visto el rostro de la codicia, nunca puede volver a caer en ellos. Es imposible; ¡su rostro es terriblemente feo!

Chuang Tse ha visto la cara de la ambición. Por esto dice: "Tu poder, tu posición, tu puesto de Primer Ministro, es tan sólo una rata muerta para mí. No chilles ni te preocupes".

"Este fénix inmortal surge del mar del sur
y vuela hacia el mar del norte
sin posarse nunca,

excepto sobre ciertos árboles sagrados.
No prueba la comida
excepto los más exquisitos y raros frutos,
y bebe sólo de las fuentes más claras.

"Una vez, mientras roía
una rata muerta
y medio podrida,
una lechuza vio al fénix sobrevolarla.
Levantando la vista
emitió un chillido alarmada
y estrechó la rata contra su cuerpo
presa del miedo y la consternación.

"Primer ministro
¿por qué os enfurecéis tanto,
agarrándoos a vuestro cargo
y aullándome consternado?"

Así es, pero sólo cuando lo sabes... sólo entonces puedes comprenderlo. Escuchando a Buda, o a Jesús, o a Zarathustra, siempre se te ha dicho: "Abandona el deseo y la dicha será tuya". Pero no puedes dejarlo, no puedes comprender cómo puede ser tuya la dicha cuando abandones el deseo, porque sólo has probado el deseo. Puede que sea venenoso, pero ha sido tu única comida. Has estado bebiendo de fuentes emponzoñadas y cuando alguien te dice, "Abandónalo", te asustas y crees que morirás de sed. No puedes saber que existen fuentes puras, claras y no sabes que hay árboles de frutos exquisitos. Ves sólo a través de tu deseo; por eso no puedes ver esos frutos y esos árboles.

Cuando tus ojos están llenos de deseo sólo pueden ver ratas muertas. Ramakrishna solía decir: "Hay gente que no puede ver más que el objeto de su codicia". Esta lechuza puede posarse en lo alto de un gran árbol, pero sólo puede ver ratas muertas. Siempre que divisa una rata en la calle, la lechuza se excita. Él no se excitará; no se alterará ni aunque le lances un hermoso y exótico fruto. No será consciente de ello. La información no le alcanzará nunca, porque el deseo trabaja como pantalla. Siempre y en todo momento, sólo penetra en ti aquello que tus deseos permiten. Tus deseos son como un vigía a la puerta de tu ser. Permiten entrar sólo aquello que les atrae.

Cambia al vigía; de otro modo, siempre vivirás de ratas muertas. Puedes seguir siendo una lechuza,... y ésta es la desgracia, porque en tu profundidad se esconde el fénix y te estás comportando como una lechuza. De ahí el descontento. Por eso nunca te puedes sentir a gusto, por eso nunca te sientes dichoso. ¿Cómo puede sentirse un fénix dichoso con una rata muerta? Él es diferente y esa clase de alimento no es para él.

Y así lo habrás sentido en multitud de ocasiones. Haciendo el amor a una mujer, o a un hombre, habrás sentido que esto no es para ti. El fénix se hace oír, pero la lechuza es mucho más ruidosa. El fénix no puede ser oído; su voz es muy sutil y silenciosa, no agresiva. En momentos de paz y de meditación, el fénix dice, "¿Qué estás haciendo? Esto no es para ti. ¿De qué te estás alimentando? Esto no es para ti. ¿Qué estás bebiendo? Esto no es para ti"

Pero la lechuza es muy ruidosa y has creído en ella durante tanto tiempo que sigues tras ella tan sólo por costumbre. Se ha convertido en un hábito sin vida. Simplemente lo sigues porque es la línea de menor resistencia. El sendero está ahí. No tienes que hacer nada. Simplemente sigues caminando por esa pista, vas trazando círculos: los mismos deseos, los mismos afanes, las mismas ambiciones. Con razón vives angustiado, vives en una pesadilla.

Deja que el Chuang Tse interior se haga oír, deja que el fénix interno se haga valer. Escúchalo; es todavía una vocecita. Tienes que tranquilizarte, tienes que poner a dormir a esa lechuza; sólo entonces serás capaz de escuchar. Esta lechuza es el ego, la mente; el fénix es el alma. Nació en el sur, en el mar; no es parte de la tierra. No surgió del fango; nació del vasto mar. Nunca envejece, nunca muere. Se posa sólo en ciertos árboles sagrados. Come exclusivamente exquisitos frutos poco corrientes. Bebe sólo de las más claras fuentes. Esas fuentes están ahí; esos árboles santos están ahí. Te los has estado perdiendo por culpa de la lechuza y la lechuza se ha convertido en el líder.

Toda meditación no es más que un esfuerzo para silenciar esa lechuza, de forma que la aún débil voz pueda ser oída. Entonces verás qué es lo que has estado haciendo: royendo una rata muerta.

Chuang Tse está en lo cierto. El Primer Ministro se preocupaba innecesariamente. Cuando tú—tu fénix interior—vuelva a la vida, la lechuza—el Primer Ministro— estará al principio muy consternada. Tu mente creará todo tipo de objeciones a la meditación, porque la mente tiene miedo, el Primer Ministro está asustado. Este Chuang Tse, este estado meditativo, ha llegado para suplantarle.

Tu mente agarrará la rata muerta y chillará, asustada, como si alguien fuera a arrebatarle la comida. Al principio sucederá y tienes que estar alerta y despierto. Sólo tu consciencia te ayudará, poco a poco.

Siempre que uno comienza a meditar, la mente se rebela. Suscita todo tipo de argumentaciones. "¿Qué estás haciendo, por qué estás perdiendo tu tiempo? Úsalo. ¡Puedes alcanzar tanto en ese tiempo! Este deseo ha estado ahí durante mucho tiempo esperando ser colmado y ahora estás desperdiciando el tiempo meditando. Olvídalo. Los que dicen que la meditación es posible, te están engañando. Esos Budas, esos Chuang Tse,... no los creas. Cree en la mente"—dice la mente. Crea toda clase de dudas sobre todos, pero nunca crea dudas sobre sí misma.

Oí de un hombre que hablaba a su niño. El chico había escrito una carta como parte de sus deberes y se la estaba enseñando a su padre. Había tantas faltas de ortografía como palabras, incluso más. Por eso el padre le dijo, "Tu ortografía es terrible. ¿Por qué no utilizas el diccionario? Cuando tengas dudas, busca en el diccionario".

El chico contestó: "Pero papá, yo nunca tengo dudas".

Así actúa tu mente. Dice a Buda, "Pero papá, yo nunca tengo dudas".

La mente nunca duda de sí misma, éste es el problema. Duda de todo el mundo, dudará incluso de un Buda. Incluso si Krishna llamase a su puerta, dudaría; si Jesús viniese, dudaría. Siempre ha sido así, lo ha estado haciendo desde siempre.

Dudas de mí, pero nunca dudas de ti mismo, porque una vez que la mente comienza a dudar de sí misma, ha empezado ya a desaparecer. Una vez la duda sobre sí misma surge, la base se ha roto, la mente ha perdido su confianza. Una vez comienzas a dudar de la mente, antes o después caerás en el abismo de la meditación.

Baal Shem, un místico, estaba muriéndose. Su hijo, cuyo nombre era Hertz, era una persona muy inconsciente, muy dormida. Antes de que muriera, Baal Shem le dijo que aquella noche iba a ser la última. Pero Hertz le dijo, "Nadie puede saber cuando vendrá la muerte". Dudó. Baal Shem era su padre y miles de personas creían que era el Mesías, el hombre que conduciría a millones hasta la salvación. Pero el hijo dudó y esa noche se quedó dormido. Se despertó a media noche. Su padre estaba muerto.

Entonces empezó a llorar y gemir. Había perdido esa gran oportunidad y ya no podría ver a su padre vivir de nuevo.

Pero él nunca dudó de su mente, dudó de Baal Shem.

En su consternación y desespero, empezó a llorar. Cerró los ojos y por primera vez en su vida—ahora que su padre había muerto—empezó a hablarle. Su padre solía llamarle con frecuencia, "Hertz, ven a mí". Y él decía, "Sí, vendré, pero tengo otras cosas más importantes que hacer primero".

Y la mente te lo está repitiendo. Yo te sigo llamando, "Ven a mí". Tú dices, "Hay otras cosas más importantes que hacer ahora. Vendré más tarde, espera".

Pero la muerte había roto el puente. Por eso Hertz lloró y empezó a hablar a su padre y le dijo, "¿Qué debería hacer ahora? Estoy perdido. Estoy a oscuras. ¿Cómo puedo abandonar esta mente que me ha engañado? Nunca dudé de ella; dudé de ti. Y esto me entristece ahora.".

Baal Shem se le apareció interiormente y le dijo, "Mírame. Haz lo que yo haga". Hertz vio—como en un sueño, en una visión—que Baal Shem subía a la cima de una colina y se arrojaba al abismo. Y le dijo, "Haz lo mismo".

Hertz dijo, "No puedo entenderlo". Realmente surgió la duda de nuevo. ¿Qué está diciendo este hombre? Sería suicida.

Baal Shem se rió y le dijo, "Todavía dudas de mí, no dudas de ti mismo. Haz esto entonces". En su visión Hertz vio una gran montaña, toda en llamas, como un volcán, ardiendo, con las rocas estallando y la montaña entera fragmentándose en mil pedazos. Baal Shem le dijo, "O haz esto: deja que la mente sea arrojada al abismo, deja que la mente se queme completamente".

Y la historia continúa diciendo que Hertz le contestó, "Me lo pensaré".

Siempre que digas, "Me lo pensaré", habrás comenzado a dudar. La duda piensa, no tú. Y cuando no hay duda, la fe actúa, no tú.

La duda piensa, la fe actúa. A través de la duda puedes llegar a ser un gran filósofo; a través de la fe, te convertirás en un Chuang Tse, en un fénix qué nunca envejece, que nunca fenece. A través de la duda puedes penetrar en los misterios del tiempo; a través de la fe penetrarás en los misterios de la eternidad.

Oí una vez de dos hombres que se perdieron en un bosque en una noche oscura. Era un bosque muy peligroso, lleno de animales salvajes, muy denso, oscuro. Un hombre era un filósofo y el otro un místico; uno un hombre de dudas, el otro un hombre de fe.

De repente estalló una tormenta, con truenos y gran aparato eléctrico. El filósofo miró al cielo, el místico miró al camino. Entre los relámpagos, el camino apareció ante él, iluminado. El filósofo contempló el relampaguear y comenzó a preguntarse, "¿Qué está pasando?" Y no vio el camino.

Tú estás perdido en un bosque más denso que el de la historia. La noche es más espesa. A veces, la luz de un relámpago te alcanza. Mira el camino.

Un Chuang Tse relampaguea, un Buda relampaguea, yo relampagueo. No me mires a mí, mira al camino. Si me miras a mí, lo habrás perdido, porque el relampagueo no continuará. Dura sólo unos instantes. Y esos instantes son escasos cuando la eternidad penetra en el tiempo; es sólo como un rayo.

Si contemplas el relámpago, si contemplas al Buda—y un Buda es hermoso; su cara te fascina, sus ojos son magnéticos—si miras al Buda, habrás perdido el camino.

Contempla el camino; olvídate del Buda. Atiende al camino.

Pero este mirar surge sólo cuando has perdido toda duda, cuando hay fe, sin pensamiento, sin mente.

Chuang Tse no es alguien sobre quien cavilar. No pienses en él. Deja que esta historia penetre en ti y olvídala. A través de esta historia el camino se ilumina. Mira al camino y haz algo. Sigue el camino, actúa. El pensar no te guiará, sólo la acción, porque el pensar afecta sólo a la cabeza. Nunca puede ser total; sólo cuando actúas, eres total.

Suficiente por hoy.

Disculpas

*Si un hombre le pisa el pie
a un desconocido en el mercado,
se disculpa educadamente,
excusándose así:
"¡Este lugar está tan atestado...!"*

*Si un hermano de más edad
pisa el pie de su hermano menor, le dice,
"Lo siento",
y eso es todo.*

*Si un padre
pisa el pie de su hijo,
no le dice nada.*

*La mayor cortesía está libre de toda formalidad.
La conducta perfecta está libre de preocupación.
La sabiduría perfecta no se planea.
El amor perfecto existe sin demostraciones.
La sinceridad perfecta no ofrece garantía...*

Disculpas

Todo lo grande, todo lo bello, todo lo verdadero y real, es siempre espontáneo. No puedes planearlo. En el momento en que planeas algo, todo va mal. El momento en el que surge el planear, todo se vuelve irreal.

Pero esto es lo que ha sucedido a la Humanidad. Tu amor, tu sinceridad, tu verdad, todo, se ha torcido porque lo has planeado, porque se te ha enseñado a no ser espontáneo. Has sido enseñado a manipularte a ti mismo, a controlarte, a comportarte, y no a ser un flujo natural. Te has convertido en algo rígido, congelado, muerto.

La vida no conoce de planes. En sí misma es suficiente.

¿Acaso los árboles planean como crecer, cómo madurar, cómo florecer? Simplemente crecen sin ser conscientes del crecer. No hay auto-conciencia, no hay separación.

Siempre que comienzas a planear algo, te divides a ti mismo, te conviertes en dos: el que controla y el que es controlado. Ha surgido un conflicto; ya nunca estarás en paz. Puede que tengas éxito al controlar, pero no habrá paz; puede que no tengas éxito al controlar y entonces tampoco habrá paz. Tanto si triunfas como si fracasas, en último término reconocerás que has fallado. Tu fracaso será un fracaso y tu éxito también será un fracaso. Hagas lo que hagas tu vida será desgraciada. Esta división crea fealdad; no eres una unidad. Y la belleza pertenece a lo uno, la belleza pertenece a la totalidad armoniosa. Todas las culturas, todas las sociedades te vuelven repugnante. Toda moralidad te vuelve repugnante porque está basada en la división, en el control.

Oí que Baal Shem viajaba una vez en un hermoso carruaje de tres caballos y se preguntaba por qué ni uno solo de los caballos había relinchado aún si ya llevaban tres días de viaje. ¿Qué les ocurría a los caballos? Y entonces, al cuarto día, un viandante le gritó que relajase un poco el control de las riendas. Así lo hizo y de inmediato los tres caballos comenzaron a relinchar, revivieron. Durante tres días seguidos estuvieron muertos, languideciendo.

Esto os ha ocurrido a todos vosotros, a toda la Humanidad. No puedes relinchar—y a menos que un caballo relinche, está muerto. Porque relinchar significa que está disfrutando, que hay un florecimiento. Pero tú no puedes relinchar, estás muerto. Tu vida no es en modo alguno una canción desbordante, una danza que surge cuando la energía es excesiva.

El florecer es siempre un lujo, no una necesidad. Ningún árbol necesita florecer por necesidad; echar raíces es suficiente. El florecer es siempre un lujo. Las flores brotan sólo cuando el árbol tiene demasiado, cuando necesita dar, cuando necesita compartir.

Cuando tienes en exceso, la vida se convierte en una danza, en una celebración. Pero la sociedad no te permite bailar, celebrar, pues la sociedad ha de controlar que nunca tengas más energía de la necesaria. Sólo se te permite vivir al nivel mínimo. No se te permite desbordarte, porque una vez te desbordas, no se te puede controlar; y la sociedad quiere controlarte. Es una dominación muy sutil.

Todos los niños nacen desbordando energía y entonces tenemos que cortarles esa fuente de energía, tenemos que podar al niño aquí y allí de forma que se convierte en algo controlable. Y la base de todo control es dividir al niño en dos. Entonces no necesitas preocuparte; él mismo se auto-controlará. Entonces no necesitas preocuparte; él mismo será el enemigo de su propio Yo.

Por eso le dices al niño: "Esto está mal; no hagas eso". De repente, el niño se halla dividido; ahora sabe qué es lo que está mal, sabe qué parte de su ser está equivocada y su cabeza se convierte en el controlador. A través de la división, el intelecto se convierte en el controlador, en el amo. Si estás sin dividir, no tendrás cabeza alguna. No quiero decir que la cabeza desaparezca, o que la cabeza te vaya a caer, sino que no estarás dirigido por la cabeza; tú serás todo tu ser.

Ahora sólo eres la cabeza; el resto del cuerpo sólo sirve para sostener la cabeza. La cabeza se ha convertido en el explotador, en el dictador. Y esto ha surgido a raíz del conflicto, de la creación del conflicto en ti. Se te ha enseñado que esto es bueno y que esto es malo. El intelecto lo aprende y luego el intelecto te condena.

Recuérdalo: si te condenas a ti mismo, condenarás a todo el mundo, condenarás al Todo. Y una persona que se condena a sí mima, no puede amar. Una persona que se condena a sí misma, no puede orar. Para una persona que se condena a sí misma, no hay Dios, no puede "ser". Una mente que condene nunca podrá entrar en el templo divino. Sólo cuando bailas, cuando estás extático, sin condenar, sólo cuando te desbordas sin que haya nadie dirigiendo en ti, sin nadie controlando, sólo entonces la vida se transforma en un dejarse llevar; no es algo aprendido, es natural. Y entonces entras; entonces la puerta está en todas partes. Entonces puedes alcanzar el templo desde cualquier lugar.

Pero ahora, tal como eres, estás esquizofrénico. No solamente estás esquizofrénico cuando te lo dice el psicoanalista. No hay necesidad alguna de que un psicoanalista te analice. La sociedad crea esquizofrénicos; la división es esquizofrenia. No eres uno. Naces uno, pero inmediatamente la sociedad comienza a trabajarte—hay que hacer alta cirugía, estás siendo continuamente operado hasta que eres dividido.

Entonces la sociedad está en paz porque empiezas a luchar contigo mismo. Tu energía se disipa en una lucha interna, nunca se desborda. Entonces no eres peligroso.

La energía desbordante se convierte en rebelión. La energía desbordante es siempre rebelde, la energía desbordante está siempre en revolución. Es como un río desbordado; no cree en los límites, en las reglas, en las leyes. Simplemente sigue desbordándose en dirección al mar. Tiene sólo una meta: llegar al mar, convertirse en el infinito.

La energía desbordante se mueve siempre hacia Dios. Si Dios no está presente en el mundo, no es por causa de la ciencia, ni por causa de los ateos, sino por causa de los mal llamados religiosos. Te han dividido tanto que el río continúa luchando consigo mismo. No queda nada que te haga moverte, no te queda energía; estás muy cansado porque luchas contra ti mismo; ¿cómo te vas a dirigir hacia el mar?

Una de las leyes básicas del Tao, de Chuang Tse, de Lao Tse, es que la más elevada plegaria es tú espontaneidad; entonces no puedes perderte a Dios. Hagas lo que hagas lo alcanzarás. Por eso, Chuang Tse nunca habla sobre Dios; hablar de él es irrelevante, no es necesario. Habla sólo de cómo desvelar la Totalidad que hay en ti. Lo santo es irrelevante. Cuando seas total, serás santo. Cuando tus fragmentos se disuelvan en uno, tu vida se habrá convertido en oración. Ellos nunca hablan de orar; no es necesario.

Ser espontáneo, vivir como un todo... si quieres vivir como un todo, no puedes hacer planes. ¿Quién puede hacerlos? No puedes decidir el mañana, sólo puedes vivir aquí y ahora. ¿Quién es el que decide? Si tú decides, la división ha entrado; entonces tienes que manipular. ¿Quién puede hacer planes? El futuro es desconocido; ¿cómo puedes planear lo desconocido? Si haces planes sobre lo desconocido, esos planes nacerán del pasado. Eso significa que lo muerto controlará lo vivo. El pasado está muerto y el pasado sigue controlando al futuro; por eso estás tan aburrido. Es natural, tiene que suceder así. El aburrimiento viene del pasado, porque el pasado está muerto y el pasado está intentando controlar el futuro.

El futuro es siempre una aventura, pero no le permites que sea una aventura. Lo planeas. Una vez lo has planeado, tu vida transcurre por una ruta. No es un río.

Cuando recorres una ruta, sabes a dónde vas, qué ocurre. Todo se convierte en una mera repetición, ¿Quién es el que hace los planes? Si es la mente, la mente es siempre del pasado. La vida no puede planearse porque a través del planear te estás suicidando.

La vida sólo puede surgir sin planes, moviéndote momento a momento hacia lo desconocido. Pero, ¿de qué tienes miedo? Estarás ahí para reaccionar; sea cual sea la situación estarás ahí para responder. ¿De qué tienes miedo? ¿Por qué haces planes?

El miedo aparece porque no estás seguro de si vas a estar o no estar presente; eres así de inconsciente. Ésa es la duda, no estás alerta.

Vas a tener una entrevista para un trabajo, de modo que te pones a planear en tu mente qué vas a contestar, cómo contestarás, cómo vas a entrar en la oficina, de qué forma esperarás de pie, cómo te sentarás. Pero, ¿por qué? Vas a estar ahí, así que podrás dar una respuesta.

Pero no confías en ti mismo, estás desatento, eres inconsciente; no te conoces. Si no planeas algo, puede que todo vaya mal. Si estás alerta, entonces no hay problema. Estarás presente, de forma que sea cual sea la situación, responderás a ella.

Y recuerda: hacer planes no te va a ayudar, porque si no puedes ser consciente, si no puedes darte cuenta de cuándo estás planeando, entonces ese plan ha surgido estando dormido. Pero puedes repetírtelo muchas veces para que se convierta en algo mecánico y así, cuando surja la pregunta, puedas responder. La respuesta será entonces prefabricada; tú no serás necesario. Es un modelo fijado de antemano; simplemente lo repites. Te conviertes en un máquina; no necesitas estar presente en absoluto. Podrás contestar, pero la respuesta provendrá de la memoria; la habrás repetido tantas veces, que puedes confiar en ella.

A través del hacer planes, la vida se vuelve más y más inconsciente. Y cuanto más inconsciente eres, más necesitas de esos planes. Antes de morir, ya estás muerto. Estar vivo significa reaccionar, ser sensitivo. Estar vivo quiere decir que surja lo que surja, yo estaré allí para responder y la respuesta saldrá de mí, no de mi memoria. No la prepararé.

Observa la diferencia cuando un misionero cristiano—o un sacerdote, un cura cristiano—prepara su sermón.

Una vez visité un colegio teológico. Allí preparan a sus sacerdotes, a sus curas. Cinco años de entrenamiento. Por eso les pregunté sobre cuándo fue Jesús entrenado y preparado, sobre quién le enseñó a hablar.

Esos sacerdotes cristianos están muertos; todo en ellos es planeado. Cuando digas esto, debes hacer cierto gesto; ni siquiera se te permite que el gesto sea espontáneo. Cuando digas eso debes adoptar una determinada mirada; no se les permite a los ojos ser espontáneos. Cómo tienes que permanecer en pie, cuándo debes alzar la voz, cuándo tienes que susurrar, cuándo tienes que golpear la mesa y cuándo no. Todo está planeado.

Les pregunté dónde fue entrenado Jesús. Él no era un sacerdote, no era un cura. Nunca fue a un colegio teológico; era el hijo de un carpintero.

Durante dos mil años, los sacerdotes cristianos han sido entrenados pero no han producido ni un solo Jesús, ni nunca producirán ninguno, porque Jesús no puede ser producido. No puedes fabricar a Jesús en una factoría. Y esos colegios teológicos son factorías. Ahí fabrican curas; y si esos curas son puro aburrimiento, si no tiene vida o son una pesadez, seguro que va a seguir siendo así.

Hay dos tipos de religión. Una es la de la mente; está muerta. Esa religión es conocida con el nombre de "teología". Luego hay otro tipo de religión, la real, la espontánea. No es teológica, es mística. Y recuerda, los hindúes tienen una teología, los musulmanes otra, los cristianos de nuevo otra, pero la Religión, la religión mística, es la misma, no puede ser distinta.

Buda y Jesús, Chuang Tse y Lao Tse, son los mismos porque no son teólogos. No hablan desde la cabeza; están simplemente volcándose desde su corazón. No son lógicos, son poetas. No dicen algo proveniente de las escrituras, no han sido entrenados para ello; están simplemente respondiendo a una necesidad en ti. Sus palabras no están prefabricadas, sus modales no están fijados, su comportamiento no es planeado.

Entremos ahora en el *sutra* de Chuang Tse,

Si un hombre le pisa el pie
a un desconocido en el mercado,
se disculpa educadamente,
excusándose así:
"¡Este lugar está tan atestado...!"

La disculpa es necesaria porque allí no existe una relación; el otro es un extraño. Se requiere una explicación porque no hay amor. Si hay amor, entonces no es necesario justificarse; el otro comprenderá. Si existe amor, no hay necesidad de disculparse; el otro comprenderá. El amor siempre comprende.

Por eso no hay moralidad más elevada que el amor; no puede haberla. El amor es la ley más elevada, pero cuando no está, se requieren sustitutos. Al pisar el pie de un desconocido en el mercado, se hace necesario disculparse y dar una explicación.

"¡Este lugar está tan atestado...!"

Con referencia a esto, has de comprender lo siguiente. En Occidente, incluso un esposo debe disculparse, una esposa debe explicarse. Esto significa que el amor ha desaparecido. Significa que todos se han convertido en extraños, que no hay hogar, que cualquier sitio se ha convertido en un mercado. En Oriente es imposible concebir esto, pero los occidentales piensan que los orientales son rudos. Un esposo nunca ofrecerá una explicación; no es necesario porque no somos extraños y el otro puede comprender. Cuando el otro no puede comprender, sólo entonces se necesita la disculpa. Y si el amor no es capaz de entender, ¿qué bien puede hacer la disculpa?

Si el mundo se convierte en un hogar, todas las disculpas desaparecerán, todas las justificaciones desaparecerán. Te justificas porque no estás seguro del otro. La explicación es un truco para evitar el conflicto, la disculpa es un sistema para evitar el conflicto. Pero el conflicto está ahí y te asusta.

Ésta es una forma civilizada de evitar la lucha. Has pisado el pie a un desconocido, ves la violencia en sus ojos, se ha vuelto agresivo, va a golpearte. La disculpa es necesaria, la disculpa calmará su ira; es un truco. No necesitas ser auténtico con tu disculpa, es sólo un truco social, funciona como lubricante. Ofreces una explicación tan sólo para decir: "Yo no soy el responsable... hay tanta gente... es un mercado... no pude evitarlo... tenía que suceder...". La explicación dice: "No soy el responsable".

El amor es siempre responsable, tanto si el sitio está atestado como si no lo está, porque el amor está siempre despierto y alerta. No puedes desviar la responsabilidad hacia la situación; tú eres el responsable.

Mira lo que ocurre... la disculpa es un formalismo, actúa como un lubricante para evitar el conflicto. La justificación desvía la responsabilidad sobre otra cosa. No dices, "Era inconsciente, estaba despistado; por eso le pisé". Dices, "¡Hay tanta gente...!"

Una persona religiosa no puede actuar así. Y si sigues haciéndolo nunca serás religioso, porque la religión significa hacerse cargo de toda posible responsabilidad; no evitarla, no escapar. Cuanto más responsable seas, más consciencia crearás; cuanto menos responsable te sientas, más y más inconsciente te volverás. Siempre que consideras que no eres responsable, te echas a dormir. Y eso ha venido ocurriendo, no sólo en relaciones individuales, sino en todos los niveles de la sociedad.

El marxismo dice que la sociedad es la responsable de todo. Si el hombre es pobre, la sociedad es la responsable; si el hombre es un ladrón, la sociedad es la responsable. Tú no eres responsable, ningún individuo es responsable. Por esto el comunismo es anti-religioso. No porque niegue a Dios, no porque diga que no existe el alma, sino debido a que carga toda responsabilidad sobre la sociedad; tú no eres responsable.

Observa la actitud religiosa, que es totalmente, cualitativamente distinta. Un hombre religioso se considera a sí mismo responsable: si alguien mendiga, yo soy responsable. El mendigo puede que esté en el otro extremo de la Tierra, puede que no le conozca, puede que nunca me lo encuentre, pero si hay un mendigo, yo soy el responsable. Si una guerra estalla en dónde sea, en Israel, en Vietnam, en dónde sea, yo no estoy participando en ella de forma visible, pero yo soy el responsable. Yo estoy aquí. No puedo cargar la responsabilidad sobre la sociedad y ¿qué quieres decir cuando dices sociedad? ¿Dónde está esta sociedad? Éste es uno de los grandes escapismos. Sólo existen individuos; nunca te encontrarás con la sociedad. Nunca podrás señalarla: ésta es la sociedad. Por doquier el individuo existe y la sociedad es sólo una palabra.

¿Dónde está la sociedad? Las antiguas civilizaciones hicieron trampa. Dijeron: Dios es el responsable, el destino es el responsable. Ahora el comunismo juega el mismo juego diciendo que la sociedad es la responsable. Pero ¿dónde se encuentra la sociedad? Dios puede estar en alguna parte, la sociedad en ninguna; sólo existen individuos. La religión dice: "Tú eres..." en vez de, "Yo soy el responsable". No has de dar ninguna explicación queriendo soslayarlo.

Y recuerda una cosa más: siempre que sientas que eres responsable de toda la fealdad, de todo el caos, de la anarquía, de las guerras, de la violencia, de la agresividad, de repente estarás alerta. La responsabilidad penetra en tu corazón y te hace consciente. Cuando dices, "Este lugar está atestado", puedes seguir caminando dormido. En realidad, pisas el pie del desconocido, no porque el sitio esté atestado de gente, sino porque eres inconsciente. Estás andando como un sonámbulo; un hombre caminando dormido. Cuando le pisas, despiertas de repente, porque entonces la situación se vuelve peligrosa. Te disculpas, te duermes y de nuevo dices, *"¡El lugar está atestado...!"* Reanudas tu camino y comienzas a moverte de nuevo.

Oí una vez de un pueblerino que fue a la ciudad por primera vez. En el andén de la estación alguien le pisó y le dijo, "Lo siento".

Cuando entró en el hotel, alguien chocó con él de nuevo y le dijo, "Lo siento". Luego se fue a un teatro y alguien lo tumbó casi, y le dijo, "Lo siento". Entonces el pueblerino dijo, "¡Qué bien! No conocía este truco: ¡Haz lo que quieras y di «Lo siento»! De modo que pegó un puñetazo a uno que pasaba por allí y le dijo, «Lo siento»".

¿Qué estás haciendo cuando dices "Lo siento"? Tu sueño se desmorona. Estás caminando en un sueño, has de haber estado soñando, fantaseando; algo apareció en tu mente y pisaste a alguien. No le pisaste debido a que hubiese demasiada gente; hubieras tropezado incluso si no hubiera habido nadie; incluso entonces hubieras pisado a alguien.

Eres tú, es tu inconsciencia, tu comportamiento inconsciente. Un Buda no puede tropezar, no puede tropezar aunque esté en un mercado porque se mueve con total consciencia. Haga lo que haga, lo hace a sabiendas. Y si te pisa, significa que te ha pisado a sabiendas; debe de haber alguna razón para ello. Puede que sea sólo para despertarte, puede que te haya pisado sólo para despertarte, pero no te dirá que el lugar estaba lleno de gente, no te ofrecerá explicación alguna.

Las justificaciones son siempre engañosas. Parecen lógicas, pero son falsas. Te justificas sólo cuando intentas esconder algo. Puedes observarlo en tu vida cotidiana. No es una teoría, es un simple hecho en la experiencia de todo el mundo; te justificas sólo cuando quieres ocultar algo.

La verdad no requiere justificación alguna. Cuanto más mientes, más explicaciones has de dar. Hay tantas y tantas escrituras debido a las mentiras del hombre; se necesitan explicaciones para esconder la mentira. Tienes que ofrecer una explicación y esta explicación requerirá de otras explicaciones; y así siempre. Es una regresión infinita. E incluso con la última explicación no se explica nada; la primera mentira sigue siendo una mentira. No puedes convertir una mentira en verdad con tan sólo explicarla. Nada es explicado dando explicaciones. Puede que lo creas así, pero no es así.

Sucedió que Mulla Nasrudin viajaba por primera vez en avión y tenía miedo, pero no quería que nadie se enterara. Esto le ocurre a todo el mundo en su primer viaje en avión; no quieres que nadie sepa que es tu primer vuelo. El deseaba aparentar indiferencia de modo que caminó valientemente. Esta valentía equivalía a decir:

"Siempre viajo en avión". Se sentó en su asiento y deseaba decir algo para tranquilizarse, porque una vez que comienzas a hablar, te vuelves valiente; a través de la charla, el miedo disminuye.

Así que Nasrudin se puso a hablar con el pasajero que iba a su lado. Miró por la ventana y le dijo, "Mire, ¡qué alto estamos! Las personas parecen hormigas".

Él otro le contestó, "Señor, no hemos despegado todavía. Son hormigas".

Las explicaciones no pueden esconder nada. Más bien al contrario, revelan. Si sabes mirar, si tienes ojos, ves a través de la explicación. Hubiera sido mejor si se hubiera callado. Pero no utilices el silencio como justificación. Como justificación, no tiene valor alguno. Tu silencio será revelador y tus palabras te descubrirán—¡Es mejor no ser un mentiroso! Así no tendrás que dar explicaciones. Es mejor ser honesto; es más fácil es ser honesto y auténtico. Si estás asustado es mejor decirlo, "Estoy asustado", y aceptando el hecho, tu miedo desaparecerá.

La aceptación es un gran milagro. Cuando aceptas que estás asustado y dices, "Es mi primer viaje," de repente notas un cambio en ti. El miedo básico no es el miedo, el miedo básico es el miedo del miedo. No quiero que nadie sepa que estoy asustado, no quiero que nadie sepa que soy un cobarde. Pero todo el mundo es un cobarde en una nueva situación; y en una nueva situación, ser valiente es una tontería. Ser cobarde significa solamente que la situación es tan nueva que tu mente no puede generar respuesta alguna. El pasado no puede suministrar la respuesta; por eso estás temblando.

¡Pero eso es bueno! ¿Por qué intentar dar una respuesta desde la mente? Tiembla y deja que la respuesta surja de tu consciencia presente. Tú eres sensible, eso es todo; no mates esa sensibilidad mediante la explicación.

La próxima vez que intentes dar explicaciones, date cuenta de lo que estás haciendo. ¿Estás intentando esconder algo, intentando justificar algo? Nada de esto te servirá de ayuda.

Un hombre que se había convertido en un nuevo rico fue a la playa, a la más cara, a la más exclusiva, y se puso a derrochar tan sólo para impresionar a la gente. Al día siguiente, mientras nadaba, su esposa se ahogó. Fue llevada a la orilla y se congregó una multitud. Él preguntó, "¿Qué le van a hacer ahora?"

Un hombre le contestó, "Vamos a hacerle la respiración artificial".
El rico le dijo, "¿Respiración artificial? ¡Nada de eso! ¡Hacédsela auténtica! ¡Yo la pagaré!"
Hagas o dejes de hacer, digas o dejes de decir, todo te descubre. Hay espejos a tu alrededor. Cada prójimo es un espejo, cada situación es un espejo y ¿a quién crees que estás engañando? Si el engaño se convierte en hábito, en último término te habrás engañado a ti mismo y a nadie más. Es tu vida la que desperdicias en engaños.

Chuang Tse dice, "Las explicaciones revelan tu falta de autenticidad, tu falta de sinceridad".

Si un hermano de más edad
pisa el pie de su hermano menor, le dice,
"Lo siento",
y eso es todo.

Dos hermanos... cuando la relación se hace más íntima, cuando te aproximas, el otro no es un extraño. No se necesita ninguna explicación; el hermano dice simplemente, "Lo siento". Acepta la culpa. Dice, "Me he comportado de forma inconsciente". No desvía la responsabilidad sobre otro; la acepta y se acabó. La relación es íntima.

Si un padre
pisa el pie de su hijo,
no le dice nada.

No hay necesidad, la relación es incluso más estrecha, más íntima. Hay amor y el amor todo lo puede. No se necesita ningún sustituto, ni disculpas, ni explicaciones.

La mayor cortesía está libre de toda formalidad.
La conducta perfecta está libre de preocupación.
La sabiduría perfecta no se planea.
El amor perfecto, existe sin demostraciones.
La sinceridad perfecta no ofrece garantía.

Pero todas estas perfecciones requieren de algo: la consciencia espontánea. Si no, siempre tendrás monedas falsas, llevarás caras falsas. Puedes ser sincero, pero si para serlo tienes que hacer algún esfuerzo, esta sinceridad es sólo superficial.

Puedes ser amoroso, pero si tu amor requiere esfuerzo, si tu amor es del que Dale Carneggie habla en *Cómo encontrar amigos e influenciar a la gente*, si este tipo de amor está ahí, no puede ser real. Lo has estado manipulando. En este caso, hasta la amistad es un negocio.

Cuidado con los Dale Carneggies; son gente peligrosa, destruyen todo lo que es real y auténtico. Te enseñan cómo ganar amigos; te muestran trucos, técnicas; te hacen eficiente, te proporcionan el sistema. Pero el amor no tiene sistemas, no puede tenerlos. El amor no necesita de entrenamientos y la amistad no es algo que se tenga que aprender. Una amistad por conveniencia no es una amistad; es tan sólo una explotación. Estás explotando al otro para engañarle. No eres auténtico; es una relación de negocios.

Pero en América todo se ha convertido en negocio; tanto la amistad como el amor. De los libros de Dale Carneggie se han vendido millones de ejemplares, cientos de ediciones y son superados en popularidad sólo por la Biblia.

Ahora nadie sabe cómo hacer una amistad; se le tiene que enseñar. Antes o después surgirán colegios para aprender a amar, cursos de entrenamiento—incluso por correo, lecciones que puedas aprender y aplicar. Y el problema es que si tienes éxito, entonces estás perdido para siempre, porque lo real nunca te sucederá; la puerta está completamente cerrada. Una vez te vuelves eficiente en ciertas cosas, la mente se resiste. La mente dice: "Éste es el atajo y lo conozco, ¿por qué escoger otro camino?"

La mente busca siempre la línea de menor resistencia. Por eso, la gente inteligente nunca puede amar. Son tan inteligentes que empiezan a manipular. No dirán lo que sienten en su corazón; dirán lo que saben que agradará. Miran al otro y ven lo que quieren ver. No expresarán su corazón; tan sólo crearán una situación en la que el otro pueda ser engañado.

Los maridos engañando a las esposas, las esposas engañando a los maridos, los amigos engañando a los amigos... todos se han convertido en enemigos. Sólo hay dos tipos de enemigos: aquellos a los que no has podido engañar y aquellos a los que sí has podido. Es la única diferencia. ¿Cómo puede surgir entonces el éxtasis en tu vida?

Así que esto no es un proceso de aprendizaje. La autenticidad no puede surgir a través de la enseñanza; la autenticidad se da a través de la consciencia, estando despierto, viviendo conscientemente. Observa la diferencia: vivir conscientemente significa vivir abierto, sin esconderse, sin jugar al gato y al ratón. Estar alerta significa ser vulnerable; suceda lo que suceda, lo aceptas. Lo aceptas, pero nunca te comprometes; nunca compras algo olvidándote de tu consciencia. Aunque signifique quedarte totalmente solo, aceptarás estar solo, pero estarás conscientemente alerta, despierto. Únicamente con esta vigilancia, empieza ha surgir la verdadera religión.

Te contaré una historia. Hubo una vez, hace mucho tiempo, un rey que era también astrólogo. Tenía un profundo interés en el estudio de las estrellas.

Un día sintió que el pánico se adueñaba de su corazón al darse cuenta de que iba a ser peligroso alimentarse con la cosecha del siguiente año. El que comiese de ella, enloquecería. Llamó a su primer ministro—su asesor y consejero—y le contó lo que ciertamente iba a suceder. "Las estrellas lo dicen claramente y debido a la combinación de los rayos cósmicos, la cosecha de este año será venenosa". Esto sucede muy raramente, una vez cada mil años, pero iba a ocurrir ese año. Y todo el que comiera de la cosecha de aquel año, se volvería loco. Por eso le preguntó a su consejero, "¿Qué podemos hacer?"

El primer ministro dijo, "Es imposible abastecer a todo el mundo con la cosecha del año precedente, pero podemos hacer algo. Vos y yo podemos alimentarnos de la cosecha del último año. Lo que quede de la cosecha del año anterior puede requisarse. No hay problema; habrá suficiente para vos y para mí".

El rey le dijo, "No me convence. Si todos mis fieles—mujeres, santos y sabios, fieles sirvientes, todos mis súbditos—incluso los niños, se vuelven locos, no querré mantenerme al margen. No sería de valor alguno salvarnos tú y yo. Es mejor enloquecer como todos. Pero tengo otra sugerencia: marcaré tu cabeza con el sello de la locura y tú marcarás la mía con el mismo sello".

El primer ministro le preguntó, "Y ¿de qué servirá?"

El rey le dijo, "He oído que ésta es una de las antiguas claves de la sabiduría; intentémoslo. Después de que todos nos hayamos vuelto locos, después de que tú y yo hayamos enloquecido, siempre que mire a tu frente, recordaré que estoy loco. Y siempre que me mires a la frente, recordarás que estás loco".

El primer ministro permanecía perplejo, "¿Y qué ganamos con eso?"

El rey le dijo, "He oído de los sabios que si puedes recordar que estás loco, dejas de estarlo".

Un loco no puede recordar que está loco. Un ignorante no puede recordar que es ignorante. Un hombre soñando no puede recordar que está soñando. Si en tu sueño, puedes estar alerta y saber que estás soñando, el soñar se detiene, estás totalmente despierto. Si puedes comprender que eres ignorante, la ignorancia desaparece. Los ignorantes siempre creen que son sabios, y los locos creen que son los únicos cuerdos. Cuando alguien se vuelve realmente sabio, lo consigue al reconocer su ignorancia. Por eso el rey dijo, "Vamos a hacer esto".

No sé lo que ocurrió, la historia acaba aquí, pero la historia es significativa.

Sólo el estar alerta puede ayudarte cuando todo el mundo está loco; sólo eso. Manteniéndote al margen, yéndote a los Himalayas, no te será de mucha ayuda. Cuando todos estén locos, tú te vas a volver loco porque eres un componente del Todo; es una Totalidad, una Totalidad orgánica.

¿Cómo puedes estar separado? ¿Cómo puedes irte a los Himalayas? En lo más profundo de ti permanecerás como una parte del Todo. Incluso viviendo en los Himalayas recordarás tus amistades. Te llamarán en tus sueños, pensarás en ellos y te preguntarás qué están pensando de ti. Seguirás ligado a ellos.

No puedes salirte del mundo. No hay nada fuera del mundo; el mundo es un continente. Nadie puede ser una isla; las islas están unidas, en lo profundo, al continente. Superficialmente, puedes considerar que estás separado, pero nadie puede estar separado.

El rey era realmente sabio. Dijo, "Esto no va a servir. No me voy a mantener como espectador; seré un participante. Esto será lo que haré. Intentaré recordar que estoy loco, porque cuando te olvidas de que estás loco es entonces cuando realmente lo estás. Esto es lo que haré".

Estés dónde estés, recuérdate; recuerda qué eres. Esta consciencia de *ser* debería ser continua. No es que debas recordar tu nombre, tu clase social, tu nacionalidad; eso son cosas banales, totalmente inútiles. Tan sólo recuerda esto: Yo soy. No lo has de olvidar. Es lo que los hindúes llaman "auto-recuerdo", lo que Buda llamó "correcta atención", lo que Gurdjieff solía llamar "recordarse a sí mismo", lo que Krishnamurti denomina "consciencia". Ésta es la parte fundamental de la meditación, el recordar "Yo soy". Caminando, sentado, comiendo, hablando, recuerda: "Yo soy". Nunca lo olvides. Será difícil, arduo. Al principio te olvidarás continuamente. Habrá tan sólo unos pocos momentos en los que te sientas iluminado; luego lo perderás. Pero no te desesperes, incluso esos pocos momentos valen mucho. Cuando lo olvides, no te preocupes. Recuérdalo otra vez, coge de nuevo el hilo, sigue. En cuanto puedas recordarlo de nuevo, coge el hilo y poco a poco los intervalos, los espacios, irán desapareciendo y surgirá una continuidad.

En cuanto tu consciencia sea continua, no necesitarás a la mente. Ya no habrá un planear; tus actos provendrán de tu consciencia, no de tu mente. No habrá entonces necesidad de disculpas, ni de explicaciones. Serás lo que tengas que ser, no habrá nada que esconder. En este momento, seas lo que seas, *eres*. No puedes ser nada más. Únicamente puedes mantenerte en un estado de recordación continuo. A través de este recordar, de esta atención, surge la auténtica religión, nace la auténtica moralidad.

La mayor cortesía está libre de toda formalidad.

Si no te mantienes distante, nadie es un extraño. Tanto si estás en el mercado como en una calle atestada, nadie es un extraño; todos son amigos. Y no sólo amigos; cada uno es una extensión de ti mismo. Por tanto, la etiqueta no es necesaria.

Si me piso mi propio pie—lo cual es difícil—no diré: "Lo siento"; no me diré a mi mismo, "¡Hay demasiada gente!" Cuando te piso tu pie, me piso mi propio pie.

Una mente que está totalmente alerta sabe que la Consciencia es una, la Vida es una, el Ser es uno, la Existencia es una; no está fragmentada. El árbol floreciendo, soy yo en otra forma distinta; la roca en el camino, soy yo en una forma diferente. Toda la Existencia se convierte en una unidad orgánica; al ser orgánica, la vida fluye a través de ella; no es mecánica. Una unidad mecánica es una cosa distinta; está muerta.

Un coche es una unidad mecánica, no tiene vida; por eso puedes sustituir una parte por otra. Todas las partes son reemplazables, pero ¿cómo se puede sustituir a un hombre? Es imposible. Cuando un hombre muere, desaparece un fenómeno único; desaparece totalmente y no puedes sustituirlo. Cuándo tu mujer—o tu marido— muera, ¿cómo podrás reemplazarla? Puede que te cases de nuevo, pero será otra esposa, no su equivalente. Y la sombra de la primera siempre estará ahí; la primera no puede olvidarse, siempre estará ahí. Puede convertirse en una sombra, pero incluso las sombras del amor están muy presentes.

No puedes reemplazar a una persona; no hay modo. Si fuera una unidad mecánica, las esposas serían piezas sustituibles; podrías tener esposas de repuesto. ¡Podrías guardarlas en tu trastero y cuando tu esposa muriera, la reemplazarías!

Esto está ocurriendo en Occidente. Han empezado a pensar en términos de mecanismos. Por eso dicen ahora que no hay problema; si tu esposa muere, tomas otra; si tu marido deja de existir, tomas otro... El matrimonio es, en Occidente, una unidad mecánica y por tanto es posible el divorcio. Oriente niega el divorcio porque el matrimonio es una unidad de tipo orgánico. ¿Cómo puedes sustituir a una persona viva? Nunca volverá a existir de nuevo; simplemente, esa persona desaparece en el misterio final.

La vida es una unidad orgánica. No puedes sustituir una planta porque cada planta es única, no puedes encontrar otra, no puedes encontrar la misma. La vida tiene la cualidad de la insustituibilidad. Incluso una pequeña roca es única. Puedes recorrer el mundo buscando otra igual y no la encontrarás. ¿Cómo puedes reemplazarla? Ésta es la diferencia entre unidad orgánica y unidad mecánica. La unidad mecánica depende de las partes; las partes son reemplazables, no son únicas. La unidad orgánica depende de la totalidad, no de las partes. Las partes no son realmente partes; no están separadas del Todo. Son únicas, no pueden ser sustituidas.

Cuando te vuelves consciente de la llama interior de tu íntimo ser, te das cuenta inmediatamente de que no eres una isla; eres un vasto continente, un continente infinito. No hay fronteras que te separen de él. Todas las fronteras son falsas, artificiales. Todos los límites son mentales; en la Existencia no hay límites.

Y así, ¿quién puede ser un extraño? Cuando pisas a alguien,

eres tú pisándote tu propio pie. No es necesario disculparse, no es necesario explicar nada. No hay nadie más; sólo existe *uno*. Y así tu vida se vuelve real, auténtica, espontánea; no es ya más protocolaria, no sigues norma alguna. Has llegado a conocer la ley final. No se necesitan reglas. Te has convertido en la ley. No hay ya necesidad de recordar reglas.

La mayor cortesía está libre de toda formalidad.

¿Has observado a la gente "educada"? No encontrarás gente más egoísta que ellos. Observa a una persona "educada". El modo en que habla, en que mira, el modo en que camina, o cómo está de pie; se las arregla para que todo aparente ser "educado", pero en el interior, el ego está manipulando.

Observa a la gente llamada humilde. Dicen que no son nadie, pero cuando lo dicen, ves en sus ojos al ego afirmándose. Es un ego muy astuto, porque si dices, "Soy alguien", todo el mundo estará en tu contra y todos intentarán ponerte en tu lugar. Si dices, "Soy un don nadie", todos se ponen de tu parte, nadie está contra ti.

La gente "educada" es muy astuta, lista. Saben qué decir, qué hacer, de manera que puedan explotarte. Si dicen, "Soy alguien importante", todo el mundo estará en su contra. El conflicto surge porque todo el mundo piensa que el otro es el egoísta. De esta forma será difícil explotar a la gente porque todo el mundo estará en guardia. Si dices, "Soy un don nadie, sólo soy polvo a tus pies", se te abrirán las puertas y podrás explotarlos. Toda etiqueta, toda cultura, es un tipo de astucia sofisticada; y tú la estás utilizando.

La mayor cortesía está libre de toda formalidad.

Ocurrió una vez que Confucio fue a ver a Lao Tse, el Maestro de Chuang Tse. Y Confucio era la imagen de la cortesía convencional. Era el mayor manerista del mundo, el mundo no ha conocido nunca a un hombre tan centrado en los modales. Él era simplemente modales, formalidad, cultura y etiqueta. Fue a ver a Lao Tse, su extremo opuesto.

Confucio era muy viejo; Lao Tse no tanto. Lo correcto era que cuando Confucio entrara, Lao Tse se levantara para recibirlo. Pero permaneció sentado. Confucio no podía entender que un Maestro tan importante, conocido en todo el país por su humildad, pudiera ser tan incorrecto. Tenía que decírselo.

Inmediatamente le dijo, "No es lo correcto. Soy mayor que tú". Lao Tse se rió en voz alta y dijo, "Nadie es más viejo que yo. Yo existía antes de que todo existiera. Confucio... somos de la misma edad, todo es de la misma edad. Desde la eternidad hemos venido a la existencia; por tanto, no arrastres esa carga de la vejez; siéntate".

Confucio había acudido a plantear algunas preguntas. Le dijo, "¿Como debería comportarse un hombre religioso?"

Lao Tse le contestó, "Cuando el cómo aparece, no hay religión. "¿Cómo?" no es una pregunta para un hombre religioso. El cómo demuestra que no eres religioso, pero que deseas comportarte como un hombre religioso; por eso preguntas por qué". ¿Acaso pide un amante cómo debería amar? ¡Simplemente ama! En realidad, es después cuando uno se da cuenta de que se ha enamorado. Puede que sólo cuando el amor se haya ido, sea consciente de que estaba enamorado. Él simplemente ama. Sucede. Es un suceder, no un hacer.

Preguntara lo que preguntara Confucio, Lao Tse siempre respondía de forma que Confucio se sentía muy confundido: "¡Este hombre es peligroso!"

Cuando volvió, sus discípulos le preguntaron, "¿Qué ha pasado? ¿Qué clase de hombre es ese Lao Tse?"

Confucio les dijo, "No os acerquéis a él. Puede que hayáis visto serpientes peligrosas, pero no son nada comparadas con ese hombre. Podéis haber oído de feroces leones, pero no son nada al lado de ese hombre. Ese hombre es como un dragón que camina por la tierra, que puede nadar por el mar y puede volar a los mismos confines del cielo; es muy peligroso. No es para nosotros, hombrecillos; somos demasiado poco. Es peligroso, inmenso como un abismo. No os acerquéis a él, porque os podéis marear y caer. Incluso yo me sentí mareado. Y no puedo comprender lo que dijo; él está más allá de toda comprensión".

Lao Tse está más allá de toda comprensión si intentas comprenderlo a través de lo formal; si no, él es simple. Pero para Confucio es complicado, casi imposible de entender, porque él entiende mediante sistemas y Lao Tse no tiene métodos y carece de formalismos. Sin nombre, sin formalismos, vive en lo infinito.

La mayor cortesía está libre de toda formalidad.

Lao Tse está sentado; Confucio espera que se levante. ¿Quién es realmente el educado? Confucio—esperando que Lao Tse se levante y le dé la bienvenida, que le reciba, porque es más viejo—es puro egotismo. El ego ha tomado la apariencia de la edad, de la senectud.

Pero Confucio no pudo mirar directamente a los ojos de Lao Tse porque Lao Tse tenía razón. Le estaba diciendo: "Somos de la misma edad. En realidad somos lo mismo. La misma vida que fluye en ti, fluye en mí. Ni eres superior a mí, ni yo soy superior a ti. No es cuestión de superioridad, ni de inferioridad; no es cuestión de senectud, o juventud. No hay cuestión; somos uno".

Si Confucio hubiera mirado a los ojos de Lao Tse hubiera visto que esos ojos eran divinos. Pero un hombre cuyos ojos están llenos de leyes, reglas, normas y formalismos, está casi ciego, no puede ver.

La conducta perfecta está libre de preocupación.

Te comportas correctamente porque estás preocupado. Te comportas bien porque estás preocupado.

El otro día vino un hombre a verme. Dijo, "Me gustaría dar el salto, me gustaría convertirme en *sanyasin,* pero tengo a mi familia. Mis hijos están estudiando en el colegio y tengo una gran responsabilidad sobre ellos".

Está preocupado. Tiene un deber que cumplir, pero no tiene amor. El deber es preocupación; piensa en términos de lo que debe hacer porque eso es lo que se espera de él. "¿Qué dirá la gente de mí si me marcho?" ¿A quién le preocupa lo que la gente diga? Al ego. Por eso, "¿Qué dirá la gente? Primero déjame cumplir con mis obligaciones".

Nunca le digo a nadie que deje su casa, nunca le digo a nadie que renuncie, pero insisto en que uno no debería mantener una relación por causa del deber, porque entonces toda la relación se vuelve desagradable. Uno debería mantener una relación debido al amor. Entonces, este hombre no dirá, "Tengo un deber que cumplir". Dirá, "No puedo venir ahora. Mis niños están creciendo y los quiero y soy feliz trabajando para ellos".

Esto es felicidad. De la otra forma, no es felicidad; es una carga. Y cuando llevas una carga, cuando conviertes tu amor en una carga, no puedes ser feliz. Y si has convertido tu amor en una carga, tu oración también se volverá una carga, tu meditación también se volverá una carga. Y dirás, "Por causa de este Gurú, de este Maestro, estoy atrapado y ahora tengo que hacer esto". No provendrá de ti, de tu totalidad; no será un florecimiento.

¿Por qué preocuparse? Si hay amor, donde quiera que estés no existirá carga alguna. Y si amas a tus niños, incluso si los abandonas, lo comprenderán. Si no amas a tus niños y sigues sirviéndoles, lo captarán y sabrán que esos son gestos falsos.

Y así está ocurriendo. La gente acude a mí y me dice, "He trabajado durante toda mi vida y nadie me lo ha agradecido". ¿Cómo puede alguien sentirse agradecido a ti? Los estás soportando como una carga. Incluso los pequeños saben bien cuando el amor está presente y saben cuando estás cumpliendo meramente con tu deber. El deber es feo, el deber es violento; muestra tu preocupación, pero no muestra tu espontaneidad.

Dice Chuang Tse,

La conducta perfecta está libre de preocupación.

Toda acción es realizada por amor. No eres honrado porque te beneficies siendo honrado; eres honrado porque la honradez es maravillosa.

Los hombres de negocios son honestos si la honradez les rinde provecho. Dicen: "La honradez es la mejor inversión". ¿Cómo puede uno destruir una cosa maravillosa como la honradez para convertirla en la mejor inversión? La inversión es política; la honradez es religión.

Un anciano estaba en su lecho de muerte. Llamó a su hijo y le dijo, "Ahora que me estoy muriendo, he de contarte el secreto. Recuerda siempre dos cosas. Así es cómo yo triunfé. Primero: siempre que prometas algo, cúmplelo. Te cueste lo que te cueste, sé honesto y cúmplelo. Ésta ha sido siempre mi base y por esto triunfé. Y la segunda cosa es que nunca hagas promesas".

Para un negociante, incluso la religión es una inversión; para un político, incluso la religión es una inversión; todo es una inversión. Incluso el amor es una política. Los reyes, las reinas, nunca se casan con gente común. ¿Por qué? Es parte del negocio. Los reyes se casan con otras princesas, con reinas y su preocupación estriba en determinar cuál será la relación más ventajosa para el reino. Dos reinos establecerán relaciones para convertirse en aliados y no en contrincantes. Por eso, ¿con quién te has de casar?

En la India, en los tiempos remotos, un rey podía desposar muchas mujeres; cientos, incluso miles. Era parte del juego político; se casaba con la hija de cualquiera que tuviera poder, para establecer una red de relaciones de poder. De esa manera, la persona con cuya hija te casabas se convertía en tu amigo, te ayudaba.

En los tiempos de Buda, la India tenía dos mil reinos, así que el mejor rey era el que poseía dos mil esposas, una por cada reino. Así podía vivir en paz, porque no tenía enemigos. Todo el país se convertía en una familia. Pero, ¿cómo puede existir el amor con esa preocupación? El amor nunca entiende de consecuencias. Nunca anhela resultados. Es suficiente en sí mismo.

La conducta perfecta está libre de preocupación.
La sabiduría perfecta no se planea.

Un sabio vive momento a momento, sin hacer nunca planes. Sólo el ignorante los hace y cuando los ignorantes hacen planes ¿qué pueden planear? Diseñan sus planes desde su ignorancia. Si no hubieran planeado nada, hubiera sido mejor, porque de la ignorancia sólo brota la ignorancia; de la confusión, sólo nace más confusión.

Un sabio vive momento a momento, sin planes. Su vida es libre como una nube flotando en el cielo, sin meta, sin dirección. No tiene mapa alguno para el futuro; vive sin mapas, se mueve sin mapas, porque lo auténtico no es la meta; es la belleza del moverse. Lo auténtico no es el llegar, lo auténtico es el viaje en sí. Recuerda, lo auténtico es el viaje, el mismo viajar. Es muy bello. ¿Por qué preocuparse entonces de la meta? Y si estás demasiado obsesionado con la meta, te perderás el viaje. Y el viaje en sí, es vida; la meta sólo puede ser la muerte.

El viaje es vida y es un viaje sin fin. Te has estado moviendo desde el mismo comienzo, si es que hubo un comienzo. Los que saben dicen que no hubo principio. Desde ese "no-principio" has estado en marcha; hasta el "no-fin" estarás en marcha. Y si estás orientado hacia la meta, te lo perderás. Lo Total es el viaje, el camino, el camino eterno, sin comienzo y sin final. En realidad no hay meta; la meta ha sido creada por la mente astuta. ¿Hacia dónde se está moviendo toda la Existencia? ¿Hacia dónde? No va a ninguna parte. Simplemente va y ese ir es hermoso; por eso la existencia no es una carga. No hay meta, no hay plan, ni propósito. No es un negocio; es un juego, es *lila*. El mismo moverse es la meta.

La sabiduría perfecta no se planea.
El amor perfecto existe sin demostraciones.

Necesitas demostrar amor cuando no hay amor. Y cuanto menos amor hay, más necesitas demostrarlo. Cuando está ahí, no lo demuestras. Cuando un esposo llega a casa con un regalo para su esposa, ella sabe que ocurre algo extraño—ha de haberse pasado de la raya en algo, debe de haberse visto con otra mujer. Este regalo es la explicación, es un sustituto; el amor en sí, es un regalo tan grande que no necesitas regalo alguno. No es que el amor no te brinde presentes, sino que el amor es en sí mismo el mayor presente. ¿Qué más puedes pedir? ¿Qué otra cosa puedes ofrecer?

Pero cuando el marido siente que algo va mal, tiene que arreglarlo. Todo tiene que restablecerse, equilibrarse. Y ése es el problema. Las mujeres son tan intuitivas que lo saben inmediatamente; tu regalo no puede engañarlas. Es imposible, porque las mujeres viven todavía con su intuición, con su mente ilógica.

Inmediatamente saltan y saben al instante que algo va mal, porque si no ¿a qué viene ese regalo?

Siempre que demuestras algo, demuestras tu pobreza interior. Si tu *sanyas* se convierte en una demostración, no eres un *sanyasin*. Si tu meditación se convierte en una demostración, no eres meditativo. Porque dondequiera que lo real existe, es tal la luz que produce, que no necesita ser demostrado. Cuando tu casa está iluminada, cuando tiene luz, no necesitas ir a los vecinos y decirles. "Mirad, nuestra casa tiene una lámpara". Es obvio. Pero cuando tu casa está a oscuras, intentas convencer a tus vecinos de que allí hay luz. Convenciéndoles, te convences a ti mismo. Ésa es la razón por la que necesitas demostrarlo. Si el otro se convence, su convicción te ayudará a convencerte a ti mismo.

Oí una vez que Mulla Nasrudin tenía una hermosa casa, pero se cansó de ella, como todo el mundo. Tanto si era hermosa como si no lo era, ése no era el *quid*. Al vivir en la misma casa cada día, se aburría. La casa era hermosa, con un gran jardín, con acres de verdes terrenos, piscina; había de todo. Pero se cansó, así que llamó a un agente inmobiliario y le dijo, "Quiero venderla. Estoy harto; esta casa se ha convertido en un infierno".

Al día siguiente un anuncio apareció en los periódicos de la mañana; el agente había publicado un bello anuncio. Mulla Nasrudin lo leyó una y otra vez y le convenció tanto que llamó al agente: "Espere, no quiero venderla. Su anuncio me ha llegado tan hondo que ahora sé que siempre he deseado tener esta casa, toda mi vida he estado buscando esta misma casa".

Cuando puedes convencer a otros de tu amor, tú mismo te convences. Pero si eres amor, no es necesario, ¡lo sabes!

Cuando eres sabio, no hay necesidad de demostrarlo. Cuando sólo posees conocimiento, lo demuestras convenciendo a los demás. Y cuando han sido convencidos, tú también te has convencido de que eres un hombre de conocimiento. Cuando eres sabio, existe esa necesidad. Aunque nadie se lo crea, estás seguro de que tú sola presencia es prueba suficiente.

La sinceridad perfecta no ofrece garantía. Todas las garantías se ofrecen debido a la falta de sinceridad. Garantizas, prometes, dices: "Ésta es la garantía: haré esto". Mientras ofreces la garantía, a cada instante, la falta de sinceridad está presente.

La sinceridad perfecta no ofrece garantías porque la sinceridad perfecta es muy consciente, es consciente de muchas cosas. En primer lugar, el futuro es desconocido. ¿Cómo puedes garantizar algo? La vida cambia a cada momento, ¿cómo puedes pues prometer? Toda garantía, todo prometer puede referirse sólo a este mismo instante, no al siguiente. Respecto al próximo instante no puede decirse nada. Tienes que esperar.

Si eres realmente sincero y amas a una mujer, no le puedes decir, "Te querré toda mi vida". Si lo dices, eres un mentiroso. Esta garantía es falsa. Pero si amas, este momento es suficiente. La mujer no te pedirá que sea para toda la vida. Este momento, si el amor está presente, es tan pleno, que un instante es suficiente para muchas vidas. Un solo instante de amor es la eternidad; ella no pedirá más. Pero ahora ella pide porque no hay amor. Por eso pregunta, "¿Qué garantía tengo? ¿Me amarás siempre?"

En este instante no hay amor y ella pide una garantía. En este instante no hay amor y tú lo garantizas para el futuro, porque sólo con una garantía puedes engañarla ahora. Puedes crear un bello cuadro futuro en el que esconder el feo cuadro del presente. Dices, "Sí, te amaré siempre y para siempre. Ni la muerte nos separará". ¡Qué tontería! ¡Qué falta de sinceridad! ¿Cómo puedes decir esto?

Puedes decirlo con tanta facilidad debido a que no eres consciente de lo que estás diciendo. El próximo momento es desconocido; ¿a dónde nos conducirá? Nadie lo sabe. ¿Qué sucederá? Nadie lo sabe, nadie puede saberlo.

El no saberlo forma parte del juego futuro. ¿Cómo puedes garantizar algo? A lo sumo puedes decir, "Te amo en este instante, y en este instante siento—es un sentimiento de este instante— que ni la muerte puede separarnos. Pero es un sentimiento de este instante. No es una garantía. En este momento siento que te puedo decir que siempre te querré, pero es un sentimiento de este momento; no es una garantía. Lo que pueda suceder en el futuro, no lo conoce nadie. No sabemos ni del momento presente, de modo que ¿cómo vamos a saber de otros momentos? Tendremos que esperar. Tendremos que confiar en que suceda, en que te ame por y para siempre, pero esto no equivale a una garantía".

La sinceridad perfecta no ofrece garantía alguna. La perfecta sinceridad es tan sincera que no puede prometer nada; da lo que tenga que dar aquí y ahora. La sinceridad perfecta vive en el presente, no tiene idea del futuro.

La mente se mueve en el futuro; el ser vive aquí y ahora. Y la perfecta sinceridad pertenece al ser, no a la mente. El amor, la verdad, la meditación, la sinceridad, la simplicidad, la inocencia, todo ello pertenece al ser. Lo opuesto pertenece a la mente y para ocultar lo opuesto, la mente crea monedas falsas: la falsa sinceridad—que da garantías, que promete—el falso amor—tan sólo otro nombre para el deber—la falsa belleza—una fachada para la fealdad interior. La mente crea falsas monedas; y nadie es engañado—recuérdalo—excepto tú mismo.

Suficiente por hoy.

Tres por la mañana

¿De qué trata este "tres por la mañana"?

*Trata de un adiestrador de monos
que se acercó a sus animales y les dijo:
"Por lo que concierne a vuestras castañas,
se os van a dar tres raciones por la mañana
y cuatro por la tarde".
Al oír esto, todos los monos se enfadaron.*

*Así que el guarda les dijo:
"De acuerdo,
os lo cambiaré por cuatro raciones por la mañana
y tres por la tarde".
Los monos se sintieron satisfechos con este arreglo.*

*Las dos combinaciones daban lo mismo
la cantidad de castañas no varió,
pero en un caso los monos se disgustaron
y en el otro quedaron satisfechos.
El guarda estaba deseoso
de cambiar su sistema
para adecuarse a ciertas condiciones objetivas.
No ganaba nada con ello.*

*El verdadero sabio,
considerando los dos aspectos de la cuestión,
sin parcialidad,
los contempla a la luz del Tao.
A esto se le llama seguir dos caminos a la vez.*

Tres por la mañana

La ley de "tres por la mañana". A Chuang Tse le gustaba mucho esta historia. Con frecuencia la repetía. Es hermosa, con muchos niveles de interpretación. A primera vista muy simple, pero aun así, resulta altamente reveladora de la mente humana.

Lo primero que has de entender es que la mente humana es como la del mono. No fue Darwin el que descubrió que el hombre proviene del mono. Desde siempre se ha sabido que la mente del hombre se comporta según las pautas de la mente de los monos. En pocas ocasiones uno trasciende su condición de mono. Cuando la mente se queda quieta, cuando la mente se vuelve silenciosa, cuando realmente no existe la mente, trasciendes esa pauta simiesca.

¿A qué se debe este comportamiento simiesco? A una cosa: la mente no está nunca quieta. Y a menos que estés quieto, no puedes ver la verdad. Estás tan agitado, oscilas tanto, que no puedes ver nada. Es imposible percibir nada claramente. Mientras meditas, ¿qué haces? Estás colocando al mono en la posición de quietud, de ahí la dificultad de meditar. Cuanto más intentas aquietar la mente, más se revoluciona, más se confunde, más se inquieta.

¿Has visto nunca a un mono sentado en silencio y quieto? ¡Imposible! Los monos siempre están comiendo algo, haciendo algo, balanceándose, de cháchara. Y eso es lo que tú estás haciendo. El hombre ha inventado muchas cosas. Si no hay nada que hacer, mascará chicle; si no tiene nada que hacer, fumará. Esas son ocupaciones estúpidas, ocupaciones de un mono. Has de estar haciendo algo continuamente para mantenerte ocupado.

Estás inquieto y tu inquietud necesita estar ocupada de una forma u otra. Y debido a esto—digan lo que digan contra el fumar—nadie puede dejar de fumar. Únicamente en un mundo meditativo podría dejarse de fumar; de otro modo, no. Aunque exista peligro de muerte, de cáncer, de tuberculosis, no puedes dejarlo, porque no es cuestión sólo de fumar; es cuestión de cómo liberar la inquietud.

La gente que canta *mantras* pueden dejar de fumar porque han encontrado un sustituto. Puedes cantar Ram, Ram, Ram, y esto se convierte en una especie de fumar. Tus labios trabajan, tu boca se mueve, está liberando tu inquietud. De este modo, el *japa* se puede convertir en una forma de fumar, una forma mejor, con menor riesgo para la salud.

Pero básicamente es lo mismo; tu mente no puede descansar. Tu mente ha de hacer algo; no sólo cuando estás despierto, sino cuando estás dormido. Observa algún día cómo duerme tu esposa o tu marido; siéntate durante tres horas en silencio y observa su rostro. Verás al mono, no al hombre. Incluso durante el sueño, prosigue. La persona está ocupada. El sueño no puede ser profundo, no puede ser realmente relajante porque el trabajo continúa. El día prosigue, no hay discontinuidad; la mente sigue funcionando de la misma manera. Hay una constante charla interna, un monólogo interno y no hay que asombrarse de que te aburras. Te aburres a ti mismo. Todo el mundo parece aburrido.

Mulla Nasrudin estaba contando una historia a sus discípulos y de repente comenzó a llover. Debió de haber sido un día como éste. Uno que pasaba por allí, para protegerse, se guareció bajo el cobertizo donde Nasrudin estaba hablando a sus discípulos. Esperaba solamente a que despejara, pero no pudo evitar escuchar lo que se decía.

Nasrudin estaba narrando historias increíbles. En muchos momentos al hombre le resultó casi imposible resistirse a interrumpirle, tantos eran los absurdos que se estaban diciendo. Pero lo pensó una y otra vez y se dijo a sí mismo, "No es asunto mío. Estoy aquí debido a la lluvia y tan pronto como deje de llover, me iré. No tengo por qué inmiscuirme".

Pero en un momento dado, el hombre no se pudo aguantar, no se pudo contener por más tiempo, e interrumpió diciendo, "¡Ya está bien. Perdóneme, no es asunto mío, pero ahora se ha pasado!"

Debo contaros primero la historia hasta el momento en que el hombre no se pudo contener...

Nasrudin estaba diciendo, "Una vez, cuando era joven, viajaba por las selvas de Africa, el continente misterioso. De repente un león apareció a unos cinco metros de mí. No tenía armas, ni protección; estaba solo en la selva. El león me miraba fijamente y comenzó a dirigirse hacia mí".

Los discípulos estaban ya muy excitados. Nasrudin se detuvo por un instante observando sus rostros. Un discípulo le dijo, "No nos tengas en vilo, ¿qué ocurrió?"

Nasrudin dijo, "El león fue acercándose más y más hasta que estuvo a metro y medio".

Otro discípulo le dijo, "Basta de espera; dinos qué sucedió".

Nasrudin dijo, "Es muy sencillo, muy lógico, descubridlo por vosotros mismos. ¡El león se abalanzó sobre mí, me mató y me devoró!"

Esto fue demasiado para el forastero. Dijo, "¿Está usted diciendo que el león le mató, se lo comió, y usted está todavía aquí vivo?"

Nasrudin miró directamente al hombre y le dijo, "¡Ja, ja!, ¿Acaso le llama usted a esto, estar vivo?"

Observa las caras de la gente y comprenderás lo que quería decir. ¿Llamas a esto estar vivo? ¿Muerto de aburrimiento, vegetando?"

Una vez un hombre le dijo a Nasrudin, "Soy muy pobre. No puedo subsistir, ¿debería suicidarme? Tengo seis niños y una esposa, una hermana viuda y unos padres ancianos. Y esto se está volviendo más y más difícil. ¿Puedes sugerirme algo?"

Nasrudin dijo, "Puedes hacer dos cosas y las dos te serán de ayuda. Una, empieza a fabricar pan, porque la gente ha de vivir y tienen que comer. Así siempre tendrás una entrada de dinero".

El hombre le preguntó, "¿Y la otra?" Nasrudin le dijo, "Empieza a hacer sudarios para los difuntos, porque cuando la gente está viva, se muere. Y será también un buen negocio. Los dos negocios son buenos: pan y sudarios para los difuntos".

Después de un mes, el hombre regresó. Parecía aún más desesperado, muy triste, y dijo, "Parece que nada funciona. He invertido todo lo que tenía en el negocio, como sugeriste, pero todo parece estar en mi contra".

Nasrudin dijo, "¿Cómo es posible? La gente tiene que comer pan mientras están vivos, y cuando mueren, sus familiares han de comprar sudarios".

El hombre le dijo, "No lo comprendes. En este pueblo nadie está vivo, ni nadie muere; nunca. Simplemente vegetan".

La gente simplemente vegeta. No necesitas mirar a las caras de los demás; mírate tan sólo al espejo y descubrirás lo que significa vegetar. Ni estar vivo, ni muerto. La vida es hermosa, la muerte es hermosa; el vegetar es repugnante.

Pero, ¿por qué estás tan agobiado? El constante parloteo de la mente disipa energía. El constante parloteo de la mente es una constante fuga en tu ser. La energía se pierde. Nunca acumulas suficiente energía para sentirte vivo, joven, fresco. Y si no te sientes joven, vivo y fresco, tu muerte será también un aburrimiento.

Uno que vive intensamente, muere intensamente; y cuando la muerte es intensa, tiene una belleza propia. Uno que vive totalmente, muere totalmente y siempre que interviene la totalidad de uno, hay belleza. La muerte es desagradable, no debido a sí misma, sino porque nunca has vivido como debieras.

Si nunca has estado vivo, no te has ganado una hermosa muerte. Tienes que merecerla. Has de vivir de tal manera, tan plena y totalmente, que puedas morir totalmente, sin dividir. Vives parcialmente, por eso mueres parcialmente. Una parte muere, luego otra, luego otra y así tardas muchos años en morir. Todo el proceso es repugnante. La muerte sería bella si la gente estuviera viva. El mono que llevas dentro no te permite estar vivo, y este mono interno tampoco te permitirá morir de forma bella. Este constante parloteo debe ser detenido.

Y ¿de qué va este parloteo? ¿Cuál es su motivo? El motivo es el "tres por la mañana" que prosigue en tu mente. ¿Qué estás haciendo dentro de tu mente? Continuamente estás haciendo combinaciones: haz esto, no hagas eso; construye esta casa, destruye esa otra; cambia de este a ese negocio porque en ése obtendrás más provecho; cambia esta esposa, este marido. ¿Qué estás haciendo? Sólo cambiando el orden establecido.

Chuang Tse dice que al final, en último término, si puedes contemplar el conjunto, el total siempre es el mismo. Son siempre siete. Tanto si te dan tres raciones por la mañana y cuatro por la tarde, como si te dan cuatro por la mañana y tres por la tarde, al final son siete. Ésta es una de las leyes más secretas: el total siempre es el mismo.

Puede que no seas capaz de comprenderlo, pero cuando un mendigo muere o cuando lo hace un emperador, el total siempre es el mismo. El mendigo vivió en las calles, el emperador en palacios, pero el total es el mismo. En un rico, en un pobre, en un triunfador y en un fracasado, el total es el mismo. Si eres capaz de contemplar el conjunto de la vida, descubrirás lo que Chuang Tse quería decir con el "tres por la mañana".

¿Qué ocurre? La vida no es imparcial, la vida no es parcial; la vida es totalmente indiferente a tus arreglos, no se preocupa de los arreglos que hagas. La vida es un regalo. Si cambias el orden, el conjunto no varía.

Un rico ha encontrado mejor comida, pero ha perdido el hambre; no puede sentir la intensidad de estar hambriento. La proporción es siempre la misma. Ha hallado una hermosa cama, pero con la cama viene el insomnio. Se ha esforzado al máximo para poder dormir. Debería estar quedándose dormido en *sushupti*—aquello que los hindúes llaman *"samadhi* inconsciente"—pero no está ocurriendo. No puede dormirse. Tan sólo ha cambiado el orden.

Un mendigo duerme fuera, en la calle. El tráfico pasa y el mendigo sigue dormido. No tiene cama. El sitio en que duerme es desigual, duro e incómodo, pero él duerme. El mendigo no puede obtener buena comida; es imposible porque tiene que pedir limosna. Pero tiene buen apetito. El total resulta el mismo. Al final son siete.

Un triunfador no sólo es un triunfador; con el éxito llegan toda clase de calamidades. Un fracasado no es sólo un fracasado, porque con el fracaso llegan muchas clases de bendiciones. El total es siempre el mismo, pero el conjunto debe de ser desmenuzado y contemplado; se necesita una perspectiva clara. Se necesitan ojos para contemplar el conjunto porque la mente sólo ve los fragmentos. Si la mente atiende a la mañana, no ve lo de la tarde; si mira lo de la tarde, se olvida de la mañana. La mente no puede contemplar el día en su conjunto; la mente es fragmentaria.

Sólo una consciencia meditativa puede ver el conjunto, desde el nacimiento hasta la muerte; y el total son siempre siete. Por eso los sabios no intentan nunca cambiar el orden establecido. Por esto, en Oriente nunca ha tenido lugar revolución alguna, porque la revolución significa cambiar lo dispuesto.

Observa lo que ocurrió en la Rusia Soviética. En 1917 tuvo lugar la mayor revolución habida sobre la Tierra. El orden fue cambiado. No creo que Lenin, Stalin o Trotsky hubieran oído la historia del "tres por la mañana". Podían haber aprendido mucho de Chuang Tse, pero entonces no hubiera habido revolución. ¿Qué ocurrió? Los capitalistas desaparecieron, nadie era rico, nadie era pobre. Las viejas clases sociales dejaron de existir. Pero sólo cambiaron los nombres. Nuevas clases aparecieron. Antes existían el rico y el pobre, el capitalista y el proletario. Ahora, el que dirige y el dirigido. Pero la diferencia, la separación, sigue siendo la misma. Nada ha cambiado. ¡Tan sólo que ahora llaman "capitalista" al dirigente!

Los que han estudiado la revolución Rusa dicen que no fue una revolución socialista sino una revolución administrativa. La misma separación, la misma distancia permanece entre las dos clases, y no ha aparecido una sociedad sin clases.

Chuang Tse se hubiera reído. Hubiese contado esta historia. ¿Qué hubieras hecho tú? El dirigente se ha vuelto poderoso, el dirigido sigue sin tener poder.

Los hindúes dicen que hay gente que siempre será dirigente y gente que siempre será dirigida. Hay *kshatriyas y sudras;* y no son sólo etiquetas, son tipos de gente. Los hindúes han dividido a la sociedad en cuatro clases y dicen que una sociedad no puede existir sin clases. No es una cuestión de arreglos sociales. Existen cuatro tipos de personas. A menos que cambies la clase, ninguna revolución va a ser de mucha ayuda.

Dicen que hay un tipo que es el trabajador, el *sudra,* que siempre será dirigido. Si nadie lo dirige se encontrará perdido, no será feliz. Necesita que alguien le ordene, necesita alguien a quien obedecer, necesita que alguien asuma toda la responsabilidad. Él no es capaz de asumir la responsabilidad por sí mismo. Éste es un tipo. Si el jefe está por ahí, sólo entonces este tipo de persona trabajará. Si el jefe no está, sencillamente se sentará.

El jefe puede ser alguien o algo muy sutil, e incluso invisible. Por ejemplo, en una sociedad capitalista obtener un beneficio es el *leiv motiv.* Un *sudra* trabajará no porque ame el trabajo, no porque el trabajar sea su *hobby,* no porque sea creativo, sino porque ha de alimentarse él y su familia. Si él no trabaja, ¿quién los alimentará? Es el incentivo del beneficio, del hambre, del cuerpo, del estómago, el que dirige.

En un país comunista este motivo no es el más importante. Ellos han de tener jefes visibles. Se dice que en la Rusia de Stalin había un policía por cada ciudadano; si no fuera así sería difícil dirigir a alguien, porque el incentivo del beneficio no existe. Uno tiene que obligar, tiene que ordenar, tiene que atosigar constantemente; sólo entonces el *sudra* trabaja.

Existe luego una clase comerciante que disfruta del dinero, de la riqueza, del acumular. Se dedicará a eso; no importa cómo lo haga. Si el dinero está disponible, acumulará dinero; si el dinero no es accesible, acumulará sellos. Pero lo hará, acumulará. Si los sellos no están disponibles, acumulará seguidores, pero acumulará. Tiene que hacer algo con los números. Tendrá mil, veinte mil, un millón de seguidores. Es lo mismo que decir que ha obtenido un millón de rupias.

Mira tus *sadhus:* cuanto mayor es el número de sus seguidores, más grandes son. Por eso, los seguidores no son más que cuentas bancarias. Si nadie te sigue, no eres nadie; eres un pobre gurú. Si te sigue mucha gente, eres un gurú rico. Pase lo que pase, el comerciante siempre acumula, echa cuentas. Lo material es inmaterial.

Y existen los guerreros; ellos luchan, cualquier excusa les sirve. Luchan; el luchar está en su sangre, en sus huesos. Debido a esta clase, el mundo no puede vivir en paz, es imposible. Una vez cada diez años tiene que haber una guerra. Y si quieres evitar una gran guerra, ten entonces muchas pequeñas guerras, pero el total será el mismo. Debido a que existen bombas atómicas y bombas de hidrógeno, las grandes guerras se han hecho imposibles. Por eso hay tantas guerras menores en el mundo: en Vietnam, en Kashmir, en Bangladesh, en Israel,... muchas guerras menores, pero el total es el mismo. En cinco mil años, el hombre ha luchado en quince mil guerras; a tres guerras por año.

Existe una clase de hombre que ha de luchar. Puedes cambiarle, pero el cambio será superficial. Si a este guerrero no se le permite luchar en una guerra, luchará de formas distintas. Luchará en unas elecciones, o puede convertirse en deportista; puede competir en el *cricket* o en el fútbol. Pero luchará, competirá; necesita poder retar a alguien. De una u otra forma, tiene que luchar para satisfacerse. Por esto, a medida que una civilización se desarrolla, tienen que inventarse más y más juegos. Si no se le suministran más juegos al tipo guerrero, ¿qué hará?

Ve y asiste a un partido de *cricket,* de fútbol, o de *hockey.* La gente enloquece, como si algo serio estuviera sucediendo, como si una verdadera guerra ocurriese. Los jugadores están serios y los seguidores enloquecen a su alrededor. Estallan peleas, revueltas. El terreno de juego es siempre peligroso, porque la gente que acude allí son del tipo guerrero. En cualquier momento las cosas se pueden torcer.

Existe otra clase, el *brahmín,* que siempre vive de las palabras, de las escrituras. En Occidente no existe el *brahmín* como tal clase— el nombre no es importante—pero el *brahmín* se da en todo el mundo. Tus científicos, tus profesores... las universidades están llenas de ellos. Trabajan y trabajan con símbolos, creando teorías, defendiendo, discutiendo. Lo siguen haciendo en nombre de la ciencia, a veces en nombre de la religión, a veces en nombre de la literatura El nombre cambia, pero el *brahmín* sigue.

Hay esas cuatro clases. No puedes crear una sociedad sin clases. Las cuatro persisten y la cantidad total es siempre la misma. Las partes pueden cambiar. Por la mañana puedes hacer una cosa, por la tarde otra diferente, pero en el conjunto del día el total es el mismo.

Oí de un joven científico cuyo padre estaba en contra de su trabajo como investigador científico. El padre siempre lo consideró algo inútil. Le dijo a su hijo, "No pierdas tu tiempo. Es mejor que te hagas doctor, eso será más práctico y beneficioso para la gente. La pura teoría, las abstractas teorías de la física, no sirven de nada". Al final persuadió a su hijo y éste se hizo doctor.

El primer hombre que acudió a él sufría una fuerte pneumonía. El doctor consultó sus libros, pues era un pensador abstracto, un *brahmín.* Buscó y buscó. El paciente llegó a impacientarse y le dijo, "¿Por cuánto tiempo tendré que esperar?"

El científico—que era ahora doctor—le dijo, "No creo que haya ninguna esperanza. Se morirá. No hay tratamiento para esta enfermedad, está más allá de toda cura". El paciente—un sastre—se fue a casa.

Dos semanas después, el doctor estaba paseando y vio al sastre trabajando, sano, lleno de energía y le dijo, "¿Qué? ¿Está usted todavía vivo? Debería haber muerto hace ya mucho. He consultado los libros y es imposible. ¿Cómo se las arregla para estar vivo?"

El sastre le contestó, "Usted me dijo que al cabo de una semana estaría muerto, así que pensé: entonces, ¿por qué no vivir? Sólo queda una semana... Y el pastel de patata es mi debilidad, de forma que cuando dejé su consulta me dirigí directamente al café, comí treinta y dos pasteles de patata e inmediatamente experimenté una gran energía. ¡Y ahora estoy absolutamente perfecto!"

De inmediato, el doctor anotó en su diario que treinta y dos pasteles de patata eran el remedio seguro para severos casos de pneumonía. El siguiente paciente, por casualidad, tuvo también una pneumonía. Era un zapatero. El doctor le dijo, "No se preocupe. Se ha descubierto ya un remedio. Vaya inmediatamente y cómase treinta y dos pasteles de patata—no menos de treinta y dos—y se pondrá bien; de otro modo, morirá en una semana".

Después de una semana, el doctor llamó a la puerta del zapatero. Estaba cerrado. El vecino le dijo, "Ha muerto. Sus pasteles de patata le mataron". Inmediatamente anotó en su diario: treinta y dos pasteles de patata ayudan a los sastres, matan a los zapateros.

Ésta es la mente abstracta. El *brahmín* no puede ser práctico. Puedes cambiar los exteriores, puedes pintar las caras, pero el tipo interno permanece el mismo. De ahí que en Oriente no se hayan preocupado por la revolución. Oriente está esperando y los sabios de Oriente observan a Occidente y saben que estáis jugando con juguetes. Todas vuestras revoluciones son juguetes. Antes o después deberéis comprender la ley del "tres por la mañana".

¿Qué es el "tres por la mañana"? Un discípulo debió de preguntárselo a Chuang Tse, porque cuando alguien le mencionaba revolución o cambio, Chuang Tse se reía y decía. "La ley del «tres por la mañana»". Por eso, un discípulo le debió de preguntar, "¿Qué es ese «tres por la mañana» del que tanto hablas?"

Dijo Chuang Tse,

Trata de un adiestrador de monos
que se acercó a sus animales y les dijo:
"Por lo que concierne a vuestras castañas,
se os van a dar tres raciones por la mañana
y cuatro por la tarde".
Al oír esto todos los monos se enfadaron...."

Porque en el pasado debieron de estar recibiendo cuatro raciones por la mañana y tres por la tarde. ¡Obviamente se enfadaron! "¿Qué quieres decir? Siempre nos dabas cuatro raciones de castañas por la mañana y ahora dices que tres. No podemos tolerarlo".

*Así que el guarda dijo:
"De acuerdo,
os lo cambiaré por cuatro raciones por la mañana
y tres por la tarde".
Los animales se sintieron satisfechos con este arreglo.*

El total era el mismo... pero los monos no pueden ver el conjunto. Era por la mañana, de forma que ellos sólo podían considerar la mañana. Era una costumbre recibir cada mañana cuatro raciones y esperaban cuatro raciones. Ahora, aquel hombre les decía, "Tres raciones por la mañana". Les estaba quitando una ración. No podían tolerarlo. Se enfadaron, se rebelaron.

Pero ese adiestrador de monos debía de ser un sabio. Si no lo eres, es difícil llegar a ser adiestrador de monos. Lo sé por propia experiencia. Yo soy un adiestrador de monos.

El adiestrador de monos les dijo, "De acuerdo, no os alteréis. Seguiremos como antes. Tendréis cuatro raciones por la mañana y tres por la tarde". Los monos se sintieron felices. ¡Pobres monos! Pueden sentirse felices o infelices, sin que exista ninguna razón en ningún caso. Pero este hombre tenía una amplia perspectiva. Podía ver, podía sumar cuatro más tres. Era lo mismo; se les darían siete raciones. Cómo se les dieran y en qué orden no importaba. Los dos arreglos suponían lo mismo, el número de castañas no variaba, pero en un caso los monos se sentían descontentos y en el otro estaban satisfechos.

Así es cómo trabaja tu mente: simplemente sigues cambiando el orden. Con una combinación te sientes satisfecho; con otra, descontento— y el total permanece inalterado. Pero nunca atiendes al conjunto. La mente no puede ver el total. Sólo la meditación puede ver el conjunto. La mente atiende a la parte; es corta de vista, muy corta de vista. Por eso, siempre que experimentas placer, inmediatamente te abandonas a él, nunca esperas a la tarde.

Siempre que surge el placer, el dolor se esconde en él. Ésta ha sido tu experiencia, pero nunca has sido consciente de ello. El dolor vendrá por la tarde, pero el placer está aquí, por la mañana.

Nunca buscas lo que está escondido, lo que es invisible, lo que está latente. Buscas sólo superficialmente y te vuelves loco. Haces esto toda tu vida. La parte te posee. Mucha gente viene a mí y me dice, "Al principio, cuando me casé con esa mujer, todo era bello, pero al cabo de unos pocos días todo se esfumó. Ahora se ha vuelto repugnante, ahora es una desgracia".

Hubo una vez un accidente de coche. El coche quedó volcado en la cuneta, en un lateral de la calzada. El hombre yacía en el suelo sin poder moverse, casi inconsciente. Llegó un policía y empezó a tomar anotaciones en su cuaderno. Le preguntó al hombre, "¿Está usted casado?"

El hombre le contestó, "No estoy casado. Éste es el mayor follón en el que me he visto envuelto".

Se dice que aquellos que saben, no se casan nunca. Pero, ¿cómo puedes saber qué sucede en el matrimonio si no te casas? Sueles tomar en cuenta solamente una parte de la persona, y a veces, esa parte—si consideras el conjunto y reflexionas sobre él—resulta una estupidez.

El color de los ojos; ¡qué tontería! ¿Cómo puede tu vida depender del color de tus ojos o del color de los ojos de alguien? ¿Cómo puede ser tu vida hermosa debido únicamente al color de unos ojos?... un poco de pigmento, unas pocas pesetas gastadas. Pero eres un romántico: "¡Oh, los ojos, el color de los ojos!" Te vuelves loco y piensas, "Si no me caso con esta mujer, la vida no vale nada. ¡Me suicidaré!"

Pero no ves lo que estás haciendo. Uno no puede vivir siempre del color de los ojos. A los dos días te habrás acostumbrado a esos ojos y te olvidarás de ellos. Entonces tendrás toda tu vida ante ti, toda ella. Y ahí comienza el sufrimiento. Antes de que acabe la luna de miel, comienza el sufrimiento; la persona en su conjunto no fue tomada en cuenta; la mente no puede evaluar el conjunto. Atiende sólo a lo superficial—la figura, la cara, el pelo, el color de los ojos, la forma de andar de la mujer, cómo se expresa, el tono de su voz. Ésas son las partes, ¿pero dónde aparece la totalidad de la persona?

La mente no puede ver el conjunto. La mente considera las partes y se aferra a ellas. Una vez estás enganchado, surge el conjunto; no está muy lejos. Los ojos no existen como un fenómeno separado; son parte del todo de una persona. Si te quedas fascinado con los ojos, te quedas enganchado a toda la persona en su conjunto. Y cuando este conjunto aparece, todo se vuelve insoportable.

Por eso, ¿quién es el responsable? Deberías haber tenido en

cuenta el conjunto. Pero si es por la mañana, la mente sólo considera la mañana y se olvida totalmente de la tarde. Recuérdalo bien: en cada mañana se esconde una tarde. La mañana se está convirtiendo constantemente en tarde y no puedes evitarlo, no puedes impedirlo.

Dice Chuang Tse,

> *Las dos combinaciones daban lo mismo*
> *la cantidad de castañas no varió,*
> *pero en un caso los monos se disgustaron*
> *y en el otro quedaron satisfechos.*

Los monos son vuestras mentes, no pueden penetrar el conjunto. Ésa es la pena. Siempre yerras, siempre yerras debido a las partes. Si puedes evaluar el conjunto y entonces actuar, tu vida nunca será un infierno. Y entonces no te preocuparás de los arreglos superficiales—que si la mañana, que si la tarde,...—porque entonces podrás contar y resultan siempre siete. Si por la mañana tomas cuatro, o tomas tres, da igual; el total son siete.

Oí de un chico que regresó de la escuela desconcertado. Su madre le preguntó. "¿Por qué pones esa cara de asombro?"

El chico le dijo, "Estoy confundido. Creo que mi profesora se ha vuelto loca. Ayer me dijo que uno más cuatro, son cinco y hoy me dice que tres más dos, son cinco. Debe de haberse vuelto loca porque si uno más cuatro son cinco, ¿cómo pueden ser tres más dos, cinco?"

El chico no podía comprender que el cinco puede surgir de muchas combinaciones; no hay sólo una combinación que de cinco. Puede que existan millones de combinaciones cuyo conjunto resulte cinco.

Ordenes como ordenes tu vida, el hombre religioso siempre atenderá al total y el hombre mundano siempre atenderá a las partes. Ésta es la diferencia. El mundano considerará lo que tiene cerca y no verá a lo lejano escondido allí. Lo distante no está en realidad muy lejos; se transformará en lo cercano, sucederá pronto. La tarde está por llegar.

¿Puedes tener una perspectiva desde la cual considerar la totalidad de la vida? Se cree—y yo también lo creo—que si un hombre se está ahogando, en un segundo recuerda la totalidad de su vida, toda su vida. Te estás muriendo, ahogándote en un río, no te queda tiempo y de repente, en el ojo de tu mente, toda tu vida es revelada desde el comienzo al final. Es como si toda la película pasase por la pantalla de tu mente. Pero, ¿de qué te sirve ahora que te estás muriendo?

Un hombre religioso considera el conjunto a cada momento. Toda la vida está ahí y actúa considerando la perspectiva de la totalidad. Nunca se lamentará como tú haces siempre. Es inevitable que, hagas lo que hagas, te arrepientas.

Un día, el rey fue a visitar un manicomio. El director del centro lo acompañó a todas las celdas. El rey estaba muy interesado en el fenómeno de la locura, lo estaba estudiando. Todo el mundo debería sentirse interesado porque éste es el problema de todos. Y no necesitas ir a un manicomio: ve a cualquier sitio y estudia las caras de la gente. ¡Estás ya en un manicomio!

Un hombre estaba llorando y lamentándose, golpeándose la cabeza contra los barrotes. Su angustia era tan profunda, su sufrimiento era tan penetrante, que el rey quiso conocer la historia de cómo este hombre se había vuelto loco. El director le dijo, "Este hombre amaba una mujer y no pudo tenerla, así que enloqueció".

Pasaron entonces a otra celda. En ella había un hombre que escupía al retrato de una mujer. El rey preguntó, "¿Y cuál es la historia de este hombre? Parece que también está relacionada con una mujer".

El director le dijo, "Se trata de la misma mujer. Este hombre se enamoró de ella y la consiguió. Por eso se volvió loco".

Si obtienes lo que deseas, te vuelves loco; si no obtienes lo que deseas, te vuelves loco. El total permanece el mismo. Hagas lo que hagas, lo lamentarás. Una parte no puede satisfacerte nunca. El Todo es tan grande y la parte es tan pequeña que no puedes deducir el Todo del fragmento. Y si dependes de la parte y dispones tu vida en función de ella, siempre errarás. Desperdiciarás toda tu vida.

Entonces, ¿qué hacer? ¿Qué nos dice Chuang Tse que hagamos? Él quiere que no seamos fragmentarios, desea que seamos totales. Pero recuerda, sólo puedes ver el total cuando tú eres total, porque sólo lo similar puede ver lo similar. Si estás fragmentado, no puedes conocer el total. ¿Cómo puedes conocer el total si estás fragmentado? Si estás dividido en partes, el Todo no puede reflejarse en ti. Cuando hablo de meditación, hablo de una mente que no está dividida, en la cual las partes han desaparecido. La mente está sin dividir, es toda una.

Esta mente unificada contempla exhaustivamente hasta el ultimo rincón. Considera desde la muerte al nacimiento, desde el nacimiento a la muerte. Ambos polos están ante ella. Y desde esta visión, desde esta penetrante visión, nace la acción. Si me preguntas qué es el pecado, te diré: "Pecado es la acción que proviene de la mente fragmentaria". Si me preguntas qué es virtud, te diré: "Virtud es la acción nacida de la mente total". Por eso el pecador siempre debe arrepentirse.

Recuerda tu propia vida, obsérvala. Hagas lo que hagas, escojas lo que escojas, esto o aquello, todo va mal. Tanto si consigues la mujer, como si la pierdes, enloqueces. Elijas lo que elijas, eliges sufrimiento. Por eso Krishnamurti constantemente insiste en el no elegir.

Intenta comprenderlo. Me estás escuchando aquí. Ésto es elegir porque debes de haber dejado algún trabajo sin hacer, algún trabajo incompleto. Tenías que acudir a la oficina, ir a la tienda, con la familia, al mercado, y estás aquí escuchándome. Esta mañana debes de haber decidido qué hacer. Si ir y escuchar a este hombre, o ir a tu trabajo, a la oficina, al mercado. Entonces has elegido venir aquí.

Hiciste la elección de venir aquí. Lamentarás tu elección... porque mientras estás aquí no podrás estar totalmente aquí; media mente estará allí y simplemente esperarás a que yo acabe para irte. ¿Pero crees que si hubieras escogido la otra opción—irte a la tienda o a la oficina—hubieras estado totalmente allí? No, porque de nuevo hubiera sido una elección. Estarías allí y tu mente aquí. Y te lamentarías: "¿Qué es lo que me estoy perdiendo? ¿Quién sabe lo que se debe estar haciendo allí, lo que se debe estar hablando? ¿Quién sabe qué secreta clave se debe de estar transmitiendo esta mañana?"

Por eso, elijas lo que elijas, tanto si vienes como si decides no venir, si es una elección, significa que tan sólo la mitad del corazón—o quizás un poquito más—ha elegido. Es una decisión democrática, parlamentaria. Te has inclinado por la mayoría de la mente, pero la minoría está todavía allí. Y ninguna minoría es fija, ninguna mayoría es fija. Nadie conoce su tamaño; miembros de cada parte siguen cambiando de bando.

Cuando viniste aquí, decidiste. El cincuenta y uno por ciento de tu mente deseaba venir y el cuarenta y nueve deseaba ir a la oficina. Al llegar aquí, la distribución ya había cambiado. La misma decisión de venir y escuchar crea una modificación.

La minoría puede haberse vuelto mayoría cuando llegues aquí. Si no se ha convertido todavía en mayoría, a la hora de partir lo será y pensarás: "¡Dos horas desperdiciadas! ¿Cómo las voy a recuperar? Hubiese sido mejor no venir. Los temas espirituales pueden posponerse, pero este mundo no puede ser pospuesto. La vida es suficientemente larga; podemos meditar más tarde".

En la India, la gente dice que la meditación es sólo para los viejos. Una vez están al borde de la muerte, pueden meditar; no es para gente joven. La meditación es la última de la lista; practícala cuando hayas hecho todo lo demás. Pero recuerda que nunca llegará el momento en que lo hayas hecho todo, en que seas demasiado viejo para todo lo demás, en que no te quede energía, nunca te llegará el tiempo de meditar.

Cuando eres incapaz de hacer nada, ¿cómo puedes meditar? La meditación necesita energía, la más pura, la más vital. La meditación necesita un exceso de energía. Un niño puede meditar, pero ¿cómo puede meditar un viejo? Un niño, fácilmente es meditativo; un anciano, no. Se ha gastado, en él no hay movimiento de energía, su río no fluye ya, está congelado. Muchas partes de su vida están ya muertas.

Si eliges acudir al templo, sufres y te lamentas. Si vas a la oficina, o al mercado, sufres y te lamentas.

Sucedió una vez que un monje murió. Era un monje muy famoso, conocido por todo el país. Mucha gente lo reverenciaba y creían que estaba Iluminado. El mismo día murió una prostituta. Ella vivía frente al templo del monje. Era una prostituta muy famosa, tan famosa como el monje. Eran como dos extremos viviendo uno junto al otro; y murieron en el mismo día.

El ángel de la muerte se presentó y se llevó al monje al cielo; otros ángeles de la muerte llegaron y llevaron la prostituta al infierno. Cuando los ángeles llegaron al cielo, las puertas estaban cerradas y el responsable dijo, "Os habéis confundido. Este monje tiene que ir al infierno y la prostituta tiene que venir al cielo".

Los ángeles dijeron, "¿Qué dices? Este hombre era un famoso asceta que continuamente meditaba y oraba. Por eso no preguntamos qué hacer; simplemente fuimos y le trajimos. Y la prostituta debe de estar ya en el infierno porque otro grupo de ángeles la llevó allí. Nunca pensamos en preguntar; parecía obvio".

El responsable dijo, "Os confundís porque habéis analizado sólo lo externo. Este hombre solía meditar para beneficiar a otros, pero para él siempre pensaba, "Estoy perdiéndome la vida. ¡Qué bella mujer es esa prostituta! ¡Y está ahí a mi alcance! En cualquier momento, cruzando la calle, la tengo ahí. Lo que estoy haciendo es una estupidez, rezando, sentado en la postura del Buda, sin obtener nada". Pero debido a su reputación, no osaba hacerlo.

Mucha gente se hace virtuosa porque son cobardes como él. Él era virtuoso porque era cobarde. No osaba cruzar la calle. ¡Conocía a tanta gente! ¿Cómo podía ir a una prostituta? ¿Qué diría la gente?

Los cobardes siempre tienen miedo de la opinión de los demás. Por eso permaneció como un asceta, ayunando, pero su mente estaba siempre con la prostituta. Cuando allí se bailaba y cantaba, él escuchaba. Se sentaba ante la estatua de Buda, pero Buda no estaba allí. No estaba rindiéndole culto; debía soñar que estaba escuchando la música de la fiesta y en sus fantasías hacía el amor a la prostituta".

¿Y qué pasaba con la prostituta? Ella estaba siempre arrepintiéndose, arrepintiéndose y arrepintiéndose. Sabía que había desperdiciado su vida, que había perdido una oportunidad de oro. ¿Y para qué? Sólo por dinero, vendiendo su cuerpo y su alma. Siempre solía mirar hacia el templo del monje, celosa de aquella vida en silencio. ¿Qué gran meditación tenía lugar allí?

Anhelaba que Dios le diera una oportunidad para ir al templo. Pero pensaba, "Soy una prostituta, una pecadora, y no debería de entrar al templo". Por eso solía caminar alrededor del templo, contemplándolo desde la calle. ¡Qué belleza, qué silencio, qué bendición allí dentro! Y cuando había *kirtan bhajan*—cantos y bailes—ella solía gemir, llorar y se lamentaba, imaginándose lo que se estaba perdiendo.

Por eso el encargado dijo, "Traed la prostituta al cielo y llevad a este monje al infierno. Sus vidas externas y sus vidas internas eran diferentes, pero como todo el mundo, se lamentaban".

En la India hemos inventado una palabra que no existe en ninguna otra lengua del mundo. "Cielo" e "infierno" pueden encontrarse por doquier; todas las lenguas tienen palabras para referirse al cielo y al infierno. Nosotros tenemos una palabra diferente: *moksha,* o *nirvana,* o *kaivalya*—la libertad absoluta que no es ni cielo, ni infierno.

Si tu vida externa es un infierno y te arrepientes de ella, irás al cielo, como la prostituta que deseaba constantemente el mundo de meditación y oración. Si tu vida externa es celestial y tu vida interior es un infierno—como el monje que deseaba a la prostituta—irás al infierno. Pero si no eliges, si no te lamentas, si permaneces sin elección, alcanzarás el *moksha.*

La consciencia en estado de no elección es *moksha,* absoluta libertad. El cielo es una esclavitud, el infierno es una esclavitud. El cielo puede ser una bella prisión, el infierno puede ser una prisión repugnante, pero ambos son prisiones. Ni los cristianos, ni los musulmanes, pueden captar este punto, porque para ellos el cielo es lo más elevado. Si les pides dónde está Jesús, su respuesta será equivocada. Dicen: en el cielo con Dios. Esto es absolutamente falso. Si Jesús está en el cielo, entonces no está Iluminado. El cielo puede ser de oro, pero es aún una prisión. Puede ser bueno, puede ser placentero, pero sigue siendo todavía una elección; la elección frente al infierno. La virtud que ha sido elegida frente al pecado es una decisión de la mayoría, pero la minoría está esperando su oportunidad para decidir.

Yo digo que Jesús está en el *moksha.* No está en el cielo, no está en el infierno. Es totalmente libre de cualquier prisión: bueno/malo, pecado/virtud, moralidad/inmoralidad. Él no eligió. Vivió una vida sin elegir. Y esto es lo que te sigo diciendo: vive una vida sin elegir.

Pero, ¿cómo puede ser posible una vida sin tener que elegir? Es posible únicamente si alcanzas a ver el conjunto, los siete; de otra forma, elegirás. Dirás que por la mañana debería de suceder esto; por la tarde, eso; y pensarás que sólo con variar la combinación, cambiará el total. El total no puede ser cambiado. El total permanece el mismo. El total del conjunto permanece el mismo.

De ahí que diga que no hay diferencia entre un mendigo y un emperador. Por la mañana eres un emperador, por la tarde serás un mendigo; por la mañana eres un mendigo, por la tarde serás un emperador. Y el total queda igual. Atiende al total, sé total, y abandonarás toda elección.

Ese adiestrador de monos simplemente atendió al total y dijo, "De acuerdo, estúpidos monos; si sois felices con esto, dejémoslo como está". Pero si él hubiera sido también un mono, hubiera habido lucha. Hubiera insistido, "Éste va a ser el sistema. ¿Quién da las órdenes? ¿Quién toma las decisiones? ¿Quién creéis que es el amo? ¿Vosotros o yo?"

El ego siempre elige, decide y obliga. Los monos se rebelaban y si este hombre hubiese sido también un mono, lo habrían vuelto loco. Los habría querido poner en su sitio, allí donde les correspondía estar. Él hubiera insistido, "No más cuatro por la mañana. Yo decido".

Era el sexagésimo cumpleaños de un hombre. Llegó a casa esa noche, después de casi cuarenta años de una vida de casado, llena de peleas y conflictos. Pero se sorprendió al llegar a casa y encontrar a su mujer esperándole con dos hermosas corbatas como regalo. Nunca esperó eso de su mujer. Era increíble que le estuviera esperado con dos corbatas como regalo. Se sintió tan feliz que le dijo, "No prepares la comida, en unos minutos estaré arreglado e iremos a comer al mejor restaurante de la ciudad".

Se dio un baño, se arregló y se puso una de las corbatas que ella le había regalado. Su esposa se quedó mirándole fijamente y le dijo, "¿Qué? ¿Quieres decir que no te gusta la otra corbata? ¿No es la otra suficientemente buena?"

Un hombre no puede llevar más que una corbata cada vez, pero hubiese elegido lo que hubiese elegido, lo mismo habría sucedido: "¿Qué quieres decir? ¿Qué la otra no es suficientemente buena?"

Es el viejo hábito de discutir y pelear. Se dice de la misma mujer que era capaz de encontrar cada día algo sobre lo que discutir. Y siempre lo encontraba, porque cuando buscas, encuentras.

Recuérdalo: sea lo que sea lo que busques, lo encontrarás. El mundo es tan vasto, la Existencia es tan rica, que si estás realmente decidido a encontrar algo, lo encontrarás.

A veces encontraba un pelo en el abrigo de su marido y comenzaba a atosigarle sobre si había estado yendo con otra mujer. Pero una vez sucedió que durante siete días fue incapaz de encontrar nada que estuviese mal. Lo intentó e intentó, pero no encontró excusa alguna para comenzar una pelea. Al séptimo día, cuando su marido llegó a casa, ella empezó a gritar y a golpearle en el pecho. Él dijo, "¿Qué estás haciendo? ¿Qué pasa, qué ocurre?"

Ella le dijo, "¡Bandido, has acabado con la otra mujer y ahora sales con una calva!"

La mente siempre anda en busca de follones. Y no te rías, porque hablo de tu mente. Al reír puedes estar simplemente engañándote. Puedes creer que esto concierne a otro. Te concierne a ti. Y todo lo que diga, se refiere a ti.

La mente elige y elige siempre líos, porque con la elección vienen los problemas. No puedes elegir a Dios. Si eliges, habrá problemas. No puedes elegir *sanyas*. Si eliges, habrá problemas. No puedes elegir libertad. Si eliges, no será libertad.

¿Cómo puede suceder entonces? Cómo puede surgir Dios, cómo puede darse el *sanyas,* cómo puede tenerse libertad, cómo puede existir el *moksha?* Surge, sucede, cuando comprendes la tontería que supone elegir. No es una nueva elección, es simplemente el abandonar toda elección. Con tan sólo ver el conjunto, te pones a reír. No hay nada que elegir. El total permanece el mismo. Al final, el resultado será el mismo. Ya no te preocupas de si por la mañana eres un emperador, o un mendigo. Eres feliz, porque por la noche todo se ha igualado, todo se ha equilibrado.

La muerte lo equilibra todo. En la muerte, nadie es emperador, ni nadie es mendigo. La muerte revela el total; siempre es siete.

Los dos sistemas eran iguales. Recuérdalo: la cantidad de castañas no variaba, pero en un caso los monos estaban descontentos y en el otro caso, satisfechos.

El guarda estaba deseoso
de cambiar su sistema
para adecuarse a ciertas condiciones objetivas.
No ganaba nada con ello.

Un hombre de entendimiento siempre atiende a las condiciones objetivas, nunca a sentimientos subjetivos. Cuando los monos dijeron no, si hubieras sido tú el entrenador de monos, te hubieras sentido ofendido. Esos monos estaban intentando rebelarse, se estaban volviendo desobedientes, no habrías podido consentirlo. Te hubieras sentido herido por dentro.

Te enfadas incluso con cosas inertes. Si tratas de abrir la puerta y se te resiste, te vuelves loco. Si tratas de escribir una carta y la pluma no funciona correctamente, con suavidad, te enfureces. Te sientes herido, como si la pluma hiciera algo conscientemente, como si hubiese alguien en el bote. Incluso sientes que hay alguien en la pluma intentando fastidiarte.

Y ésta no es sólo la lógica del niño pequeño; es tu lógica también. Si un niño choca con una mesa, la golpeará para castigarla y siempre será enemigo de esa mesa. ¡Pero tú haces lo mismo, con cosas inanimadas, con objetos! Te enfadas, enloqueces.

Esto es ser subjetivo y un sabio nunca es subjetivo. Un sabio siempre atiende a condiciones objetivas. Observará la puerta y si no se abre, tratará de abrirla. Pero no puede enfadarse porque su bote está vacío. No hay nadie tratando de cerrar la puerta, resistiéndose a tus esfuerzos.

Considerando condiciones objetivas, el entrenador cambió su sistema. Observó a los monos y a sus mentes; y no se sintió ofendido. Era un entrenador de monos, no un mono. Observó y debió de reírse por dentro, porque conocía el total. Y claudicó. Sólo un sabio se rinde. Un tonto siempre se resiste. Los tontos dicen que es mejor morir que doblegarse, mejor romperse que doblegarse.

Lao Tse y Chuang Tse siempre decían: Cuando sopla un fuerte viento, los estúpidos y egoístas árboles se resisten y mueren, y la sabia hierba se inclina. La tormenta se va y de nuevo la hierba se yergue, riendo y disfrutando. La hierba es objetiva; el gran árbol es subjetivo. El gran árbol piensa de sí mismo: "Soy alguien importante, ¿Cómo me voy a inclinar? ¿Quién me va a obligar a claudicar?" El gran árbol luchará contra la tormenta. Es una tontería luchar contra la tormenta, porque la tormenta no ha venido a por ti. No ocurre nada especial; la tormenta está pasando y tú estás ahí. Es una coincidencia.

Los monos son animales y se consideran a sí mismos animales muy superiores. No ofenden al adiestrador de monos. Los monos son sólo monos. Son así. No pueden ver el total, no pueden sumar. Pueden mirar sólo lo cercano, no lo lejano. Lo lejano está demasiado lejos para ellos. Les es imposible concebir la tarde; sólo conocen la mañana.

Así que los monos son monos; las tormentas son tormentas. ¿Por qué sentirte ofendido? No luchan contra ti. Simplemente es su forma de ser, su costumbre. Por eso, el adiestrador de monos no se sintió ofendido. Era un sabio; claudicó, se comportó como la hierba. Recuerda esto cuando comiences a sentirte subjetivo. Si alguien dice algo, inmediatamente te sientes herido, como si te lo hubieran dicho a ti. Llenas el bote en exceso. Puede que no te lo haya querido decir a ti. Puede que esté expresando su propia subjetividad.

Cuando alguien dice: "Me has insultado", quiere decir realmente otra cosa. Si hubiera sido un poco más inteligente, lo hubiera dicho de otra forma. Hubiera dicho. "Me siento insultado. Puede que tú no me hayas insultado, pero hayas dicho lo que hayas dicho, me he sentido ofendido". Éste es un sentimiento subjetivo.

Pero nadie se da cuenta de su subjetividad y todos proyectan su subjetividad sobre condiciones objetivas. El otro siempre dice: "Me has insultado". Y cuando tú lo oyes, eres también subjetivo. Los dos botes están llenos, atestados. Se producirá inevitablemente un choque, enemistad, violencia.

Si eres sabio, cuando el otro diga, "Me has insultado", considerarás el asunto objetivamente y pensarás, "¿Por qué se siente insultado?" Intentarás comprender los sentimientos del otro. Y si puedes arreglar las cosas, claudicarás. Los monos son monos. ¿Por qué enfadarse, por qué sentirse ofendido?

Se dice de Mulla Nasrudin que cuando fue anciano, se le nombró magistrado honorario. El primer caso a juzgar fue el de un hombre que había sido robado. Nasrudin escuchó su versión y dijo, "Sí, tiene usted razón". ¡Pero aún no había oído la otra historia!

El oficial de la corte le susurró al oído, "Usted es nuevo, Nasrudin. No sabe lo que está haciendo. Tiene que escuchar la otra parte antes de emitir juicio alguno". Nasrudin le dijo, "De acuerdo".

El otro hombre, el asaltante, contó su versión, Nasrudin escuchó y dijo, "¡Tiene usted razón!"

El ayudante de la corte se sintió confundido: "Este nuevo magistrado no sólo es inexperto, sino que está loco". De nuevo le susurró al oído, "¿Qué está usted haciendo? Ambos no pueden tener razón".

Nasrudin le contestó, "Correcto, tiene usted razón".

Éste es el sabio que considera las condiciones objetivas. Claudicará. Siempre claudica, siempre dice "sí", porque si dices "no", entonces tu bote no está vacío. El "no" siempre proviene del ego. Por eso, si un sabio dice "no", debe estar usando la terminología del "sí". No dirá "no" abiertamente; utilizará la terminología del "sí". Si un tonto quiere decir "sí", le será difícil no decir "no". Utilizará la terminología del "no" y si tiene que claudicar, se rendirá de mala gana. Claudicará ofendido, resistiéndose. El adiestrador de monos claudicó.

El guarda estaba deseoso
de cambiar su sistema
para adecuarse a ciertas condiciones objetivas.
No ganaba nada con ello.

Ningún sabio ha perdido nada por decir "sí" a los tontos. Ningún sabio ha perdido nunca nada por claudicar. Lo gana todo. No hay ego, así que no hay pérdida. La pérdida siempre es sentida por el ego: "Yo estoy perdiendo". ¿Por qué sientes que estás perdiendo? Porque nunca querías perder. ¿Por qué te sientes fracasado? Porque siempre quisiste ser un triunfador. ¿Por qué te sientes un mendigo? Porque siempre deseaste ser un emperador. Un sabio simplemente toma lo que le venga. Acepta el total.

Él sabe que: mendigo por la mañana, emperador por la tarde; emperador por la mañana, mendigo por la tarde. ¿Cuál es el orden mejor? Si un sabio estuviese obligado a seleccionar, elegiría ser un mendigo por la mañana y un emperador por la tarde. Un sabio nunca elige, pero si insistes, te dirá que es mejor ser mendigo por la mañana y emperador por la tarde. ¿Por qué? Porque ser primero emperador por la mañana y luego mendigo por la tarde, es muy difícil. Pero ésta es su elección.

Un sabio elegirá dolor al principio y placer al final, porque el dolor al principio te proporcionará un fondo y contra él, el placer será más placentero aún si cabe. El placer al comienzo, te proporcionará un trasfondo dulce y luego el dolor será demasiado, insoportable.

Oriente y Occidente han empleado sistemas diferentes. En Oriente, durante los primeros veinticinco años de su vida, el niño tenía que pasar privaciones. Ése principio se siguió durante miles de años hasta que Occidente empezó a dominar a Oriente.

El niño debía acudir a la casa de su Maestro, en la jungla, tenía que pasar todas las penurias posibles. Como un mendigo, tenía que dormir en una estera en el suelo, sin comodidades. Debía comer como un mendigo, tenía que ir a la ciudad y pedir limosna para el Maestro, cortar leña, llevar los animales al río para que bebieran, llevarlos al bosque para que se alimentaran.

Durante veinticinco años llevaba la vida más austera posible, la más simple, tanto si nacía rey, como si nacía mendigo; no había diferencia. Incluso el hijo del emperador debía seguir la misma rutina, no había distinciones. Y entonces, cuando llegaba a conocer la vida mundana, su vida era feliz.

Si en Oriente reinaba tanta satisfacción, éste era el truco, el sistema, porque cualquier cosa que te diera la vida era más que aquello con lo que habías comenzado. El chico llegaba a vivir en una cabaña. Para él era un palacio comparado con el dormir en el suelo, sin abrigo, acurrucado. Tenía una cama ordinaria y eso era un paraíso. La comida corriente—pan, mantequilla y sal—era un paraíso suficiente, porque no había mantequilla en casa del Maestro. Él era feliz con cualquier cosa que le ofreciera la vida.

Ahora, el modelo occidental es el opuesto. Cuando eres estudiante se te da toda clase de confort. Hostales, hermosas universidades, bonitas habitaciones, aulas, profesores, todo está dispuesto para atender tus necesidades médicas, tu comida, tu higiene; todo está preparado. Y después de veinticinco años con esto, eres lanzado a la lucha de la vida. ¡Te has convertido en una planta de invernadero! No sabes lo que significa luchar. Te conviertes en un oficinista, un maestro de escuela primaria; la vida es un infierno. Entonces toda tu vida se transforma en un gruñir, toda tu vida será un quejarse y quejarse; todo está mal. Va a ser así.

El adiestrador de monos dijo, "Tres ayuditas por la mañana y cuatro por la tarde". Pero los monos insistieron: "Cuatro por la mañana y tres por la tarde".

Cuatro por la mañana y tres por la tarde... y de esta forma, la tarde será gris. La compararás con la mañana. Emperador por la mañana y mendigo por la tarde... entonces sufrirás por la tarde. La tarde debería de ser el punto culminante, no el más bajo.

Los monos no están escogiendo una solución sabia. En primer lugar, un sabio nunca elige. Vive sin elegir porque sabe que suceda lo que suceda, el total será el mismo. En segundo lugar, si tiene que elegir atendiendo a condiciones objetivas, escogerá tres raciones por la mañana y cuatro por la tarde. Pero los monos dijeron, "No. Nosotros escogeremos. Queremos cuatro por la mañana".

Ese entrenador—el guarda—deseaba ajustarse a condiciones objetivas. No perdía nada haciéndolo, pero, ¿qué les ocurría a los monos? Ellos sí perdían algo.

Por eso, cuando estés junto a un sabio, déjalo a él organizarlo todo, no insistas en tu punto de vista. Elegir es en primer lugar, una equivocación y en segundo lugar, cualquier elección que tus monos hagan, estará equivocada. La mente del mono sólo atiende a lo inmediato, a la felicidad instantánea. El mono no está preocupado por lo que sucederá más tarde. No sabe, no tiene perspectiva del todo. Por eso, deja al sabio escoger.

Pero todo el sistema ha cambiado. En Oriente, los sabios decidían. En Occidente, está la democracia—los monos votan y eligen. Y ahora han convertido a todo Oriente a la democracia. La democracia significa que los monos votan y eligen.

La aristocracia significa que los sabios eligen los sistemas y los monos claudican y los acatan. Nada puede funcionar tan bien como la aristocracia, si ésta funciona adecuadamente. La democracia está condenada a ser un caos. Los monos se sentirán muy felices porque eligen los sistemas, pero el mundo era más feliz cuando la elección la hacían los sabios.

Recuerda: los reyes solían ir a consultar a los sabios para tomar la decisión final en materias de importancia. Los sabios no eran reyes; eso era una nimiedad para ellos. Eran mendigos que vivían en sus cabañas en el bosque. Siempre que surgía algún problema, el rey no convocaba a la gente para preguntarles, "¿Qué se ha de hacer?", sino que corría al bosque a preguntar a los que habían renunciado a todo, porque ellos tenían una perspectiva del conjunto—sin ataduras, sin obsesiones, sin preferencias. Ellos no eligen; ven el conjunto y deciden.

El verdadero sabio,
considerando ambos aspectos de la cuestión,
sin parcialidad,
los contempla a la luz del Tao.
A esto se le llama seguir dos caminos a la vez.

Ver el total quiere decir seguir dos caminos a la vez. Entonces no es cuestión de cuatro por la mañana y tres por la tarde. Es cuestión de siete durante toda la vida.

Todo arreglo es ficticio. Los arreglos pueden ser hechos de acuerdo a condiciones objetivas, pero habrá siete en total—dos caminos a la vez. El sabio atiende siempre al total. El sexo proporciona placer, pero él se da cuenta del dolor que genera. La riqueza te da placer, pero él observa la pesadilla que conlleva. El éxito te hace feliz, pero él conoce el abismo que sigue a la cumbre, el fracaso que se convertirá en intenso e insuperable dolor.

El sabio atiende al conjunto. Y cuando atiendes al todo, no tienes elección. Entonces estás siguiendo dos caminos al mismo tiempo. La mañana y la tarde están ahora juntos. Ahora cuatro más tres forman un todo. Ya nada está dividido, todo se ha vuelto uno. Y seguir este todo, es el Tao. Seguir este todo, es ser religioso. Seguir este todo, es Yoga.

Suficiente por hoy.

El ansia de ganar

*Cuando un arquero dispara por placer,
despliega toda su habilidad.
Si dispara para ganar un broche de metal,
entonces se pone nervioso.
Si dispara para ganar un premio de oro,
se ciega, o ve dos blancos;
está fuera de sí.*

*Su destreza no ha variado,
pero el premio lo divide.
Se preocupa.
Piensa más en el ganar
que en el disparar
y el deseo de ganar
le deja sin facultades.*

El ansia de ganar

Si tu mente está llena de sueños, no podrás ver con claridad. Si tu corazón está lleno de deseos, no podrás sentir correctamente. Deseos, sueños y esperanzas. El futuro te altera y te divide. Pero todo lo que es, es en el presente. El deseo te conduce al futuro y la vida es aquí y ahora. La realidad es aquí y ahora y el deseo te conduce al futuro. Entonces, ya no estás aquí. Ves, pero aun así, no ves; oyes, pero todavía no entiendes; sientes, pero el sentimiento es débil, no puede profundizar, no puede penetrar. Así es como la verdad se esfuma.

La gente sigue preguntando: ¿Dónde está Dios, dónde está la verdad? No es cuestión de hallar a Dios, o de encontrar la verdad. Siempre está aquí, nunca ha estado en otra parte; no puede estarlo. Está aquí donde tú estás, pero tú no estás aquí; tu mente está en algún otro lugar. Tus ojos están llenos de sueños, tu corazón está lleno de deseos. Te desplazas al futuro y ¿qué es el futuro sino una ilusión? O retrocedes al pasado—y el pasado ya está muerto. El pasado ya no existe y el futuro tiene todavía que aparecer. Entre estos dos, se halla el momento presente. Este momento es muy breve, es atómico, no puedes dividirlo, es indivisible. Este instante pasa en un abrir y cerrar de ojos. Si un deseo entra, te lo pierdes; si un sueño está ahí, te lo estás perdiendo.

Todo el arte de la religión consiste en no conducirte a ninguna parte sino traerte al aquí y ahora, devolverte al Todo, de regreso a dónde has pertenecido siempre. Pero la cabeza se ha ido lejos, muy lejos. Esta cabeza tiene que ser devuelta a su sitio. Por eso, Dios no tiene que ser buscado en parte alguna. Debido a que lo buscas en todas partes, no lo encuentras. Ha estado aquí todo el tiempo esperándote.

Ocurrió una vez... Mulla Nasrudin llegó tambaleándose a casa, totalmente borracho y llamó insistentemente a su propia puerta. Era medianoche pasada. Su esposa le contestó y él le preguntó", ¿Puede decirme señora, dónde vive Mulla Nasrudin?"
Su esposa le dijo, "Esto es demasiado. Tú eres Mulla Nasrudin". Él contestó, "De acuerdo, lo sé, pero esto no contesta a mi pregunta. ¿Dónde vive?"

Ésta es la situación. Borracho de deseos, tambaleándote, llamas a tu propia puerta y preguntas dónde está tu casa. En realidad, preguntas quién eres. Ésta es la casa y nunca la has dejado, es imposible dejarla. No es algo exterior de lo que te puedas alejar y abandonar; es tu interior, tu mismo ser.

Pedir dónde está Dios es una estupidez, porque no puedes extraviar a Dios. Es tu interior, tu ser interno, tu mismísimo centro. Es tu existencia: respiras en él, vives en él y no puede ser de otra forma. Lo que ha ocurrido es que te has emborrachado tanto que eres incapaz de reconocer tu propia cara. Y a menos que regreses y te serenes, seguirás buscando y buscando y seguirás equivocándote.

Tao, Zen, Yoga, Sufismo, Jasidismo, son métodos para traerte de regreso, para recuperar tu sobriedad, para acabar con tu embriaguez. ¿Por qué estás tan borracho? ¿Qué te hace estar tan borracho? ¿Por qué están tus ojos tan soñolientos? ¿Por qué no estás alerta? ¿Cuál es la verdadera causa? La raíz misma es que tienes deseos. Intenta comprender la naturaleza del deseo. El desear es una adición; el deseo es la droga más fuerte que existe. La marihuana no es nada, el LSD no es nada. El deseo es el mayor LSD, lo más perfecto en drogas.

¿Cuál es la naturaleza del deseo? Cuando deseas, ¿qué sucede? Al desear creas una ilusión en la mente; cuando deseas te has alejado del aquí. Ya no estás aquí, estás ausente, porque la mente está creando un sueño. Esta ausencia es tu borrachera. ¡Está presente!

En este mismo momento las puertas del cielo están abiertas. No hay necesidad de llamar porque no hay un cielo exterior; tú estás ya dentro. Mantente tan sólo alerta y mira a tu alrededor sin que los ojos estén llenos de deseo y brotará en ti una risa auténtica. Te reirás de toda la broma, de lo que ha estado pasando. Es como un hombre que sueña por la noche.

Sucedió una vez que un hombre estaba muy alterado. Sus noches eran simplemente prolongadas pesadillas. La noche era para él una pesadilla. Sufría tanto que tenía miedo de tener que irse a dormir y se sentía feliz al levantarse. Y la naturaleza de sus sueños era tal que al dormirse empezaba a ver bajo su cama millones de leones, dragones, tigres, cocodrilos, todos sentados bajo su pequeña cama. Por eso soñaba que no podía dormir, que en cualquier momento podían atacarle.

Toda la noche era una larga pesadilla, una tortura, un infierno. Fue tratado médicamente, pero nada le sirvió. Todo falló. Fue analizado por psicólogos, psiquiatras, pero nada fue bien. Y entonces, un día, salió de su casa riendo.

Nadie le había visto reír durante años. Su cara había adquirido una expresión horrible; siempre triste, asustado, atemorizado. Por eso los vecinos le preguntaron, "¿Qué pasa? ¿Tú riendo? No te hemos visto reír durante tanto tiempo que hemos olvidado incluso que solías reír. ¿Qué ha pasado con tus pesadillas?"

El hombre dijo, "Se lo dije a mi cuñado. Él me curó".

Los vecinos preguntaron, "¿Es tu cuñado un psicoanalista? ¿Cómo te curó?"

El hombre contestó, "Es carpintero; simplemente aserró las patas de mi cama. Ahora no hay espacio debajo de ella; por eso he dormido por primera vez".

Tú creas un espacio y desear es la forma de crear el espacio. A mayor deseo, más espacio creas. Un deseo puede ser satisfecho en un año; tienes pues, un espacio de un año. Puedes moverte en él y encontrarás muchos reptiles, muchos dragones. A este espacio creado por el deseo le llamas tiempo. Si no existe el deseo no hay necesidad de tiempo. Existe un único momento. Ni incluso dos momentos, porque el segundo es requerido solamente por el deseo, no es necesario para tu existencia. La Existencia es colmada totalmente en un sólo instante.

Si crees que el tiempo es algo exterior a ti, estás equivocado. El tiempo no es algo exterior a ti. Si el hombre desapareciera de la faz de la Tierra, ¿qué sería del tiempo? Los árboles crecerían, los ríos fluirían, las nubes seguirían flotando en el cielo, pero yo te pregunto, ¿existiría el tiempo? No existiría. Existirían momentos—o mejor, existirá un momento—... cuando un momento desaparece otro entra en existencia y así sucesivamente. Pero no existe el tiempo como tal. Sólo existe un momento atómico.

Los árboles no desean nada. No desean florecer; las flores brotan automáticamente. Es parte de la naturaleza del árbol el que lleguen las flores, pero el árbol no está soñando, el árbol no se está moviendo, no está pensando, no está deseando.

Si el hombre no está presente, no habrá tiempo; sólo momentos eternos,. Creas el tiempo al desear. Cuanto mayor es el deseo, tanto más tiempo se necesita. Pero para los deseos materiales no se requiere mucho tiempo. Por esto, en Occidente dicen que sólo hay una vida. En Oriente hemos deseado el *moksha*. Ése es el mayor deseo posible. Ningún otro puede ser mayor que ése. ¿Cómo puedes alcanzar el *moksha* en un vida? Una vida no es suficiente. Puede que obtengas un palacio, puede que crees un reino, puede que llegues a ser muy rico y poderoso—un Hitler, un Ford—puedes llegar a ser algo en este mundo, pero el *moksha* es un deseo tan enorme que una vida no es suficiente.

Por eso en Oriente creemos en muchas vidas, en el renacimiento, porque se necesita más tiempo, muchas vidas, para satisfacer el deseo por el *moksha*. Sólo entonces hay una esperanza de que ese deseo se vea colmado. Lo importante no es si hay una sola vida o hay muchas vidas, sino que en Oriente la gente cree en la multiplicidad de vidas porque desea el *moksha*.

Si tienes sólo una vida, ¿cómo podrás alcanzar el *moksha?* En una sola vida tan sólo podrás obtener bienes materiales; la transformación espiritual simultánea no es posible. El deseo es tan enorme que son necesarias millones de vidas.

Ésta es la razón de que en Oriente la gente viva tan perezosamente. No hay prisa, porque no hay escasez de tiempo. Nacerás una y otra y otra vez, de modo que ¿por qué tener prisa? Tienes infinito tiempo.

Por eso, si Oriente es tan perezoso y parece tan absolutamente inconsciente del tiempo, si las cosas se mueven con un flujo tan lento, es debido a la idea de que existen muchas vidas.

Si Occidente es tan consciente del tiempo es debido a que para ellos sólo existe una vida y todo debe ser alcanzado en ella. Si te lo pierdes, lo pierdes para siempre, no es posible una segunda oportunidad. Debido a esta escasez de tiempo, Occidente se ha vuelto muy tenso. Muchas cosas para hacer y poco tiempo para resolverlas. ¡No hay nunca suficiente tiempo y hay tantos deseos!

La gente va siempre deprisa, corriendo rápido. Nadie se mueve despacio. Todos corren y hay que ir más y más rápido.

Por esta razón, Occidente sigue inventando vehículos más y más rápidos y nunca está satisfecho con ellos. Occidente sigue alargando la vida humana tan sólo para darte algo más de tiempo para satisfacer tus deseos.

¿Por qué es necesario el tiempo? ¿Acaso no puedes permanecer aquí y ahora, sin tiempo? ¿No es suficiente este momento, sentado junto a mi, sin pasado, sin futuro; este momento intermedio, atómico, que casi no existe? Es tan pequeño que no puedes atraparlo. Si lo coges, ya ha pasado. Si piensas, está en el futuro. Puedes permanecer en él, pero no puedes atraparlo. Cuando lo atrapas, se ha ido; cuando piensas en él, no está ahí.

Cuando está ahí, sólo puede hacerse una cosa: vivirlo; eso es todo. Es tan pequeño que sólo puedes vivirlo, pero es tan vital que te da la vida.

Recuerda: es como el átomo, tan pequeño que no puede ser visto. Nadie, ni los científicos, lo han visto. Sólo puedes ver las consecuencias. Ellos lo han hecho explotar: Hiroshima y Nagasaki fueron las consecuencias. Hemos visto a Hiroshima ardiendo; más de cien mil personas muertas. Ésta es la consecuencia. Pero nadie ha visto qué ocurrió con la explosión atómica. Nadie ha visto al átomo con sus propios ojos. No hay instrumentos todavía para poder verlo.

El tiempo es atómico; este momento es también atómico.

Nadie lo puede ver, porque en el momento en que lo ves, se ha ido. En el tiempo que lleva verlo, se ha ido; el río ha fluido, la corriente se ha movido y nadie ha visto al tiempo. Sigues usando la palabra tiempo, pero si alguien insiste en pedir una definición, te sentirás perdido.

Alguien le dijo a San Agustín, "Define a Dios. ¿Qué quieres decir con la palabra Dios?"

Y San Agustín dijo, "Es como el tiempo. Puedo hablar de él, pero si quieres una definición, no puedo dártela".

Y sigues preguntando a la gente, "¿Qué es el tiempo?" (*). Y miran sus relojes y dan una respuesta. Pero si realmente preguntas,

---

* N. del T.- Juego de palabras en inglés *"¿What is the time?"* = *¿Qué hora es?*, o literalmente, *¿Qué es el tiempo?*

"¿Qué es el tiempo?", si pides una definición, entonces los relojes no sirven de nada.

¿Puedes definir el tiempo? Nadie lo ha visto y no hay forma de verlo. Si lo buscas, desaparece; si piensas en él, no está ahí. Cuando no piensas, cuando no buscas, cuando simplemente eres, está ahí. Lo vives. Y San Agustín está en lo cierto: Dios puede ser vivido, pero no visto. El tiempo puede ser vivido, pero no puede ser visto. El tiempo no es un problema filosófico; es existencial. Dios tampoco es un problema filosófico; es existencial. Hay gente que lo ha vivido, pero si insistes en una definición, permanecerán callados sin poder contestar. Y si puedes permanecer en ese instante, las puertas de todos los misterios se abrirán.

Desembarázate de todo deseo, quita el polvo de tus ojos, busca la paz interior, sin desear nada, ni incluso a Dios. Todo anhelo es lo mismo; tanto si deseas un cochazo, a Dios, o a una gran mansión; no hay diferencia. El anhelar es lo mismo.

No anheles; tan sólo *sé*. Ni incluso busques; sólo *sé*. No pienses. Deja que este momento permanezca ahí y tú en él y de repente lo tendrás todo, porque la vida está ahí. De repente todo empieza a descender sobre ti y entonces ese momento se vuelve eterno y el tiempo deja de existir. Es siempre el ahora. Nunca acaba, nunca comienza, pero entonces estás en él, no afuera. Has penetrado el Todo, has reconocido quién eres.

Intenta ahora comprender el *sutra* de Chuang Tse sobre el deseo de ganar. ¿De dónde surge esa necesidad, la necesidad de ganar? Todo el mundo busca la victoria, busca ganar, pero ¿de dónde surge este deseo de vencer?

No te das cuenta de que eres ya un vencedor, de que la vida ha surgido en ti. Eres ya un ganador y no puede sucederte nada más; todo lo que te podía suceder, te ha sucedido. Eres ya un emperador y no hay otro reino que obtener. Pero no te has dado cuenta; desconoces la belleza de la vida que está en ti. No conoces el silencio, la paz, la dicha que está ya presente.

Y debido a esto, no te das cuenta de tu reino interior; siempre crees necesitar algo más, algún éxito, para probar que no eres un mendigo.

Una vez, Alejandro Magno vino a la India; a conquistarla, desde luego. Si no tienes necesidad de vencer, no vas a ninguna parte. ¿Por qué preocuparte? Atenas era muy bella, no había necesidad

de embarcarse en tan largo viaje.
 Por el camino oyó que a orillas de un río vivía un místico, Diógenes. Había oído muchas historias sobre él. En esos días, en Atenas particularmente, sólo se hablaba de dos hombres: uno era Alejandro, el otro era Diógenes. Eran dos extremos, dos polos. Alejandro era un emperador, intentando crear un imperio desde un confín a otro de la Tierra. Deseaba poseer todo el mundo; era un conquistador, un hombre en busca de victoria.
 Y Diógenes era exactamente el polo opuesto. Vivía desnudo, sin poseer nada. Al principio tenía una escudilla de pedir limosna para beber agua, o a veces, mendigar alimento. Un día vio a un perro bebiendo agua del río e inmediatamente se deshizo de su cuenco. Dijo, "Si un perro bebe sin él, ¿por qué no yo? Los perros son tan inteligentes que pueden ingeniárselas sin cuenco. Debo de ser muy estúpido para mantener esta escudilla conmigo; es una carga".
 Él consideró a ese perro como su Maestro e invitó al perro a estar con él por ser tan inteligente. El perro le había mostrado que la escudilla era una carga innecesaria; él no se había dado cuenta. Y desde entonces, el perro permaneció con él. Solían dormir juntos, solían comer juntos. El perro era su único compañero.
 Alguien le preguntó a Diógenes, "¿Por qué vives en compañía de un perro?"
 Diógenes contestó, "Él es más inteligente que los llamados seres humanos. Yo no era tan inteligente antes de conocerlo. Mirándole, observándole, me he vuelto más consciente. Él vive en el aquí y ahora sin preocuparse de nada, sin poseer nada. Y es tan feliz que, sin poseer nada, lo posee todo. Yo no estoy todavía tan satisfecho; algo de inquietud permanece en mí. Cuando me vuelva como él, habré alcanzado la meta".
 Alejandro había oído de Diógenes, de su felicidad extática, de su silencio, de sus ojos como espejos, como el cielo azul sin nubes. Y ese hombre vivía desnudo; ni siquiera necesitaba ropas. Alguien le dijo, "Vive junto a la orilla del río, por donde pasamos, no estamos muy lejos ...'
 Alejandro deseaba verle, así que fue. Era de mañana, una mañana de invierno y Diógenes estaba tomando su baño de sol, tendido en la arena, desnudo, disfrutando de la mañana,... el sol bañándole,... todo tan bello, silencioso,... el discurrir del río...

Alejandro se preguntaba qué le diría. Un hombre como Alejandro no podía pensar más que en bienes materiales. Por eso miró a Diógenes y le dijo, "Soy Alejandro Magno. Si necesitas algo, dímelo. Puedo servirte de gran ayuda y me gustaría ayudarte".

Diógenes se rió y le dijo, "No necesito nada. Tan sólo que te apartes un poquito; me estás tapando mi sol. Eso es todo lo que puedes hacer por mí. Recuerda: no le tapes el sol a nadie; eso es todo lo que puedes hacer. No te interpongas en mi camino; eso es todo lo que puedes hacer".

Alejandro miró a aquel hombre. Debió de sentirse como un mendigo en su presencia—"Él no necesita nada y yo necesito el mundo entero; e incluso entonces no estaré satisfecho, incluso este mundo no es suficiente". Dijo Alejandro, "Me alegro de verte. Nunca vi a un hombre tan feliz".

Diógenes dijo, "¡No hay problema! Si deseas estar tan contento como yo, ven y túmbate junto a mí, tómate un baño de sol. Olvida el futuro y abandona el pasado. Nadie te lo impide".

Alejandro sonrió—una sonrisa superficial desde luego—y dijo, "Tienes razón, pero aún no ha llegado la hora. Algún día me gustaría relajarme como tú".

Diógenes replicó, "Entonces este día nunca llegará. ¿Qué más necesitas para relajarte? Si yo, un mendigo, puedo relajarme, ¿qué más necesitas? ¿Por qué esta lucha, este esfuerzo, estas guerras, este conquistar? ¿Por qué este deseo de vencer?"

Dijo Alejandro, "Cuando alcance la victoria, cuando haya conquistado el mundo entero, vendré y aprenderé de ti sentándome a tu lado, aquí, en esta orilla".

Diógenes le dijo, "Pero si puedes tumbarte y relajarte ahora mismo, ¿por qué esperas al futuro? Y, ¿por qué andas por todo el mundo causando sufrimiento a los demás y a ti mismo? ¿Por qué esperar al final de tu vida para venir y relajarte aquí? Yo ya estoy descansando".

¿Qué necesidad tienes de ganar? Tienes que probarte a ti mismo. Te sientes tan inferior por dentro, te sientes tan hueco y vacío, sientes tal vacuidad, que surge la urgencia de probarte. Tienes que demostrarte a ti mismo que eres alguien y a menos que lo demuestres, ¿cómo podrás tener paz?

Hay dos caminos... y trata de comprender que sólo hay dos caminos. Un camino es el de salir al exterior y demostrar que tú eres alguien; el otro es penetrar en tu interior y darte cuenta de que no eres nadie. Si te diriges al exterior, nunca podrás demostrar que eres alguien. La necesidad permanecerá, más bien, se incrementará. Cuanto más intentes demostrarlo, más mendigo te sentirás, como Alejandro ante Diógenes. Demostrar a los demás que eres alguien no te hace *ser* alguien. En tu interior, el no-ser permanece. Hiere al corazón; ahí sabes que no eres nadie.

    Los imperios no te ayudarán, porque los imperios no pueden penetrar en ti y llenar el hueco en tu interior. Nada puede penetrarte. Lo exterior permanecerá exterior, lo interior seguirá siendo interior. No hay fusión. Puedes tener todas las riquezas del mundo, pero ¿cómo puedes metértelas dentro y llenar tu vacío? No, incluso con todas las riquezas te sentirás vacío, más vacío, porque el contraste estará ahí. Es por esto que un Buda deja su palacio: ve la riqueza y siente sin embargo un vacío interior; ve que todo es inútil.

    El otro modo es ir hacia adentro, no intentar liberarse de este estado de no-ser, sino comprenderlo. Es lo que Chuang Tse está diciendo: vuélvete un bote vacío, ve hacia adentro y comprende que no eres nadie. En el momento en que te das cuenta de que no eres nadie, explotas en una nueva dimensión. Porque cuando una persona comprende que no es nadie, también comprende que él lo es todo.

    No eres alguien en particular, porque lo eres todo. ¿Cómo puede el Todo ser alguien? Alguien es siempre una parte. Dios no puede ser alguien porque lo es todo; no puede poseer nada porque lo es todo. Sólo un mendigo posee bienes, porque las posesiones tienen un límite; no pueden ser ilimitadas. Ser alguien tiene unos límites; ser alguien no puede ser ilimitado, no puede ser infinito. El no ser nadie es infinito; es como serlo todo.

    En realidad, ambos modos son iguales. Si te mueves hacia el exterior, experimentarás tu ser interior como un no-ser. Si te mueves hacia el interior, sentirás el mismo no-ser como el Todo. Por esto Buda dice que *shunya,* el vacío absoluto, es *Brahman.* No ser nadie es saber que lo eres todo. Saber que eres alguien es saber que no eres el Todo. No hay otra forma de averiguarlo.

    El otro camino es moverse hacia adentro, no luchar contra este no ser alguien, no tratar de llenar este vacío, sino comprenderlo y llegar a ser uno con él. Sé el bote vacío y todos los mares serán tuyos. Entonces te podrás mover hacia lo desconocido, no habrá obstáculos para este bote, nadie podrá bloquear su camino. No se requieren mapas. Este bote se desplazará por el infinito y ahora la meta estará en todas partes. Pero uno tiene que moverse hacia adentro.

El deseo de ganar implica demostrar que eres alguien y la única forma en que sabemos demostrarlo es demostrándolo ante los ojos de los demás, porque sus ojos se convierten en nuestro reflejo.

Mirando a los ojos de los demás, Alejandro podía sentir que era alguien; permaneciendo cerca de Diógenes, sintió que no era nadie. Diógenes no reconocía su grandeza externa. Ante él, Alejandro debió de sentirse estúpido. Dicen que le dijo a Diógenes que si Dios pudiera garantizarle otro nacimiento, le gustaría ser un Diógenes más que un Alejandro. ¡La próxima vez!

¡La mente siempre se mueve hacia el futuro! En aquel mismo momento él podía haberse convertido en un Diógenes; no había obstáculo alguno, nadie se lo impedía. Existirán miles de barreras para convertirte en un Alejandro Magno porque todo el mundo intentará impedírtelo. Cuando deseas demostrar que eres alguien, hieres los egos de los demás y ellos intentarán demostrar que no eres nadie. "¿Qué? ¿Quién dices que eres?" Tienes que demostrarlo y es un camino difícil, muy violento, muy destructivo.

No hay obstáculos para convertirte en un Diógenes. Alejandro sintió la belleza, la gracia de aquel hombre. Dijo, "Si Dios me concede otra vida, la próxima vez me gustaría ser como Diógenes".

Diógenes se rió y dijo, "Si me preguntas a mí, sólo sé una cosa con certeza: No me gustaría ser como Alejandro Magno".

Alejandro pudo comprobar que ante los ojos de Diógenes sus victorias no tenían mérito alguno. En un instante, debió de sentir la sensación de hundimiento, la sensación como de muerte, de que no era nadie. Debió de escapar, de alejarse de Diógenes tan rápidamente como pudo. Aquél era un hombre peligroso.

Se dice que Diógenes persiguió a Alejandro durante toda su vida. Donde fuera, Diógenes estaba con él, como una sombra. Por la noche, en sueños, Diógenes estaba allí, riéndose.

Y una bella historia cuenta que murieron el mismo día. Murieron el mismo día, pero Diógenes tuvo que esperar un poquito para poder seguir a Alejandro. Mientras cruzaban el río que separa a este mundo del otro, Alejandro se encontró a Diógenes de nuevo y este segundo encuentro fue más peligroso aun que el primero. Alejandro iba delante porque había muerto unos minutos antes. Diógenes había esperado para poder seguirle. Alejandro, al oír el sonido de alguien tras él en el río, se volvió y vio a Diógenes allí, riendo. Debió de quedarse de piedra porque en esta ocasión las cosas eran diferentes. Él estaba desnudo como Diógenes, porque no puedes llevar tus ropas al otro mundo. Esta vez no era absolutamente nadie, no era un emperador.

Pero Diógenes era el mismo. Había renunciado ya a todo aquello que la muerte podía arrebatarle, de forma que la muerte no podía quitarle nada. Era el mismo que estaba en la orilla del río; aquí estaba él, en este río, tal como antes.

Para aparentar aplomo, para darse a él mismo coraje y confianza, Alejandro también se rió y dijo, "¡Fantástico, maravilloso! De nuevo se encuentran el más grande emperador y el más grande mendigo".

Diógenes replicó, "Tienes toda la razón, sólo que estás un poco confundido sobre quién es el emperador y quién es el mendigo. Éste es un encuentro del más grande emperador con el más grande mendigo, pero el emperador va detrás y el mendigo va delante. Y te digo Alejandro, que igual ocurrió en nuestro primer encuentro. Tú eras el mendigo, aunque pensaste que era yo. ¡Mírate ahora! ¿Qué has ganado obteniendo el mundo?"

¿Cuál es la necesidad de ser un ganador? ¿Qué intentas demostrar? A tus propios ojos sabes que no eres nadie, que no eres nada; y esta nada, se llega a convertir en una espina clavada en tu corazón. Sufres porque no eres nada; por eso tienes que probarte a ti mismo ante los demás. Tienes que crear en la mente de los demás la opinión de que eres alguien, de que no eres un don nadie. Y al mirar en sus ojos, recogerás su opinión, su parecer, y utilizando esas opiniones, crearás una imagen. Ésta imagen es el ego, no es tu verdadero Yo. Es un resplandor reflejado, no es el tuyo propio; es recogido de los ojos de los demás.

Un hombre como Alejandro siempre tendrá miedo a los demás, porque ellos le pueden quitar lo que le han dado. Un político siempre tendrá miedo del público, porque le puede quitar lo que le ha otorgado. Su "yo" es un "yo" prestado. Si temes a los demás, eres un esclavo; no eres el amo.

Un Diógenes no tiene miedo a nadie. No puedes quitarle nada

porque no ha tomado prestado nada. Él tiene el Yo; tú sólo tienes el ego. Ésta es la diferencia básica entre Yo y ego. El ego es un "yo" prestado. El ego depende de los demás, de la opinión pública; el Yo es el auténtico ser. No es prestado, es tuyo. Nadie te lo puede quitar.

Escucha, Chuang Tse tiene unas bellas frases que decir,

Cuando un arquero dispara por placer
despliega toda su habilidad.
¡Por placer!

Cuando un arquero dispara por placer
despliega toda su habilidad.

Cuando juegas, no intentas demostrar que eres alguien. Estás cómodo, en casa. Mientras juegas—tan sólo por diversión—no te preocupa lo que los otros piensen de ti.

¿Has visto alguna vez a un padre peleándose de bromas con su hijo? Será derrotado. Se tumbará en el suelo y el niño se sentará sobre su pecho riendo y dirá, "¡Soy el vencedor!", y el padre se sentirá feliz. Sólo es para divertirse. Cuando te diviertes puedes ser derrotado y sentirte feliz. La diversión no es seria, no está relacionada con el ego. El ego siempre es serio.

Por esto, recuerda: si eres serio, estarás siempre confuso, confundido interiormente. Un santo siempre está jugando, como si disparara por el puro placer de hacerlo. No está interesado en disparar a algún blanco en concreto; tan sólo disfruta con ello.

Un filósofo alemán, Eugene Herrigel, fue al Japón para aprender meditación. Y en Japón usan todo tipo de pretextos para enseñar meditación. El tiro con arco es uno de ellos. Herrigel era un perfecto arquero, cien por cien exacto, nunca fallaba. Por esto acudió a un Maestro para aprender meditación por medio del tiro con arco, ya que era diestro en su manejo.

Pasaron tres años de estudio y Herrigel comenzó a pensar que era una pérdida de tiempo. El Maestro seguía insistiendo en que él no debía disparar. Le dijo a Herrigel, "Deja que la flecha salga por sí misma. No deberías estar ahí con tu deseo, deja que la flecha parta por sí sola".

Era absurdo. Para un Occidental particularmente, era un absoluto absurdo: "¿Qué quieres decir con «dejar que la flecha se dispare por sí misma»? ¿Cómo puede dispararse la flecha por sí misma? Tengo que hacer algo". Y continuaba disparando sin fallar el blanco. Pero el Maestro le decía, "El blanco no es en realidad el blanco. Tú eres el blanco. No estoy mirando si aciertas o no. Eso es una habilidad técnica. Te estoy mirando a ti para ver si estás, o no estás. ¡Dispara por puro placer! ¡Disfrútalo! No intentes demostrar que nunca fallas. No intentes confirmar el ego. El ego ya está aquí, tú estás aquí, no hay necesidad de demostrarlo. Relájate y permite que la flecha se dispare sola".

Herrigel no podía entenderlo. Probó y probó y dijo una y otra vez, "Si mi puntería es perfecta, ¿por qué no me das el diploma?"

La mente occidental siempre está interesada en el resultado final y la oriental siempre lo está en el comienzo, no en el final. Para una mente oriental, el final no es importante; la importancia reside en el comienzo, en el arquero, no en el blanco. Por eso el Maestro dijo, "No".

Y entonces, totalmente abatido, Herrigel pidió permiso para irse. Dijo, "Entonces tendré que marcharme. Tres años es mucho tiempo y no he sacado ningún provecho. Sigues diciendo «no»... todavía soy el mismo".

El día en que tenía que partir se acercó a despedirse del Maestro y le encontró enseñando a otros discípulos. Esa mañana Herrigel no tenía interés alguno; se marchaba, había abandonado todo el proyecto. De modo que se puso a esperar a que el Maestro acabase para poderle decir adiós y partir.

Sentado en el banco, miró al Maestro por primera vez. Por primera vez en tres años miró al Maestro. En realidad él no estaba haciendo nada; era como si la flecha se disparara sola. El Maestro no estaba serio; se divertía, jugaba. No existía un "alguien" interesado en acertar al blanco.

El ego siempre está orientado hacia un objetivo. El placer no tiene un objetivo determinado, el placer existe ya desde el comienzo, cuando la flecha deja el arco. Si éste se dispara, es accidental; si da en el blanco, no tiene importancia. Tanto si acierta como si yerra, que más da. Pero cuando la flecha deja el arco, el arquero debería estar disfrutando, saboreándolo, sin estar serio. Cuando estás serio, estás tenso; cuando no estás serio, estás relajado; y cuando estás relajado, eres. Cuando estás tenso, el ego es; te oculta.

Por primera vez, Herrigel miró... porque ahora no tenía ningún interés. No era asunto suyo ya; había abandonado todo el proyecto. Estaba despidiéndose, así que no era cuestión de estar serio. Había aceptado su fracaso, no había nada que demostrar. Se puso a observar; por primera vez sus ojos no se hallaban obsesionados con el blanco.

Observó al Maestro y fue como si la flecha estuviese siendo disparada por ella misma. El Maestro sólo le estaba dando energía; no la estaba disparando. No estaba haciendo nada, no había esfuerzo. Herrigel observó y por primera vez comprendió.

Como si estuviera hechizado se acercó al Maestro, tomó el arco en su mano y tensó la cuerda. El Maestro le dijo, "Lo has logrado. Esto es lo que te he estado diciendo durante tres años". La flecha no había sido lanzada todavía y el Maestro dijo, "Se acabó. Alcanzaste el objetivo". En ese momento, disfrutaba; no estaba serio, no buscaba ninguna meta.

Ésta es la diferencia. El placer no tiene objetivo, no tiene meta. El placer, en sí mismo, es la meta, el valor intrínseco; nada existe fuera de él. Disfrutas con ello, eso es todo. No hay un propósito; juegas con ello, eso es todo.

Cuando un arquero dispara por placer
despliega toda su habilidad.

Cuando disparas por puro placer, no estás en conflicto. No hay dos, no hay tensión; tu mente no está en otra parte. Tu mente no se va a ninguna parte. Tu mente no se mueve; por eso eres uno. Y entonces, ahí, puedes desplegar tus habilidades.

Se cuenta una historia sobre un Maestro Zen, un pintor, que estaba diseñando un nuevo templo, una pagoda.

Era su costumbre tener junto a sí a su principal discípulo. Solía esbozar el diseño, mirar al discípulo y preguntarle, "¿Qué opinas?" Y el discípulo le contestaba, "No es digno de ti". Entonces lo descartaba.

Esto sucedió noventa y nueve veces. Pasaron tres meses y el rey insistía en saber cuándo podría tener el diseño listo para que pudieran empezar las obras. Y un día ocurrió que mientras el Maestro estaba dibujando el boceto, la tinta se acabó, de modo que el discípulo tuvo que salir y preparar más.

El discípulo se fue y cuando volvió, miró y dijo, "¿Qué? ¡Lo has conseguido! Pero, ¿por qué no pudiste lograrlo en estos tres meses?"

El Maestro le dijo, "Fue por tu culpa. Estabas sentado a mi lado y yo estaba dividido. Me mirabas y entonces yo estaba orientado hacia un objetivo; no existía placer. Cuando te fuiste, me relajé. Sentí que nadie me observaba y fui uno. Este diseño no lo he hecho yo; ha surgido por sí mismo. Durante tres meses no apareció porque yo era el que actuaba".

Cuando un arquero dispara por placer
despliega toda su habilidad.

... porque todo su ser está disponible. Y cuando todo el ser está disponible, tienes una belleza, una gracia, tu ser posee una calidad, totalmente diferente. Cuando estás dividido, serio, tenso, eres feo. Puede que triunfes, pero tu éxito será desagradable. Puedes probar que eres alguien, pero no estás demostrando nada, estás creando simplemente una falsa imagen. Pero cuando eres total, cuando estás relajado, cuando eres uno, puede que nadie te conozca, pero entonces eres.

Y esta cualidad de totalidad es la bendición, la bienaventuranza, la dicha. Eso sucede a una mente meditativa, sucede en meditación. "Meditación" significa "totalidad".

Por lo tanto, recuerda: la meditación debería ser un placer, no una tarea. No deberías practicarla como un hombre religioso, sino más bien como un jugador. Juega, hazlo por placer, ¡como un deportista, no como un hombre de negocios! Ha de ser alegre. Y entonces podrás desplegar toda la técnica, entonces florecerá por sí misma. Tú no serás necesario. Ningún esfuerzo es necesario.

Simplemente: todo tu ser ha de estar disponible, toda tu energía ha de estar disponible. Y así, la flor surge por sí misma.

Si dispara para ganar un broche de metal
entonces se pone nervioso.

Si compite por un broche de metal, si hay algo que alcanzar, algún resultado, está nervioso, asustado. Surge el miedo: "¿Ganaré o no ganaré?" Está dividido. Una parte de la mente dice, "Puede que ganes". Otra parte dice, "Puede que pierdas". En este momento no dispone de toda su destreza; ahora es mitad y mitad. Y siempre que estás dividido, todo tu ser languidece y enferma. Te sientes mal.

> *Si dispara para ganar un premio de oro*
> *se ciega, o ve dos blancos;*
> *está fuera de sí.*

Ve al mercado y observa a la gente que ansía el oro. Están ciegos. El oro ciega a los hombres como ninguna otra cosa lo hace; el oro ciega los ojos completamente. Cuando estás demasiado ansioso por el éxito, demasiado ansioso por los resultados, cuando eres demasiado ambicioso, cuando estás demasiado ansioso por la medalla de oro, te ciegas y comienzas a ver dos blancos. Estás tan borracho que empiezas a ver doble.

Nasrudin hablaba a su hijo en un bar. Le dijo, "Recuerda siempre cuándo debes dejar de beber. El alcohol es bueno, pero uno necesita saber cuando hay que dejarlo. Y te lo digo por experiencia propia. Mira hacia esa esquina; cuando veas que esas cuatro personas sentadas a la mesa se convierten en ocho, detente".

El chico le dijo, "Pero padre, si sólo veo a dos personas ahí sentadas".

Cuando la mente está ebria, la visión se vuelve doble. Y el oro te vuelve inconsciente, te emborracha. En ese momento hay dos blancos y tú tienes tanta prisa por alcanzarlos que te pones nervioso y tiemblas por dentro.

Éste es el estado que Chuang Tse quiere expresar cuando dice,

> *...está fuera de sí.*

Todo el mundo está fuera de sí. No son sólo los locos los únicos que están locos; tú también estás loco. La diferencia únicamente es de grado, no de cualidad; un poco más y en cualquier momento puedes traspasar los límites. Es como si te hallases a noventa y nueve grados centígrados. Cien grados y hierves, has cruzado la frontera. La diferencia entre los que viven en los manicomios y los que están fuera es solamente de cantidad, no de cualidad. Todos estamos locos, porque todo el mundo busca resultados, metas, objetivos. Se ha de obtener algo. Y así llega el nerviosismo, el temblor interior, entonces no puedes estar impasible por dentro. Y cuando tiemblas por dentro, el objetivo se duplica, o cuadruplica, o se multiplica por ocho y entonces es imposible llegar a ser un arquero.

El arquero perfecto es siempre aquél que está alegre. Un hombre perfecto vive la vida como un placer, un juego.

Observa la vida de Krishna. Si Chuang Tse lo hubiera conocido, hubiera sido hermoso. La vida de Krishna es alegría. Buda, Mahavira, Jesús, son, de una forma u otra, algo serios, como si tuviera que alcanzarse algo, el *moksha*, el *nirvana*, la cesación de los deseos. Pero Krishna no tiene absolutamente ningún propósito: el flautista vive para el placer, bailando con chicas y disfrutando, cantando. Para él no hay sitio adonde ir. Todo está aquí; entonces, ¿por qué preocuparse por el resultado? Todo está a tu alcance ahora mismo, ¿por qué no disfrutarlo?

Krishna es el hombre perfecto, si la alegría es la característica del hombre perfecto. En la India nunca llamamos a la vida de Krishna "*charitra*"—su tarea; la llamamos *lila*—su comedia, su juego. No es una tarea, no tiene propósito; carece por completo de propósito.

Es como un niño pequeño. No puedes preguntarle "¿Qué haces?" No puedes preguntarle, ¿Por qué lo haces?" Él disfruta con sólo perseguir mariposas. ¿Qué conseguirá dando saltos bajo el sol? ¿Qué propósito tienen sus esfuerzos? Ninguno. No tiene propósito alguno. Decimos que es infantil y nosotros nos creemos adultos, pero te diré que cuando más maduro te vuelvas, más infantil te sentirás. Tu vida se tornará alegría. La disfrutarás, a cada instante, no estarás serio. Una risa auténtica llenará tu vida. Será más una danza y menos un negocio; será más como el cantar, el tararear en el baño y menos como el cálculo de la oficina. No serán matemáticas, será tan sólo disfrutar.

Su destreza no ha variado,
pero el premio lo divide.
Se preocupa.
Piensa más en el ganar

> *que en el disparar,*
> *y el deseo de ganar*
> *le deja sin facultades.*

Si te sientes tan impotente, tan falto de recursos, tan indefenso, es debido a ti. Nadie está agotando tus energías.

Tienes infinitas fuentes de energía, inacabables, pero pareces exhausto, como si en cualquier momento fueras a desplomarte sin nada de energía.

¿Dónde se va toda esa energía? Estás creando un conflicto en tu interior, aunque tu destreza sigue siendo la misma.

> *Su destreza no ha variado,*
> *pero el premio lo divide.*
> *Se preocupa.*

Oí una vez una historia. Sucedió en un pueblo. Un niño pobre, —el hijo de un mendigo— era joven y sano. ¡Era tan joven y estaba tan sano que cuando el elefante del rey pasaba por el pueblo, él agarraba al elefante por la cola y el elefante no podía moverse!

A veces, el rey se incomodaba mucho porque estando sentado en el elefante, la gente se aglomeraba y se reía. ¡Y todo debido al hijo de un mendigo!

El rey llamó a su primer ministro. "Tenemos que hacer algo, esto es insultante. Tengo miedo de ir a ese pueblo. ¡Y el chico va incluso a otros pueblos! En cualquier lugar, en cualquier momento, agarra por la cola al elefante y no le deja moverse. Ese chico está muy fuerte y debemos hacer algo para acabar con su fuerza".

El primer ministro le dijo, "Debo ir a consultarlo con un sabio porque yo no sé cómo agotar su energía. Es tan sólo un mendigo. Si tuviera una tienda, eso agotaría su energía. Si trabajase como oficinista, eso agotaría su energía. Si fuera un maestro de enseñanza primaria, entonces su energía podría agotársele. Pero no tiene nada que hacer. Vive para divertirse y la gente le ama y le alimenta, de modo que nunca anda escaso de alimentos. Es feliz, come y duerme. Por eso es difícil, pero iré".

Así que acudió a un viejo sabio. El viejo sabio le dijo, "Haz una cosa: dile al chico que le darás una rupia de oro cada día si realiza un trabajito; y ese trabajo es realmente insignificante. Tiene que ir al templo del pueblo y encender una vela. Tiene que encender una lámpara al atardecer; eso es todo. Y tú le darás una rupia de oro cada día".

El primer ministro dijo, "Pero, ¿de qué va a servir esto? Le va a dar más fuerza cada día. Ganará una rupia al día y comerá más. No tendrá ni que pedir limosna".

El sabio le dijo, "No te preocupes; simplemente haz lo que te he dicho".

Y así se hizo. A la semana siguiente, cuando el rey pasó de nuevo, el chico intentó detener al elefante, pero no pudo. Fue arrastrado por él.

¿Qué había ocurrido? La preocupación se entrometió, surgió la ansiedad. Tenía que acordarse cada día, durante veinticuatro horas—diariamente, las veinticuatro horas, tenía que acordarse de ir al templo y prender la luz. Eso se convirtió en tal ansiedad que dividió todo su ser. Incluso durmiendo comenzó a soñar que era por la tarde; "¿Qué estás haciendo? Ve y enciende la luz y obtendrás tu rupia". Y empezó a coleccionar esas rupias de oro. Tenía siete, luego ocho, y comenzó a calcular en cuánto tiempo tendría cien rupias de oro y cómo se convertirían en doscientas. Aparecieron las matemáticas y desapareció el placer. Y sólo tenía que hacer una cosita: prender la luz. Tan sólo un minuto de trabajo; ni siquiera eso, sólo un instante. Pero llegó la preocupación. Esto agotó toda su energía.

Y si te agotas, no te sorprendas porque tu vida carezca de alegría. Tienes tantos templos y tantas lámparas que encender y apagar, tanto cálculos que hacer, que tu vida no puede ser un placer.

La destreza del arquero no había cambiado, la habilidad era la misma, pero el arquero, cuando dispara por placer tiene toda su destreza disponible. En ese momento, aunque su destreza no ha variado, el premio lo divide. Se preocupa, aparece la ansiedad y surge el nerviosismo. Piensa en ganar; no le interesa el disparar. Ahora la cuestión es cómo ganar, no cómo disparar. Se ha desplazado desde el principio al final. Ahora el cómo no es importante; el fin es lo importante. Y siempre que el fin es lo importante, tu energía es dividida, porque todo lo que haces, lo haces por el cómo, no por el resultado. Los objetivos no están en tus manos.

En el Gita, Krishna le dice a Arjuna, "No te preocupes por el objetivo, por el resultado. Simplemente haz lo que tengas que hacer, aquí y ahora, y déjame el resultado a mí, a Dios. No preguntes qué sucederá; nadie lo sabe. Preocúpate por el cómo y no pienses en el objetivo. No te fijes una meta".

Éste es un bello ejemplo y vale la pena relacionarlo con los dichos de Chuang Tse, porque Arjuna era un gran arquero, el mejor que ha producido la India. Era un arquero perfecto.

Pero la meta entró en su mente. Nunca antes se había preocupado. Su habilidad era perfecta; su destreza, total, absoluta, pero observando el campo de batalla de Kurukshetra, a los dos ejércitos enfrentándose, se quedó preocupado. ¿Cuál era su preocupación? Él tenía amigos en ambos bandos. Era una disputa familiar, una guerra entre primos; todo el mundo estaba emparentado, en ambos bandos había familiares. Las familias estaban divididas. Era una extraña guerra, una guerra familiar. Krishna y Arjuna estaban de una parte y el ejército de Arjuna estaba del otro. Krishna había dicho, "Los dos bandos me amáis tanto que me tendréis mitad y mitad. Un bando me tendrá a mí; el otro tendrá a mi ejército".

Duryodhana, el jefe del otro bando, se quedó perplejo. Pensó, "¿Qué puedo hacer con Krishna en contra? Pero su ejército es poderoso...". Y escogió el ejército de Krishna.

Por eso Krishna estaba con Arjuna y Arjuna se sentía feliz, porque un Krishna es más que el resto del mundo. ¿Qué pueden hacer los ejércitos, gente inconsciente, dormida? Un hombre que ha Despertado lo vale todo.

Krishna se convirtió en la verdadera ayuda cuando Arjuna se sintió confuso y su mente dividida. En el Gita se lee que contemplando esos dos ejércitos se quedó anonadado. Y esas fueron las palabras que le dijo a Krishna, "Mi energía se está agotando. Me siento nervioso, impotente; las fuerzas me han abandonado". Y él era un hombre de una destreza superior, un perfecto arquero.

Llamaba a su arco "Ghandiva". Dijo, "Ghandiva se me hace demasiado pesado. Me he quedado sin fuerzas, mi cuerpo está atontado, no puedo pensar y no puedo ver. Todo se ha vuelto confuso porque estos son mis familiares y tendré que matarlos. ¿Cuál será el resultado? Asesinatos, mucha gente muerta. ¿Qué ganaré con ello? ¿Un reino sin valor alguno? Por esto no estoy interesado en luchar; me parece un precio demasiado elevado. Quisiera escapar y convertirme en *sanyasin,* irme al bosque y meditar. Esto no es para mí. Mis fuerzas me están abandonando".

Krishna le dijo, "No pienses en el resultado. No depende de ti. Y no pienses que tú eres el que lo hace, porque si tú eres el que lo hace, entonces el resultado está en tus manos. "El que hace" es siempre Dios y tú eres tan sólo un instrumento. Preocúpate por el aquí y el ahora, el cómo, y déjame el resultado a mí. Te digo, Arjuna, que toda esta gente está muerta ya, están condenados a muerte. Tú no vas a matarlos. Tú eres tan sólo el instrumento que les revelará el hecho de que ya habían sido asesinados. Tal y como lo veo, están muertos. Han alcanzado el punto en el que la muerte sucede. Tú eres sólo un instrumento".

El sánscrito tiene una hermosa palabra, sin equivalencia en inglés: *nimita*. *Nimita* significa que tú no eres el ejecutor, que tú no eres la causa, ni incluso una de las causas; tú eres sólo *nimita*. Significa que la causa está en manos de Dios. Dios es el que actúa; tú sólo eres su vehículo. Eres como el cartero; el cartero es *nimita*. Llega y te entrega una carta. Si en la carta se te insulta, no te enfadas con él. No le dices, "¿Por qué me trajiste esta carta?" Al cartero no le preocupa; él es *nimita*. Él no ha escrito la carta, no es su autor, no le importa en absoluto. Tan sólo ha cumplido con su deber. No te enfadarás con él. No le dirás, "¿Por qué me trajiste esta carta?"

Krishna le dijo a Arjuna, "Eres como un cartero; tienes que entregarles la muerte. No eres el asesino; la muerte viene del Divino. Ellos ya se la han ganado; no te preocupes. Si no los matas tú, alguien les entregará la carta. Si este cartero no lo hace, entonces algún otro lo hará. Si estás de vacaciones, lejos, o estás enfermo, no quiere decir que la carta no vaya a ser entregada. Un cartero sustituto lo hará. Pero la carta ha de ser entregada. Por eso, no te preocupes, no te preocupes innecesariamente; eres tan sólo *nimita*, ni la causa ni el ejecutor; sólo eres un instrumento. Preocúpate por el cómo, no pienses en el objetivo, porque una vez te interesas por el fin, pierdes tu habilidad. Estás dividido y por eso te sientes agotado, Arjuna. Tu energía no se ha ido a ninguna parte; se ha transformado en un conflicto. Por dentro estás dividido. Estás luchando contigo mismo. Una parte dice, "Ve hacia adelante". Otra parte dice: "Esto no está bien". Has perdido tu unidad. Y siempre que se pierde la unidad, uno se siente impotente".

Un hombre tan fuerte como Arjuna puede llegar a decir, "No puedo manejar este Ghandiva; este arco es demasiado pesado para mí. Me he puesto nervioso. Siento un miedo profundo, me siento ansioso. No puedo luchar".

La destreza es la misma, nada ha variado, pero la mente está dividida. Siempre que estás dividido, te sientes sin fuerzas; cuando estás sin dividir, eres fuerte. El deseo te divide; la meditación te unifica. El deseo te lleva al futuro; la meditación te trae al presente.

Recuérdalo como conclusión: no te desplaces al futuro. Siempre que sientas que tu mente se desplaza al futuro, regresa al presente inmediatamente. No intentes vivirlo. Inmediatamente, en el momento en que pienses, en el momento en que te des cuenta de que la mente se ha desplazado al futuro, al deseo, regresa al presente. Permanece en casa.

El presente se te escapará. Una y otra vez lo perderás, porque se ha convertido en un hábito arraigado. Pero antes o después, conseguirás estar en casa más y más. Entonces la vida será alegría, un juego. Y entonces estás lleno de energía, desbordante, rebosando vitalidad. Y ese rebosar es gozo.

Impotente, agotado, no puedes sentirte extático. ¿Cómo vas a bailar? Para bailar necesitas infinita energía. Exhausto, ¿cómo puedes cantar? El cantar es siempre un desbordamiento. Muerto como estás, ¿cómo puedes orar? Únicamente cuando estás vivo totalmente, surgirá de tu corazón el agradecimiento, la gratitud. Esa gratitud es la plegaria.

Suficiente por hoy.

Los tres amigos

Tres amigos hablaban de la vida.

Uno dijo:
"¿Pueden los hombres vivir juntos y no saberlo,
trabajar juntos y no producir nada?
¿Pueden volar por el espacio
y olvidarse de que existen; un mundo sin metas?"

Los tres amigos se miraron entre sí
y prorrumpieron en carcajadas.
No tenían explicación alguna,
fueron así más amigos aun que antes.

Entonces uno de los amigos murió.
Confucio envió a un discípulo
para auxiliar a los otros dos en el canto de las exequias.
El discípulo se encontró
con que uno de los amigos había compuesto una canción
mientras que el otro tocaba el laúd.

Cantaban:
"¡Eh!, Sung Hu, ¿dónde te has ido?
¡Eh!, Sung Hu, ¿dónde te has ido?
Te has ido al sitio donde realmente ya estabas,
y nosotros estamos aquí. ¡Maldición!, estamos aquí.

*Entonces el discípulo de Confucio
no se pudo reprimir y exclamó:
"¿Puedo preguntaros dónde habéis encontrado esto
en los libros de las exequias,
este frívolo cántico
en presencia del difunto?"*

*Los dos amigos se miraron el uno al otro
y se rieron:
"¡Pobrecito,
no conoce la nueva liturgia!"*

Los tres amigos

Lo primero que hay que decir de la vida es que no tiene explicación. Está aquí, en su gloria absoluta, pero no tiene explicación. Está ahí como un misterio y si intentas explicarla te la perderás. No será explicada, pero te cegarás con tus explicaciones.

La filosofía es el enemigo de la vida. Lo que más puede perjudicar a un hombre, es que se obsesione y se focalice en las explicaciones. En el momento en que crees que tienes la explicación, la vida te ha abandonado; ya estás muerto.

Esto parece ser paradójico. La muerte puede ser explicada, pero la vida no puede ser explicada, porque la muerte es algo acabado, completo. La vida siempre está inacabada, la vida siempre está en movimiento; la muerte es una conclusión. Cuando algo se ha completado y se ha acabado, puedes explicarlo, puedes definirlo. Cuando algo está aún incompleto, significa que lo desconocido tiene que ser explorado todavía.

Puedes conocer el pasado, pero no puedes conocer el futuro. Puedes enmarcar el pasado en una teoría, pero ¿cómo puedes delimitar el futuro con una teoría? El futuro es siempre algo abierto, una apertura infinita. Y sigue abriéndose y abriéndose. Por eso, cuando se explica algo, la explicación siempre se refiere a lo que está muerto.

La filosofía ofrece explicaciones, por lo tanto no puede estar muy viva. No puedes encontrar gente más muerta que los filósofos. La vida se les ha ido, la vida se les ha escapado. Son inteligencias secas, como piedras muertas. Pueden hacer mucho ruido, pero no tienen música de vida. Ofrecen muchas explicaciones, pero han olvidado completamente que lo único que tienen en sus manos son explicaciones.

Una explicación es como un puño cerrado. La vida es como una mano abierta. Son totalmente diferentes. Y cuando el puño está totalmente cerrado no tiene aire en su interior, ni cielo, ni espacio para respirar. No puedes agarrar el cielo con tu puño cerrado. El puño se lo perderá. El cielo está ahí, la mano está abierta, disponible. La explicación es agarrar, cerrar, definir; la vida se le escurre.

Incluso una risa es superior a cualquier filosofía. Y cuando alguien se ríe de la vida, la comprende. Por eso, todos los que realmente han Llegado, se han reído. Y su risa puede ser escuchada incluso siglos después. Viendo a Buda con una flor en la mano, Mahakashyapa rió. Su risa puede escucharse incluso hoy en día. Los que tienen oídos para oír, pueden escuchar su risa, como un río fluyendo a través de los siglos, sin detenerse.

En los monasterios Zen, en Japón, todavía los discípulos interrogan al maestro, "Cuéntanos, Maestro, ¿por qué rió Mahakashyapa?" Y los que están más despiertos dicen, "Dinos, Maestro, ¿por qué se ríe aún Mahakashyapa?" Usan el presente, no el pasado. Y se dice que el Maestro sólo responde cuando siente que puedes oír la risa de Mahakashyapa. Si no puedes oírla, nada te puede ser dicho al respecto.

Los Budas siempre han estado riendo. Puede que no los hayas oído, porque tus puertas están cerradas. Puede que hayas observado a un Buda y hayas tenido la sensación de que es demasiado serio, pero esta seriedad es proyectada. Es tu propia seriedad; has usado al Buda como pantalla. De ahí que los cristianos digan que Jesús nunca rió. Esto suena totalmente estúpido. Jesús debió de reír y reír tan totalmente que todo su ser se convirtió en risa, pero los discípulos no pudieron oírlo; ésa es la verdad. Debieron de permanecer cerrados, proyectando su propia seriedad.

Pudieron ver a Jesús crucificado porque todos vosotros vivís sufriendo tanto que sólo podéis ver sufrimiento. Si hubiesen oído a Jesús reír, lo hubiesen omitido. Hubiera contradicho su vida; no encajaba en ella. Un Jesús riendo no encaja contigo, se convierte en un extraño.

Pero en Oriente ha sido diferente. En el Zen, en el Tao, la risa alcanza su clímax. Se convierte en el extremo opuesto a la filosofía.

Un filósofo es serio porque cree que la vida es un acertijo del que ha de encontrar la solución. Desentraña la vida con su mente y se vuelve más y más serio. Cuanto más se aparta de la vida, más serio y más muerto se vuelve.

Los taoístas—Lao Tse y Chuang Tse—dicen que si tú puedes reír, si puedes sentir una profunda risa surgiendo desde el mismísimo centro de tu ser, una risa superficial que no sea sólo pintada, si puedes sentir una risa que provenga de lo más hondo de tu ser, que se esparza por todo tu cuerpo y se extienda por el universo, esa risa te dará el primer vislumbre de lo que es la vida. Es un misterio.

En Chuang Tse esta risa está llena de oración porque ahora tú aceptas la vida, no anhelas explicaciones. ¿Cómo puede uno hallar la explicación? Somos parte de ella. ¿Cómo puede la parte explicar el Todo? ¿Cómo puede la parte observar el Todo? ¿Cómo puede la parte diseccionar, dividir al Todo? ¿Cómo puede la parte ir delante del Todo?

La explicación quiere decir que debes trascender lo que quieres explicar. Tú debes estar ahí antes de que lo explicado exista, debes estar ahí cuando haya dejado de existir. Debes moverte a su alrededor para poder definirlo y debes diseccionarlo para poder alcanzar su corazón. Un cirujano puede encontrar la explicación, no a la vida, sino a un cuerpo muerto. Todas las definiciones médicas de la vida son estúpidas porque un cirujano disecciona y cuando obtiene una conclusión, la vida ya no está allí; es sólo un cuerpo inerte. Todas las explicaciones son *post mortem;* la vida ya no está presente.

Ahora, los científicos se han dada cuenta de que cuando examinas la sangre humana, la sangre no puede ser la misma que la que estaba circulando por las venas de una persona viva. Cuando estaba viva tenía unas cualidades diferentes; ahora, en el tubo de ensayo, está muerta. No es la misma sangre, porque la cualidad básica, la vida, ya no está allí. Todas las explicaciones son de esta clase.

Una flor en el árbol es diferente, porque la vida, el molde de la vida, fluye a través de ella. Cuando la cortas del árbol, la llevas al laboratorio, la examinas, es una flor diferente. Que no te engañe su apariencia. La vida no está fluyendo ahora por ella. Puede que descubras la composición química de la flor, pero ésa no es la explicación.

Un poeta se aproxima de un modo distinto; no a través de la disección, sino a través del amor; no a través del arrancar la flor del árbol, sino más bien fundiéndose con la flor, enamorándose profundamente de ella, en una participación mística. Participa de ella y entonces llega a conocer algo. Y eso no es una explicación. La poesía no puede ser una explicación, pero tiene un vislumbre de la verdad. Es más cierta que cualquier ciencia.

Observa: cuando estás enamorado de alguien tu corazón late de modo distinto. Tu amada, tu amado, escuchará tu corazón; late de modo diferente. Tu amado te tomará de la mano... la calidez es diferente. La sangre se mueve en una danza distinta, es bombeada de modo distinto.

Cuando el doctor toma tu mano en la suya, su pulso no es el mismo. Puede oír al corazón latir, pero es un latir diferente. Cuando el corazón late por amor, entona una canción propia, pero sólo un amante puede conocer ese latido; sólo el amante puede conocer el latido, la sangre y la calidez de la vida. El médico no puede distinguirlo.

¿Qué ha cambiado? El médico se ha convertido en el observador y tú en lo observado. No eres uno. El doctor te trata como un objeto. Te mira como si mirase una cosa; esto es lo que marca la diferencia. Un amante no te mira como un objeto; se hace uno, se funde, se fusiona contigo. Llega a conocer lo más profundo de tu ser, pero no busca explicaciones. Siente, pero siente de modo diferente. No piensa en ello.

Todo lo que piensas, carece de vida. El pensamiento se relaciona con la muerte y la muerte se relaciona con cosas muertas; por esto en la ciencia no hay lugar para el sentimiento. El sentimiento da una dimensión distinta a la existencia: la dimensión del estar vivo.

Esta bella historia tiene muchas cosas que decirte. Introdúcete paso a paso en ella y si llegas a alguna conclusión, será señal de que no has comprendido. Si terminas riéndote, entonces habrás comprendido.

Tres amigos hablaban de la vida.

Chuang Tse es muy telegráfico. Como siempre, aquellos que saben, no dicen una palabra de más. Viven con lo esencial.

Tres amigos hablaban de la vida.

Lo primero que debe entenderse es que sólo entre amigos se puede hablar de la vida. Siempre que una charla se convierte en discusión, siempre que una charla se transforma en un debate, se rompe el diálogo. La vida no puede ser tratada así. Sólo los amigos pueden charlar, porque entonces el hablar no es un debate; es un diálogo.

¿Y cuál es la diferencia entre debate y diálogo? En el debate no estás dispuesto a escuchar al otro; aunque escuches, tu escuchar es falso. No estás realmente escuchando; estás simplemente preparando tus argumentos. Mientras el otro está hablándote te estás preparando para contradecirle. Mientras el otro habla, esperas simplemente tu oportunidad para rebatirlo. Tienes de antemano un prejuicio, una teoría. No buscas, no eres ignorante, no eres inocente. Estás ya lleno; tu bote no está vacío. Acarreas con ciertas teorías y estás tratando de demostrar su veracidad.

Un buscador de la verdad no esgrime teorías. Siempre está abierto, vulnerable. Puede escuchar. Un hindú no puede escuchar, un musulmán no puede escuchar. ¿Cómo puede un hindú escuchar? Él ya sabe la verdad, no hay por qué escuchar. Intentas que escuche, pero no puede; su mente está tan repleta que nada puede entrar en ella. Un cristiano no puede escuchar; él ya conoce la verdad. Ha cerrado sus puertas a nuevos aires, ha cerrado sus ojos al nuevo amanecer; lo ha logrado, ha llegado.

Todos los que sienten que han llegado, pueden discutir, pero no pueden dialogar. Únicamente pueden enfrentarse. Surge entonces el conflicto y se oponen el uno al otro. En una discusión así puedes demostrar algo, pero nada es probado. Puedes silenciar al otro, pero el otro nunca es convencido. No puedes convencerle, porque es una especie de guerra, una guerra civilizada. No estás luchando con armas; estás luchando con palabras.

Chuang Tse dice,

Tres amigos hablaban de la vida

... por esto pudieron reírse; de lo contrario hubieran extraído alguna conclusión. Puede que una teoría se hubiese impuesto a las demás, puede que una filosofía hubiese silenciado a las otras y se hubiera llegado entonces a una conclusión. Y una conclusión es algo muerto.

La vida no ofrece conclusión alguna. La vida no tiene estúpidas ideas sobre propósitos. Sigue y sigue sin final; es siempre, eternamente, un movimiento hacia adelante. ¿Cómo puedes concluir algo sobre ella? En el momento en que extraes una conclusión te has salido de ella. La vida sigue y tú te has salido del camino. Puede que te aferres a tus conclusiones, pero la vida no te esperará.

Los amigos pueden hablar. ¿Por qué? Puedes amar a una persona, pero no puedes amar a una filosofía. Los filósofos no pueden ser amigos. Puede que seas su discípulo, o su enemigo, pero no su amigo. O bien eres convencido por ellos, o no eres convencido; o bien los sigues, o no los sigues; pero no podéis ser amigos. Una amistad es posible únicamente entre dos botes vacíos. Entonces estás abierto al otro, invitas al otro. Entonces eres una constante invitación: ven a mí, entra en mí, está conmigo.

Puedes desprenderte de teorías y filosofías pero no puedes desprenderte de la amistad. Y cuando estás en una relación de amistad, el diálogo se hace posible. En el diálogo, escuchas, y si tienes que hablar, hablas; no para contradecir al otro, sino que hablas para indagar, para buscar. Hablas, no con una conclusión premeditada, sino indagando, con una indagación creciente. No intentas probar nada; hablas desde tu inocencia, no desde la filosofía. La filosofía nunca es inocente, siempre es astuta; es un artilugio de la mente.

Tres amigos hablaban de la vida, porque entre amigos es posible el diálogo. Por esto, en Oriente se dice que a menos que haya amistad, amor, reverencia, confianza, ninguna indagación es posible. Si acudes a un Maestro y tu bote está repleto con tus ideas, no puede existir contacto, no puede darse el diálogo. Primero debes vaciarte para que esa amistad sea posible, de modo que puedas ver sin ideas que obnubilen tus ojos, de modo que puedas observar sin conclusiones. Y siempre que puedas observar sin conclusiones, tu perspectiva es vasta, no está confinada.

Un hindú puede leer la Biblia, pero nunca la entenderá. En realidad nunca la lee; no puede escucharla. Un cristiano puede leer el Gita, pero lo lee desde el exterior. Nunca penetra en su más recóndito ser, nunca alcanza la esfera interior; se mueve y se mueve a su alrededor. Ya sabe de antemano que sólo Cristo es la verdad, sabe de antemano que sólo a través de Cristo llega la salvación, sabe de antemano que sólo Cristo es el hijo de Dios. ¿Cómo puede escuchar a Krishna? Sólo Cristo es la verdad. Krishna está condenado a ser falso; a lo sumo, una bella falsedad, pero nunca una verdad. O, condescendiendo mucho, dirá que es casi verdad.

Pero, ¿qué quieres decir cuando dices "casi verdad"? ¡Qué es falso! La verdad es, o no es. Nada puede ser parcialmente cierto. La verdad es, o la verdad no es. Siempre es total. No puedes dividirla. No puedes decir que es cierta hasta cierta punto. No, la verdad no conoce gradaciones. O es, o no es.

Por eso, cuando la mente concluye que Cristo es la única verdad, es imposible escuchar a Krishna. Incluso si te lo encuentras en el camino, no serás capaz de escucharle. Incluso si te encontrases a Buda, no le reconocerías.

Y todo el mundo está repleto de conclusiones. Uno es cristiano, otro es hindú, otro jaino, otro budista. ¡Por eso se pierde la verdad! Una persona religiosa no puede ser cristiana, hindú, o budista; un hombre religioso puede ser únicamente un sincero buscador. Busca y permanece abierto a cualquier conclusión. Su bote está vacío.

Tres amigos hablando de la vida... sólo los amigos pueden charlar, porque entonces se convierte en un diálogo; la relación se establece entre tú y yo. Cuando debates, la relación es entre "el otro" y yo. El otro es alguien al cual has de convencer, convertir; el otro no eres tú; el otro no tiene valor, es sólo un número.

En la amistad, el otro es importante, el otro tiene un valor intrínseco, el otro es un fin en sí mismo; no estás intentando convertirlo. ¿Cómo puedes convertir a alguien? ¡Qué tontería! El mismo esfuerzo por convertir a alguien es una estupidez. Una persona no es una cosa. Una persona es algo tan grande que ninguna teoría puede ser más importante que la persona misma. Ninguna Biblia es más importante que una sola persona, ningún Gita es más importante que la persona. "Persona" equivale al mismísimo esplendor de la vida. Puedes amar a una persona, pero nunca puedes convertir a una persona. Si intentas convertirla, estás intentando manipularla. La persona se ha convertido en un medio y tú lo estás explotando.

El diálogo es posible cuando tu "yo" dice "tú", cuando se ama al otro, cuando no hay una ideología detrás. Sencillamente amas al otro; y da lo mismo si es cristiano o hindú. Esto es lo que significa "amistad". Y los amigos pueden hablar de la vida porque entre ellos es posible el diálogo.

Uno dijo,
"¿Pueden los hombres vivir juntos y no saberlo,
trabajar juntos y no producir nada?
¿Pueden volar por el espacio
y olvidarse de que existen, un mundo sin metas?"

No está proponiendo una teoría; simplemente está planteando una pregunta. Y recuerda: puedes plantear una pregunta de dos formas. A veces haces una pregunta tan sólo porque tienes que dar una respuesta y ya conoces la respuesta; planteas la pregunta sólo para contestarla. De esta manera, la pregunta no es tal; es falsa. La respuesta ya estaba allí. La pregunta es sólo un truco, retórica; no es real, auténtica.

La pregunta es auténtica cuando en ti no está la respuesta, cuando preguntas, pero no preguntas desde una respuesta; cuando preguntas sólo para indagar; la pregunta te deja vacío, abierto, invitando, buscando.

Uno dijo,
"¿Pueden los hombres vivir juntos y no saberlo..."

Vivimos juntos y nunca sabemos nada de lo que es estar juntos. Puedes vivir con alguien durante años sin saber lo que significa estar con alguien. Observa el mundo: la gente vive acompañada; nadie vive solo. Esposos con esposas, esposas con esposos, niños con padres, padres con amigos; todo el mundo vive en compañía. La vida existe como relación, pero ¿sabes lo que es vivir en relación?

Vives con una esposa durante cuarenta años y puede que no hayas vivido con ella ni un solo instante. Incluso al hacer el amor puede que hayas estando pensando en otras cosas. No estabas presente; tu hacer el amor era tan sólo algo mecánico.

Oí que una vez Mulla Nasrudin fue a ver una película con su mujer. Habían estado casados durante, al menos, veinte años. ¡Y la película era una de esas escabrosas películas extranjeras! Mientras salían del cine su esposa le dijo, "Nasrudin, nunca me haces el amor del modo en que esos actores lo hacían en la película. ¿Por qué?"

Nasrudin dijo, "¿Estás loca? ¿Sabes lo mucho que les pagan para hacer esas cosas?"

La gente sigue viviendo acompañada, sin amor, porque tú amas sólo cuando hay un beneficio a obtener. Y, ¿cómo puedes amar si amas sólo cuando hay provecho? El amor se convierte entonces en un articulo de mercado; no existe una relación, no es una fraternidad, no es un estar juntos. No eres feliz estando con el otro; a lo sumo lo toleras.

La esposa de Mulla Nasrudin estaba en su lecho de muerte y el doctor le dijo, "Nasrudin, debo ser franco contigo. En estos momentos es mejor ser sincero. Tu esposa no puede salvarse. La enfermedad ha escapado a nuestro control y debes prepararte. No sufras, acéptalo, es tu destino. Tu esposa va a morir".

Nasrudin dijo, "¡No se preocupe! ¡He sufrido durante tantos años que puedo aguantar unas pocas horas más!"

A lo sumo, toleramos. Y siempre que piensas en términos de tolerar, sufres, tu relación sufre. Por eso Jean Paul Sartre dice, "El otro es el infierno"... porque con el otro, simplemente sufres. El otro se convierte en un impedimento, el otro se convierte en el dominador. El otro comienza a crear problemas y pierdes tu libertad, pierdes tu felicidad. Se vuelve una rutina, un tolerar. Si estás tolerando al otro ¿cómo puedes conocer la belleza del estar juntos? En verdad, nunca ha sucedido.

El matrimonio casi nunca aparece, porque el matrimonio significa la celebración del estar juntos. No es una licencia. Ninguna oficina registral te puede dar el matrimonio, ningún cura puede concedértelo como regalo. Es una tremenda revolución en el ser, es una gran transformación en tu modo de vida. Y puede suceder sólo cuando celebras el estar juntos, cuando el otro no es sentido ya más como el otro, cuando tú no te sientes más como "yo". Cuando los dos no son realmente dos, cuando se ha formado un puente, cuando, en cierto modo, se han vuelto uno. Físicamente permanecen como individuos, pero en lo que concierne al ser íntimo, se han vuelto uno. Pueden ser los dos polos de una existencia, pero no son dos. Existe un puente. Ese puente te proporciona destellos de lo que es el estar juntos.

Una de las cosas más extrañas es encontrarse con un matrimonio. La gente vive en compañía porque no puede vivir sola. Recuérdalo: debido a que no pueden vivir solos, viven juntos. Vivir solo es incómodo, antieconómico, difícil; por eso viven juntos. Las razones son negativas.

Un hombre se iba a casar y alguien le preguntó, "Siempre te has declarado contrario al matrimonio, ¿por qué has cambiado de opinión tan repentinamente?"

Él dijo, "Se acerca el invierno y se dice que será muy frío. La calefacción central supera mis posibilidades y una esposa es más económica".

Ésa es la lógica. Vives con alguien porque es cómodo, conveniente, económico, más barato. Vivir solo es realmente difícil. Una esposa supone muchas ventajas: el ama de casa, la cocinera, la criada, la enfermera; muchas cosas. Es el trabajador más barato del mundo; cumple muchas funciones sin ser pagada por ello. Es explotada. El matrimonio es la institución de la explotación; no es compañerismo. Por eso la felicidad no es su florecimiento. No puede serlo. ¿Cómo puede nacer el éxtasis de las raíces de la explotación?

Y los mal llamados santos siguen aseverando que eres desgraciado porque vives en familia, porque vives en el mundo. Dicen, "Renuncia, déjalo todo". Y su lógica parece correcta; no porque lo sea, sino porque no conoces lo que es estar juntos. De otro modo sabrías que todos esos santos están totalmente equivocados. Uno que ha conocido el estar juntos, ha conocido lo Divino; uno que está en verdad casado, conoce lo Divino, porque el amor es la puerta más grande.

Pero el estar juntos no existe ahora y tú vives sin saber qué significa. Vives así durante setenta, ochenta años, sin saber lo que es la vida. Deambulas sin raíces en la vida. Vas de un instante a otro sin probar lo que la vida te ofrece. Y no se te da al nacer. El conocer lo que es la vida, no se hereda.

La vida se obtiene a través del nacimiento, pero la sabiduría, la experiencia, el éxtasis, ha de ser aprendido. De ahí la importancia de la meditación. Tienes que merecértela, tienes que buscarla, tienes que alcanzar cierta madurez; sólo entonces podrás conocerla.

La vida se te puede revelar solamente al alcanzar cierto punto de madurez, pero la gente vive y muere de forma infantil. Nunca crecen, nunca alcanzan la madurez.

¿Qué es la madurez? Que uno sea sexualmente maduro no significa que hayas madurado. Pregunta a los psicólogos: dicen que la edad mental adulta media es aproximadamente de unos trece o catorce años. Tu cuerpo físico sigue creciendo, pero tu mente se detiene a la edad de trece años. No hay que sorprenderse pues si uno se comporta de forma tan estúpida, porque tu vida es una continua estupidez. Una mente que no ha madurado, está condenada a cometer tonterías a cada momento.

Y la mente inmadura siempre arroja la responsabilidad sobre los demás. Te sientes desgraciado y crees que se debe a que los demás convierten tu vida en un infierno. "El infierno es el otro". Yo digo que esta afirmación de Sartre es muy inmadura. Si eres maduro, el otro puede convertirse también en el cielo. Los demás son lo que seas tú, porque el prójimo es tan sólo un espejo; te refleja.

Y cuando digo "madurez", quiero significar "integridad interior". Y esta integridad interior se alcanza únicamente cuando dejas de responsabilizar a los demás, cuando dejas de asegurar que el otro es la causa de tu sufrimiento, cuando empiezas a saber que tú eres el creador de tu sufrimiento. Éste es el primer paso hacia la madurez: Yo soy el responsable. Ocurra lo que ocurra, se debe a mí.

Te sientes triste. ¿Eres tú el que escoges estar así? Te sentirás muy alterado, pero si puedes permanecer con este sentimiento, más pronto o más tarde serás capaz de dejar de actuar de cierta forma. De esto trata la teoría del *Karma*. Tú eres el responsable. No digas que la sociedad es la responsable, no digas que los padres son los responsables, no digas que los condicionantes económicos son los responsables, no descargues la responsabilidad sobre nadie. Tú eres el responsable.

Al principio parecerá una carga, porque ya no podrás desviar la responsabilidad sobre los demás. Pero asúmela...

Alguien preguntó a Mulla Nasrudin, "¿Por qué estás tan triste?"

Él contestó, "Mi mujer ha estado insistiendo en que deje de apostar, de fumar, de beber, de jugar a cartas. Y lo he hecho".

Por esto el hombre le dijo, "Tu esposa debe ser muy feliz ahora".

Nasrudin le contestó, "Ése es el problema. Ahora no puede encontrar nada de lo que quejarse; por eso es muy desgraciada. Empieza a hablar, pero no descubre nada de lo que pueda quejarse. Ahora no puede hacerme responsable de nada y yo no la he visto nunca tan triste. Pensé que cuando dejase todo aquello, se alegraría, pero se ha vuelto más infeliz".

Si sigues descargando la responsabilidad sobre los demás y ellos siguen cumpliendo con cualquier cosa que les mandes, acabarás suicidándote. Al final no habrá nadie a quien puedas responsabilizar.

Por esto es bueno tener algunos defectos; ayuda a los demás a sentirse felices. Si existiera el marido perfecto, la esposa lo abandonaría. ¿Cómo puedes dominar a un hombre perfecto? Por eso—aunque no lo quieras—continúa haciendo algunas cosas mal, ¡de forma que tu mujer pueda dominarte y sentirse feliz!

Donde se encuentre un marido perfecto, seguro que habrá divorcio. Encuentra al hombre perfecto y todos os pondréis en su contra, porque no podéis condenarlo, no podéis decir nada malo de él. A nuestras mentes les encanta descargar la responsabilidad sobre alguien. Nuestras mentes desean quejarse. Nos hace sentir bien, porque entonces no somos responsables; nos sentimos aliviados. Pero este alivio paga un alto precio. Realmente no te has aliviado; te estás agobiando más y más. Sólo que no te das cuenta.

La gente vive durante sesenta años—y a lo largo de muchas vidas—sin saber lo que es la vida. No son maduros, no están integrados, no tienen un centro. Viven en la periferia.

Si tu periferia se encuentra con la periferia de otro, se produce un choque. Y si sigues creyendo que el otro es el que está equivocado, permaneces en la periferia. Una vez te das cuenta de que, "Yo soy el responsable de mi ser. De cualquier cosa que me suceda, yo soy la causa, es mi culpa", repentinamente tu conciencia pasa de la periferia al centro. Por primera vez te conviertes en el centro de tu mundo.

Ahora puedes hacer mucho... porque puedes abandonar cualquier cosa que te disguste; puedes aceptar cualquier cosa que te guste; puedes seguir todo aquello que percibes como auténtico; y puedes dejar de ir tras todo aquello que descubres como falso, porque ahora estás centrado y enraizado en ti mismo.

Un amigo preguntó,

"¿Pueden los hombres vivir juntos y no saberlo,
trabajar juntos y no producir nada?
¿Pueden volar por el espacio

y olvidarse de que existen; un mundo sin metas?"
Los tres amigos se miraron entre sí.

Sólo los amigos se miran entre sí. Cuando hay alguien hacia el que sientes antagonismo, nunca le miras. Evitas sus ojos. Y si tienes que mirarle, tu mirada es vacía, no permites que tus ojos lo absorban; te es extraño. Lo rechazas.
Los ojos son las puertas. Tan sólo necesitas mirar a una persona para absorberla, dejando que se funda en ti.

Los tres amigos se miraron entre sí.

Uno de los amigos hizo una pregunta; los otros dos no tenían prisa alguna en contestar. Esperaron, eran pacientes. Si hubiese habido alguna conclusión en su mente, hubieran hablado inmediatamente. Pero se miraron uno al otro. Sintieron la situación, la pregunta, el corazón de la cuestión, el significado de la cuestión, la profundidad de la cuestión. Recuérdalo: si puedes sentir la profundidad de una pregunta, la respuesta casi ha sido hallada. Pero nadie tiene la paciencia, nadie está dispuesto a penetrar en lo más profundo de una pregunta. Preguntas, pero nunca alcanzas el meollo de la cuestión. Exiges una respuesta inmediata.

Los tres amigos se miraron entre sí
y prorrumpieron en carcajadas,...

El hecho, la pregunta, su penetración, la profundidad, la realidad, su esencia misma, mostraban claramente que no se requería respuesta alguna. Cualquier respuesta hubiese sido estúpida, cualquier respuesta hubiese sido superficial.
Se dice de Buda que en millones de ocasiones la gente le planteaba preguntas que él nunca contestaba. Si la cuestión requería una respuesta superficial, no contestaba; si alguien preguntaba, "¿Existe Dios?", él permanecía en silencio. Y la gente es tonta. Empezaron a creer que no creía en Dios, pues sino, hubiera contestado que sí; empezaron a pensar que era un ignorante, que no lo sabía, pues de lo contrario, hubiera contestado "sí" o "no".
Cuando planteas una pregunta del tipo, "¿Existe Dios?", no sabes qué estás preguntando. ¿Crees que es una pregunta para ser

contestada? Si es así, eres un estúpido. ¿Cómo se pueden contestar preguntas tan vitales? Entonces no conoces su profundidad; esto es curiosidad, no indagación.

Si el hombre que interpelaba a Buda hubiese sido un auténtico buscador, se hubiera centrado en el silencio de Buda, porque el silencio era la respuesta. En ese silencio, hubiera sentido la pregunta; en ese silencio, la pregunta se hubiese asentado firmemente. Contra el fondo de silencio, se hubiera vuelto más clara. Una claridad le hubiera invadido.

Siempre que planteas una pregunta profunda, no se requiere respuesta alguna. Todo lo que necesitas es centrarte en la cuestión. No vayas de aquí para allá; permanece en la pregunta y espera. La misma pregunta se convertirá en la repuesta. La pregunta— si profundizas en ella—te conducirá al mismo origen de dónde surge también la respuesta. Está en ti.

Buda no contestó ninguna pregunta real—y recuerda también eso de mí. Sigo contestando vuestras preguntas, pero tampoco puedo contestar vuestras cuestiones auténticas; aún no las habéis planteado. Cuando plantees la pregunta correcta, no la voy a contestar, porque ninguna pregunta real puede ser contestada; no es algo intelectual. Sólo de corazón a corazón se da la transmisión; no de cabeza a cabeza.

Los tres amigos se miraron entre sí...

¿Qué ocurrió en esa mirada? En esa mirada, ellos no eran mentes; se convirtieron en corazones. Se miraron el uno al otro; sintieron, saborearon la cuestión... y era tan auténtica que no había respuesta para ella.

Sí; vivimos sin saber lo que es la vida. Sí, vivimos juntos sin saber lo que es vivir juntos. Sí, vivimos olvidando completamente que existimos. Hemos estado volando por aquí y por allí en el cielo, sin saber a dónde vamos, o por qué lo hacemos.

La cuestión era tan auténtica que si se hubiera dado alguna respuesta, esa respuesta hubiera sido estúpida. Sólo un tonto contestaría una pregunta así. Se miraron el uno al otro; realmente, se miraron el uno en el otro y estallaron en carcajadas. ¿Por qué estallaron en carcajadas? La situación en su conjunto era absurda. En realidad, vivimos sin saber qué es la vida; existimos sin darnos cuenta de la existencia; viajamos y viajamos sin saber de dónde a dónde, o por qué.

La vida es un misterio. Siempre que te encares a un misterio surgirá la risa, porque ¿cómo puedes contestar a un misterio?

¿Cuál es la cosa más misteriosa en ti? La risa es lo más misterioso. Ningún animal puede reír, sólo el hombre. Es la suprema gloria del hombre. Ningún animal ríe, ningún árbol ríe; sólo el hombre ríe. La risa es el elemento más misterioso en el hombre.

Aristóteles definió al hombre como un ser racional. No es una buena definición porque el raciocinio también se da en otros animales. La diferencia es sólo de grado—y no es mucha. El hombre sólo puede ser definido como el animal que ríe y llora; ninguna otra definición es válida porque ningún otro animal puede llorar, ni ningún otro animal puede reír.

Esta polaridad se da únicamente en los seres humanos. Es algo misterioso, lo más misterioso en el hombre.

La ira existe por doquier; no es relevante. El sexo se da por doquier; no es relevante, no es tan misterioso. Si deseas entender el sexo, entiende la sexualidad animal y todo lo que es aplicable a la sexualidad animal puede aplicarse al hombre. En este sentido, el hombre no es diferente.

La ira, la violencia, la agresión, la posesividad, los celos, todo existe y se da en estado más puro en los animales. Todo en ti está confuso. Por eso los psicólogos tienen que estudiar las ratas para estudiar al hombre. Son más simples, claras, menos confusas y cualquier cosa que se concluya sobre las ratas es cierto también para ti. Todos los laboratorios psicológicos están repletos de ratas. Se han convertido en el animal más relevante para los psicólogos porque son como los humanos en muchos sentidos.

La rata es el único animal que sigue a los seres humanos dondequiera que vayan. Es universal. Si encuentras a un hombre en Siberia, alguna rata estará por los alrededores. Vaya dónde vaya, las ratas lo siguen; sospecho que las ratas han alcanzado ya la Luna. Ningún animal puede sobrevivir en tantos sitios como las ratas. Y su comportamiento es absolutamente humano. Comprende el comportamiento de las ratas y habrás entendido el comportamiento de la Humanidad.

Pero la rata no puede reír, la rata no puede llorar. La risa y el llanto son dos aspectos de algo que se da sólo en el hombre. Si quieres comprender la risa y el llanto has de estudiar a la Humanidad; no hay otro modo de que puedan ser estudiados. Por eso los denomino "la cualidad más distintiva de la Humanidad".

Siempre que presientas un misterio, tienes dos alternativas: o reír, o llorar. Depende de tu personalidad, de tu tipo. Es posible que si hubieran sido de un tipo distinto de personalidad, los tres amigos hubiesen llorado. Cuando un misterio así te envuelve, cuando te enfrentas a un misterio tan incognoscible que ninguna explicación es posible, ¿qué puedes hacer? ¿Cómo puedes responder?

Pero la risa es mejor que el llanto, porque el llorar se presenta cuando el misterio de la muerte te envuelve. Entonces lloras. Y la pregunta era sobre la vida, por tanto correspondía reír. Siempre que te encuentras con el misterio de la muerte, lloras; sientes que es lo pertinente cuando la muerte está ahí.

La pregunta era sobre la vida, no sobre la muerte. Por eso parece lógico que se miraran el uno al otro, a la vida que estaba en cada uno—la vida que vibra, la vida que danza por todas partes sin explicación, sin que exista ningún libro secreto para desvelar sus claves; la vida en su total misterio, en su total incognoscibilidad.

¿Qué había que hacer? No eran filósofos, eran hombres honestos, místicos. Rieron, no tenían ninguna explicación.

Así fueron aún más amigos que antes.

¡Qué hermoso! Siempre que aparece una explicación, la enemistad surge; siempre que crees en algo, estás dividido. La creencia crea conflicto. El mundo está dividido debido a las creencias. Tu eres hindú, algún otro es musulmán, y sois enemigos. ¿Por qué sois enemigos? Por la creencia. La creencia crea el conflicto; las explicaciones estúpidas, las ideologías, crean el conflicto, la guerra.

Observa esto: si no hubiera explicación alguna, ¿quién sería hindú y quién musulmán? ¿Y cómo podrías pelearte? ¿Para qué? Los hombres siempre han estado disputando debido a filosofías; derramando sangre, matándose entre sí, tan sólo por estúpidas creencias. Y si las analizas, puedes ver su estupidez—no de tus creencias, sino de las creencias de los demás. ¡Tu creencia es algo sagrado, pero las creencias de los demás parecen tonterías!

Todas las creencias son necedades. No puedes ver la tuya propia porque está muy cerca. En realidad las explicaciones son tonterías, estupideces.

Oí una vez de una bandada de pájaros que se dirigía al sur para pasar el invierno. Un pájaro, desde la cola, le preguntó a otro, "¿Por qué siempre seguimos a este estúpido líder?"

El otro le dijo, "En primer lugar, todos los líderes son estúpidos..."—si no, ¿quién desearía ser líder? Unicamente los necios están siempre dispuestos a mandar. Un sabio duda. ¡La vida es misteriosa! No es un camino trillado. ¿Cómo puedes mandar? Un sabio duda; un estúpido siempre está dispuesto a mandar—"... y en segundo lugar, él tiene el mapa. Por eso, cada año tenemos que seguirle".

La vida no tiene mapas y no existe la posibilidad de confeccionar un mapa. Es un camino sin senda. ¿Cómo puedes estar dividido si no hay explicaciones? Si no hubiera explicaciones el mundo sería uno. Pero hay un millón de explicaciones, un millón de fragmentos.

Chuang Tse enuncia algo muy penetrante,

*No tenían explicación alguna,
fueron así más amigos aun que antes.*

Así pues, no había nada por lo que enemistarse, nada por lo que luchar. Rieron y la risa les unió. Rieron y la risa les condujo a la hermandad. Busca explicaciones y te encontrarás dividido; conviértete en un filósofo y te separarás de los demás; conviértete en hindú, musulmán, o budista, y todos los demás serán enemigos.

Contempla el misterio, sonríe y la Humanidad será una.

No habrá necesidad de decir entonces que los hindúes son hermanos de los cristianos, que los hindúes son hermanos de los musulmanes. Primero divídelos, enférmalos con creencias y luego suminístrales esta medicina: todos sois hermanos. ¿Y has observado a los hermanos? ¡Pelean más que si fueran enemigos! Por eso, ¿qué utilidad tiene el hermanarlos?

El hombre lucha por defender sus puntos de vista. Todas las luchas son estúpidas. El hombre lucha por sus banderas y ¡mira las banderas! ¿Qué clase de estupidez, qué clase de locura, existe en el mundo? ¿Por defender banderas, símbolos, creencias, o ideologías?

Dice Chuang Tse,

No tenían explicación alguna

... se rieron. En ese misterioso instante se hicieron uno; fueron más amigos que antes.

Si realmente deseas ser amigo, no tengas ni conclusiones ni explicaciones; no creas en nada. Así, no estarás dividido; así, la Humanidad será una; así, no hay barreras.

Y el amor existe a través del sentimiento, no a través de la mente.

Ellos se rieron. La risa nace del corazón, la risa surge del vientre, la risa surge de la totalidad del ser. Cuando tres ríen, se convierten en amigos. Cuando tres lloran, se convierten en amigos. Cuando tres discuten, se vuelven enemigos.

Entonces uno de los amigos murió.
Confucio envió a un discípulo
para auxiliar a los otros dos en el canto de las exequias.

Confucio es, por excelencia, el hombre de los modales. Nadie puede superarle. Por eso es siempre la comidilla de Chuang Tse y Lao Tse. Introducen a Confucio en sus historias tan sólo para reírse de su estupidez.

¿Cuál era esa estupidez? Él vivía según un sistema, según un método, con teorías y creencias. Era el perfecto hombre civilizado, el más gran caballero que haya conocido el mundo—actúa según las reglas, lo considera todo según las reglas, ríe según las reglas, nunca se extralimita. Vive siendo esclavo de sus propias acciones. Por eso es el blanco de sus risas. Y Chuang Tse y Lao Tse se complacen citándolo en sus historias.

Entonces uno de los amigos murió.
Confucio envió a un discípulo
para auxiliar a los otros dos en el canto de las exequias.

Ni la vida, ni la muerte, son un misterio para él. Ocupan un lugar en un sistema y debe cumplimentarse una formalidad. Por eso, envía a sus discípulos para ver si el difunto ha sido atendido según lo establecido, con las oraciones adecuadas, con los cantos apropiados, tal como está prescrito en los libros. El difunto debe ser respetado.

Ésa es la diferencia. Un hombre que vive según las normas está siempre pensando en términos de respeto, nunca de amor. ¿Y qué es el respeto en comparación con el amor? El amor es algo vivo; el respeto es algo absolutamente muerto.

*El discípulo se encontró
con que uno de los amigos había compuesto una canción
mientras que el otro tocaba el laúd.*

¡Esto era increíble! ¡No respetaban a un fallecido! El difunto yacía allí y un amigo le había compuesto una canción. Le amaba; y cuando amas a un hombre deseas ofrecerle tu último adiós desde tu amor, no mediante libros, no mediante cánticos prefabricados que han sido entonados por muchos, que han utilizado tantos— algo ya podrido y maloliente. Ellos mismos compusieron una canción, fresca, joven. Desde luego, era casera; no había sido producida en una factoría, no era un producto de serie. Tan sólo casera, evidentemente no muy acabada, porque no eran poetas; eran amigos y desconocían cómo crear poesía. Puede que la métrica estuviese equivocada y que la gramática fuese incorrecta, pero el amor no se preocupa por la gramática, el amor no se preocupa por la métrica, el amor no se preocupa por el ritmo, porque el amor tiene un ritmo vital propio; no necesita preocuparse. Cuando no hay amor, has de cuidar de los detalles porque tienes que sustituir el amor por el cuidado.

Uno tocaba el laúd—y sé que tampoco era un artista del laúd. Pero, ¿cómo le dirás adiós a un amigo? Ha de salir de tu corazón, debe ser espontáneo; no puede ser prefabricado. Ésa es la cuestión.

Cantaban,

"¡Eh!, Sung Hu, ¿dónde te has ido?"

¡El misterio! No decían, "Vas a ir al cielo". No lo sabían. De lo contrario, cuando alguien muere dices, "Se ha ido al cielo". ¿Quién se va a ir al infierno entonces? Nadie parece que vaya a irse al infierno.

En la India la palabra utilizada para un difunto es *swaryija*. Significa, "uno que ha ido al cielo". ¿Quién se va al infierno entonces? Ellos no lo sabían, así que ¿por qué razón exponer una falsedad? ¿Quién sabe dónde se habrá ido este hombre, este Sung Hu—al infierno, o al cielo? ¿Quién sabe si existen cielo e infierno? Nadie lo sabe; es un misterio y uno no debería profanar un misterio, uno no debería mancillarlo, uno no debería aseverar falsedades. Es una cosa tan sagrada que uno no debería decir nada que no fuera conocido directamente.

"¡Eh!, Sung Hu, ¿dónde te has ido?"

Era una pregunta.

"¡Eh!, Sung Hu, ¿dónde te has ido?
Te has ido al sitio dónde realmente ya estabas,
y nosotros estamos aquí
¡Maldición!, estamos aquí".

Ellos decían, "Regresaste al lugar de dónde viniste". Ésta es una ley secreta: lo último sólo puede ser el comienzo. El círculo continúa y se hace perfecto, completo, y alcanza el mismo punto en dónde empezó. El final no puede ser nada más que el principio; la muerte no puede ser nada más que el nacimiento; el final debe de ser el origen, la fuente. Uno nace de la nada y entonces muere y desaparece en la nada. El bote estaba vacío cuando naciste y cuando mueras, el bote estará vacío de nuevo. Tan sólo un relampagueo. Por unos pocos instantes estás en el cuerpo y luego desapareces. Nadie sabe de dónde viniste, ni a dónde vas.

Ellos no pretenden saber nada. Dicen, "Esto es lo que sentimos: Sung Hu, has regresado al lugar de dónde procedes. Y, ¡maldición, nosotros estamos todavía aquí". Por esto no se sienten apenados por Hu; sienten pena por ellos mismos. Ellos cuelgan del medio y el círculo de su amigo ya es perfecto.

Cuando alguien muere,... ¿lo has percibido? ¿Estás triste por el difunto, o estás triste por ti? Realmente, cuando uno muere, ¿estás triste por él, por ella, o por ti? Todo el mundo siente pena de sí mismo, porque con cada muerte llega la noticia de tu muerte. Pero el que puede sonreír al misterio de la vida sabe qué es esto,

porque sólo el saber, la verdadera sabiduría, puede reír.
Has vuelto al lugar de dónde realmente procedías....

>"... Y nosotros estamos aquí
>¡Maldición!, estamos aquí".

Y nosotros estamos todavía a medio camino. Nuestro viaje está incompleto, pero tu círculo se ha vuelto perfecto. Por eso sienten pena por ellos mismos. Y si lloran, lloran por ellos mismos. Para el amigo que les ha dejado, no tienen sino una canción, tan sólo una celebración desde el corazón. Si están tristes, lo están por ellos mismos.

Esto es algo que has de comprender profundamente. Si entiendes la vida, si puedes reírte de ella, entonces la muerte es el complemento, no es el final. Recuerda: la muerte no es final de la vida; es su culminación, es el clímax, es el crescendo, el pico desde donde la ola regresa a su estado original.

Ellos sienten pena de sí mismos, de que su ola esté a medio camino. No han alcanzado todavía el clímax, la culminación, y su amigo ha vuelto al lugar en el que antes estaba. Ha llegado a casa. Sólo los que entienden la vida, pueden entender la muerte, porque la vida y la muerte no son dos. La muerte es el clímax, la culminación, la floración final, la fragancia de la vida.

La muerte parece horrible sólo porque nunca has conocido la vida. La muerte crea el miedo en ti porque temes la vida. Recuerda: sea cual sea tu actitud hacia la vida, tu actitud hacia la muerte será la misma. Si temes a la muerte, temerás la vida; si amas la vida, amarás la muerte, porque la muerte no es sino la cumbre más alta, la culminación. La canción llega a su fin, el río entra en el océano. En primer lugar, el río vino del océano. Ahora, el círculo se ha completado, el río ha llegado al Todo.

>*Entonces el discípulo de Confucio*
>*no se pudo reprimir y exclamó:*
>*"¿Puedo preguntaros dónde habéis encontrado esto*
>*en los libros de las exequias,*
>*este frívolo cántico en presencia del difunto?"*

El discípulo de Confucio no podía comprenderles. Para él,

eran frívolos, irrespetuosos. ¿Qué clase de cántico es ése? ¿De dónde lo sacasteis? No está autorizado, no procede de los Vedas. ¿Puedo preguntaros dónde lo habéis encontrado...?

Todo debería hacerse de acuerdo a las escrituras, de acuerdo a la Biblia, a los Vedas. Pero la vida no puede concordar con los libros; la vida siempre trasciende los libros, siempre va más allá. La vida lanza los libros a un lado, se mueve hacia adelante.

¿Dónde habéis encontrado este frívolo cántico en presencia del difunto? Deberíais ser respetuosos. Una persona nos ha abandonado, ha muerto y ¿qué estáis haciendo? ¡Es una blasfemia!

Los dos amigos se miraron el uno al otro y se rieron,

*"¡Pobrecito,
no conoce la nueva liturgia!"*

Él no conoce la nueva escritura, no conoce la nueva religión. Y esto ocurre cada día—la nueva liturgia.

Un hombre estaba aquí tan sólo hace unos días—un profesor de historia—y me preguntó, "¿A qué tradición pertenece usted?"

Le dije, "A ninguna".

Había venido desde América para hacer una película sobre las técnicas de meditación, sobre el campus, sobre lo que digo, sobre lo que aquí sucede. En el momento en que oyó que no pertenecía a tradición alguna, simplemente desapareció. Así pues, no pertenezco a la historia; es obvio.

¡Pobre individuo, no conoce la nueva liturgia!

Suficiente por hoy.

Lo inútil

*Hui Tse le dijo a Chuang Tse:
"Toda tu enseñanza se basa en lo que no tiene utilidad".*

*Chuang Tse replicó:
"Si no aprecias lo que no tiene utilidad alguna
no puedes empezar a hablar de lo que puede ser utilizado.
La Tierra, por ejemplo, es amplia e inmensa,
pero de toda esa inmensidad, el hombre
utiliza unos pocos centímetros:
aquellos sobre los que se mantiene erguido
en un momento dado.
Supón ahora, que de repente haces desaparecer
todo lo que no está usando realmente,
de forma que a su alrededor se abra un abismo,
y él permanezca en el vacío
sin nada sólido a su alrededor excepto
lo que está bajo cada pie,
¿durante cuánto tiempo será capaz de utilizar
lo que está utilizando?"*

*Hui Tse dijo:
"Aquello dejaría de tener utilidad alguna".*

*Y Chuang Tse terminó diciendo:
"Esto demuestra la absoluta necesidad
de aquello que se supone no tiene ninguna utilidad".*

Lo inútil

La vida es dialéctica, porque no es lógica. "Lógica" significa que el opuesto es realmente el opuesto; y la vida siempre implica, en sí misma, al opuesto. En la vida, lo opuesto no es realmente lo opuesto; es lo complementario. Sin ello, nada es posible.

Por ejemplo, la vida existe a causa de la muerte. Si no hay muerte, no puede haber vida. La muerte no es el final y la muerte no es el enemigo; más bien al contrario, pues debido a la muerte, es posible la vida. Por eso, la muerte no está en algún lugar al final; está implícita en el aquí y ahora. Cada instante tiene su vida y su muerte; de otro modo la existencia es imposible.

Existe la luz, existe la oscuridad. Para la lógica son opuestos. Y la lógica dirá: si hay luz, no puede haber oscuridad; si hay oscuridad, no puede haber luz. Pero la vida dice exactamente lo contrario: si hay oscuridad es debido a la luz; si hay luz, es debido a la oscuridad. Puede que no seamos capaces de distinguir al otro cuando se halla oculto tras la esquina.

Existe el silencio debido al sonido. Si no hubiera sonido alguno, ¿podrías estar en silencio? ¿Cómo podrías permanecer en silencio? Lo opuesto es necesario como fondo. Aquellos que siguen el camino de la lógica están equivocados, porque su vida se convierte en un círculo. Creen en la luz y empiezan a negar la oscuridad; creen en la vida y empiezan a combatir la muerte.

Por eso no existe tradición alguna en el mundo que afirme que Dios sea ambas cosas: luz y oscuridad. Una tradición afirma que Dios es luz, que no es oscuridad. No existe la oscuridad en Dios para aquellos que creen que Dios es luz. Otra tradición sostiene que Dios es la oscuridad, pero para ellos no existe la luz. Ambas están equivocadas, porque ambas son lógicas, niegan los opuestos. Y la vida es tan inmensa que contiene en sí misma al opuesto. No lo niega; lo abarca.

Alguien dijo una vez a Walt Whitman, uno de los más grandes poetas nunca nacidos, "Whitman, te contradices a ti mismo. Un día dices una cosa y al día siguiente sostienes la contraria".

Walt Whitman sonrió y dijo, "No tengo límites. Puedo contener todas las contradicciones".

Sólo las pequeñas mentes son consistentes; y cuanto más estrecha es la mente, tanto más consistente es. Cuando la mente es amplia, todo está implícito: hay luz, hay oscuridad. Dios está ahí y el demonio también, en su gloria absoluta.

Si comprendes ese proceso misterioso de la vida funcionando dialécticamente a través de los opuestos, en el que lo opuesto te ayuda, te equilibra, te da tono y constituye el fondo, sólo entonces puedes entender a Chuang Tse, porque el conjunto de la visión taoísta se basa en la complementariedad de los opuestos.

Ellos utilizan dos palabras: *ying y yang*. Son opuestos: masculino y femenino. Piensa tan sólo en un mundo que fuera masculino, o en uno que fuera totalmente femenino. Estaría muerto. En el momento en que naciera, estaría muerto. No podría haber vida en él. Si fuera un mundo femenino—mujeres, mujeres y mujeres—sin hombres, las mujeres se suicidarían.

Se necesita al opuesto, porque el opuesto es atractivo. El opuesto se convierte en el imán, te atrae; el opuesto te saca de ti mismo; el opuesto rompe tu prisión, el opuesto te hace inmenso. Siempre que se niegue al opuesto, habrá problemas. Y eso es lo que hemos estado haciendo; de ahí que haya tantos problemas en el mundo.

El hombre ha intentado crear una sociedad básicamente masculina; por eso hay tantos problemas. La mujer ha sido negada, ha sido expulsada. En los siglos pasados, a la mujer no se la veía por ninguna parte. Estaba escondida en las habitaciones posteriores de la casa y no se le permitía siquiera estar en el salón. No podías encontrártela en la calle, no podías verla en las tiendas. No formaba parte de la vida. El mundo se tornó feo, porque ¿cómo puedes negar al opuesto? El mundo se encerró en un círculo, se perdió todo equilibrio. El mundo enloqueció.

A la mujer no se le permite aún funcionar en la vida corriente; no es realmente un elemento, una parte vital de la vida. Los hombres viven en círculos machistas; el club exlusivista donde se reúnen los chicos, la bolsa, la política, el mundo científico. Todo es un círculo cerrado. El hombre es el dominador; por eso hay tanto sufrimiento. Y cuando uno de los polos opuestos domina, implica sufrimiento, porque el otro se siente herido y se venga.

Así, cada mujer se venga en su hogar. Ella no puede salir y entremezclarse en el mundo para vengarse de la Humanidad. Se venga en su marido. Hay un conflicto constante.

Oí que Mulla Nasrudin decía a su hijo, "No es asunto tuyo, ocúpate de tus asuntos, no preguntes esas cosas. ¿Quién eres tú para preguntarme cómo conocí a tu madre? Pero te diré una cosa: al conocerla, me curé de la manía de silbar".

Y luego le dijo, "He aquí la moraleja de la historia: Si no quieres ser un desgraciado como yo, nunca silbes a una chica".

¿Por qué está la esposa siempre discutiendo? No es por ella, no es algo personal. Es la venganza de la mujer, de la hembra, del opuesto negado. Y el hombre de la casa—el marido—es el representante de todo el mundo masculino, del mundo machista. Ella se le enfrenta.

La vida familiar es tan miserable porque no habéis escuchado lo que dice Chuang Tse. Hay tantas guerras porque no entendemos que los opuestos tienen que fundirse entre sí. Al negarlo, invitas a que surjan problemas. Y en cada camino, en cada nivel, en cada dimensión, ocurre lo mismo.

Chuang Tse dice que si niegas lo inútil, el mundo no tiene propósito alguno. Si niegas lo inútil, la diversión, la alegría, no puede existir trabajo o deber alguno. Esto es difícil de comprender porque todo nuestro énfasis está puesto en lo útil.

Si alguien te pregunta qué es lo que constituye una casa, contestarás: "Las paredes". Y Chuang Tse contestaría— al igual que su Maestro Lao Tse—que una casa no está constituida por las paredes, sino por las puertas y ventanas. Su énfasis radica en la otra parte. Dice que las paredes son útiles, pero que su utilidad depende del espacio inútil que hay detrás.

Una habitación es espacio, no paredes. Obviamente, el espacio es gratuito, pero hay que comprar las paredes. Cuándo compras una casa, ¿qué compras? Las paredes, lo material, lo visible. Pero, ¿puedes acaso vivir en lo material? ¿Puedes vivir en las paredes? Has de vivir en la habitación, en el espacio vacío. Compras el bote, pero has de vivir en su vacuidad.

Por eso, realmente ¿qué es una casa? Vacío rodeado de paredes. Y, ¿qué es una puerta? No es nada. "Puerta" quiere decir que no hay nada; una ausencia de pared, un vacío. Pero no puedes entrar en una casa si no hay una puerta; si no hay ventanas, el sol no puede entrar, la brisa no puede soplar. Estarás muerto y tu casa se convertirá en una tumba.

Chuang Tse dice: "Recuerda que la casa consiste en dos cosas: las paredes—lo material, lo manejable, lo utilizable—y el vacío delimitado por las paredes—lo no utilitario que no puede ser adquirido, que no puede ser vendido, que no tiene ningún valor económico.

¿Cómo puedes vender el vacío? Pero has de vivir en el vacío. Si un hombre viviera en las paredes enloquecería; es imposible. Pero nosotros tratamos de hacer lo imposible. En la vida, hemos escogido lo utilizable.

Por ejemplo, si un niño está jugando, le dices, "Estate quieto, ¿qué haces? Esto es perder el tiempo. Haz algo útil. Aprende, lee, haz tus deberes; al menos, haz algo útil. No vagabundees, no seas un holgazán". Y si sigues insistiendo en ello ante el niño, poco a poco acabarás con lo inútil. El chico se volverá solamente útil, y cuando una persona se centra solamente en lo provechoso, está muerto. Puedes usarlo; es una cosa mecánica, un medio, no un fin en sí mismo.

Tú eres realmente tú cuando estás haciendo algo inútil. Pintando, no para vender, sino sólo para disfrutar; cuidando el jardín, tan sólo para deleite; tumbado en la playa, sin hacer nada; disfrutando, sin hacer nada, alegre; sentado en silencio junto a un amigo.

Podrías hacer muchas cosas en esos momentos. Podrías ir a la tienda, al mercado, podrías ganar algún dinero. Podrías convertir tu tiempo en dinero. Podrías aumentar tu cuenta bancaria porque esos momentos no volverán. Y los estúpidos dicen que el tiempo es dinero. Sólo conocen una función del tiempo: cómo convertirlo en más y más dinero. Al final morirás con una enorme cuenta en el banco, pero por dentro serás totalmente pobre, porque la riqueza interior surge sólo cuando puedes disfrutar de lo inútil.

¿Qué es la meditación? La gente acude a mí y me dice, "¿Para qué sirve? ¿Qué provecho sacaremos? ¿Qué beneficio obtendremos con ella?"

La meditación .... ¿y tú preguntas sobre el beneficio? No pue-

LO INÚTIL

des comprenderlo porque la meditación es tan sólo lo inútil. En el momento en que digo "inútil", sientes una desazón porque toda la mente se ha vuelto tan práctica, tan orientada hacia la comodidad, que exiges siempre resultados. No puedes admitir que exista algo que sea un placer en sí mismo.

"Inútil" quiere decir que lo disfrutas, pero sin obtener beneficio alguno por ello; te fundes totalmente en ello y eso te hace feliz. Pero cuando estás totalmente sumergido en ello, no puedes acumular esa dicha, no puedes convertirla en un tesoro.

Han existido dos clases de personas en el mundo: las prácticas, las que han llegado a ser científicos, ingenieros, doctores, y la otra rama, la complementaria: poetas, vagabundos, *sanyasins*, inútiles, que no hacen nada de provecho pero que confieren un equilibrio, dándole sabor al mundo. Imagínate un mundo lleno de científicos sin un solo poeta—sería totalmente desagradable, no valdría la pena vivir en él. Piensa en un mundo lleno de científicos, sin un solo poeta; sería absolutamente horrible, no valdría la pena vivir en él. Piensa en un mundo en el que todos trabajaran en tiendas, en oficinas, sin un solo vagabundo. Sería el infierno. El vagabundo le confiere belleza.

Dos vagabundos fueron una vez arrestados... los magistrados y la policía son los custodios de la gente práctica. Les protegen, porque esta facción inútil es peligrosa, ¡puede extenderse! Por eso no se tolera a los vagabundos, a los inútiles, en ninguna parte. Si estás tan sólo de pie en la calle y alguien te pregunta qué estás haciendo y le respondes "Nada", la policía te llevará inmediatamente ante la justicia, ¡porque no hacer nada no está permitido! Debes hacer algo. ¿Por qué estás ahí? Si dices simplemente, "Estoy aquí, disfrutando de estar aquí", eres un hombre peligroso, un *hippy*. Puede que te arresten.

Por eso, los dos vagabundos fueron arrestados. El juez le preguntó al primero, "¿Dónde vives?"

El hombre le contestó, "Mi hogar es todo el mundo, el cielo es mi cobijo, voy adonde quiero, no hay barreras. Soy un hombre libre".

Luego le preguntó al otro, "Y tú, ¿dónde vives?"

El otro contestó, "En la puerta de al lado".

Esa gente le confiere belleza al mundo; son su perfume. Un Buda es un vagabundo, un Mahavira es un vagabundo. Ese hombre, ese vagabundo, contestó que el cielo era su único cobijo.

Éste es el significado de la palabra *digamber*. Mahavira, el último *tirtankara* de los jainos, es conocido como *digamber*. *Digamber* significa "desnudo", con sólo el cielo como ropaje; nada más. El cielo es su cobijo, su hogar.

Siempre que el mundo se vuelve excesivamente práctico, creas demasiadas cosas, posees demasiadas cosas, te obsesionas con demasiadas cosas, pero desatiendes lo interior, porque lo interno sólo puede florecer cuando no existen tensiones externas, cuando no vas a sitio alguno, cuando sólo descansas. Entonces, lo interior florece.

La religión es absolutamente inútil. ¿Para qué sirve un templo? ¿Para qué sirve una mezquita? ¿Para qué sirve una iglesia? En Rusia han convertido todos los templos, mezquitas e iglesias en hospitales y escuelas, en algo útil. ¿Por qué este templo está ahí sin utilidad alguna? Los comunistas son prácticos. Por eso están en contra de la religión. Han de estarlo porque la religión permite lo inútil, permite aquello que no puede ser explotado, aquello que no puede convertirse en un medio para alcanzar un objetivo distinto. Puedes tenerla, puedes sentirte dichoso en ella, puedes sentir el mayor éxtasis posible, pero no puedes manipularla. Sucede. Cuando no haces nada, sucede. Y lo más importante siempre sucede cuando no estás haciendo nada. Mientras haces algo, sólo lo trivial sucede.

Soren Kierkegaard, un filósofo danés, ha escrito algo muy penetrante. Ha dicho, "Cuando comencé a rezar, solía ir a la iglesia a hablar con Dios..." Esto es lo que los cristianos hacen en todo el mundo. Hablan con Dios en voz alta como si Dios estuviese sordo. Y, como si Dios fuese una entidad estúpida, le indican lo que debe y lo que no debe hacer. O, como si Dios fuese un monarca medio tonto, le convencen, le sobornan, para ver cumplidos los deseos que alimentan.

Pero Kierkegaard decía, "Empezaba a hablar y de repente me di cuenta de que era totalmente inútil. ¿Cómo puedes hablar ante Dios? Uno debe permanecer en silencio. ¿Qué es lo que se puede decir? ¿Y qué puedo decir para que Dios pueda incrementar su conocimiento? Él es omnipotente, es omnisciente, lo sabe todo".

Y Kierkegaard sigue diciendo, "Conversé con Él durante muchos años y de repente me di cuenta de que era una tontería. Por eso dejé de hablarle, me volví silencioso. Y luego, tras muchos años me di cuenta de que incluso el silencio era inadecuado. Y di el tercer paso: escuchar. Primero era yo quien hablaba, luego deje de hablar, y por fin era yo el que escuchaba".

Escuchar no es igual que permanecer en silencio, porque estar en silencio es un acto negativo; escuchar es algo positivo. Estar silencioso es pasivo; escuchar es una pasividad despierta, esperando algo, sin decir nada, pero esperando con todo tu ser. Tiene una intensidad. Y Kierkegaard dijo, "Cuando surgió este escuchar, por primera vez surgió la oración".

Pero parece que escuchar es algo absolutamente inútil, especialmente escuchar lo desconocido; no sabes dónde está. El silencio no tiene utilidad alguna; hablar parece lo útil. Algo se puede hacer hablando; hablando consigues mucho en el mundo. Por eso piensas que si quieres volverte religioso también tienes que "hacer" algo.

Pero Chuang Tse dice: "La religión comienza sólo cuando has comprendido la futilidad de todo hacer y te has desplazado al extremo opuesto del no hacer, de la inactividad, del volverte pasivo, del volverte inútil".

Entremos ahora en el *sutra*—lo Inútil,

Hui Tse le dijo a Chuang Tse
"Toda tu enseñanza se basa en lo que no tiene utilidad"

Esta enseñanza no parece servir de mucho, pero Chuang Tse y su Maestro siempre estaban hablando sobre lo inútil, incluso ensalzaban al hombre que era inútil.

Chuang Tse habla de un hombre, un jorobado. Todos los jóvenes de la ciudad eran obligados a cumplir con el servicio militar, a ingresar en el ejército, porque eran útiles. Sólo un hombre, un jorobado, que era inútil, no fue llamado. Chuang Tse dijo, "Sé como el jorobado, tan inútil que no seas sacrificado en la guerra".

Ensalzan continuamente al inútil porque mantienen que el útil se ve envuelto una y otra vez en dificultades. El mundo te utilizará, todo el mundo está dispuesto a utilizarte, a manipularte, a controlarte. Si eres un inútil, nadie te prestará atención, la gente se olvidará de ti, se alejarán en silencio, no se ocuparán más de ti. Simplemente, no se darán cuenta de que existes.

Así me sucedió a mí. Soy un inútil. En mis días de infancia

solía sentarme junto a mi madre. Ella miraba alrededor y decía, "Quisiera enviar a alguien a buscar verduras al mercado, pero no veo a nadie". ¡Y yo estaba sentado a su lado! Decía, "¡Es que no hay nadie por aquí!" Y yo reía para mis adentros. Ella no osaba enviarme al mercado; yo era tan inútil que no se daba ni cuenta de que estaba allí.

Una vez, mi tía vino unos días y no estaba enterada de mi condición de inútil. Mi madre estaba diciendo, "No hay nadie en casa para que vaya al mercado. Todos los chicos están fuera y el criado está enfermo. ¿Qué puedo hacer? He de enviar a alguien".

Así que mi tía dijo, "¿Por qué no envías a Raja? Está sentado ahí sin hacer nada".

De esta forma fui enviado. Le pregunté al vendedor del mercado, "Dame las mejores verduras que tengas, los mejores plátanos, los mejores mangos". Observándome a mí y al modo en que hablaba debió de pensar que era un estúpido, pues nadie pide nunca lo mejor. Así que me cobró el doble y me endilgó todo lo podrido que tenía y regresé a casa muy contento.

Mi madre lo tiró todo y dijo, "¡Mira lo que ha traído! Por esto digo que no hay nadie en casa".

Chuang Tse insiste mucho en ello: permanece alerta y no seas muy útil, pues de lo contrario la gente te explotará. Comenzarán a utilizarte y te verás en problemas. Y si eres capaz de producir algo, te forzarán a producir toda tu vida. Si eres capaz de hacer algo en concreto, si eres habilidoso, no se te puede dejar de lado.

Él afirma que la inutilidad contiene en sí misma su intrínseca utilidad. Si puedes ser útil a los demás, entonces has de vivir para los demás. Como inútil, nadie te presta atención, nadie te mira, nadie se preocupa por ti. Se te deja solo. Vives en el mercado como si vivieras en los Himalayas. En esa soledad creces. Toda tu energía se dirige hacia tu interior.

Hui Tse dijo a Chuang Tse,

"Toda tu enseñanza se basa en lo que no tiene utilidad".

Chuang Tse replicó,

"Si no aprecias lo que no tiene utilidad alguna
no puedes empezar a hablar de lo que puede ser utilizado".

Él decía que lo inútil es la otra cara de lo útil. Eres capaz de hablar sobre lo útil debido a lo inútil. Es una parte vital. Si lo descartas totalmente, nada será útil. Hay cosas que son útiles porque hay cosas que son inútiles.

Pero esto es lo que ha ocurrido a la Humanidad. Hemos cercenado toda actividad lúdica creyendo que toda nuestra energía se desplazaría hacia el trabajo. Pero ahora el trabajo se ha convertido en algo aburrido. Uno tiene que desplazarse al extremo opuesto, sólo entonces rejuveneces.

Durante todo el día, estás despierto; por la noche, duermes. ¿Qué utilidad tiene el sueño? Es una pérdida de tiempo—y no poco tiempo. Si vives noventa años, treinta años te los pasarás dormido; una tercera parte, ocho horas cada día. ¿Qué utilidad tiene esto?

En Rusia, los científicos han pensado que esto es malgastar el tiempo, que es antieconómico; tenían que hacer algo, era necesario algún cambio químico u hormonal. Incluso se podía alterar algo en los genes, en la célula misma. Deberíamos fabricar un hombre que fuera consciente, que estuviera despierto, atento, alerta las veinticuatro horas del día.

Piénsalo tan sólo... si lo consiguieran, se suicidarían. Te convertirían en un autómata, en un mecanismo que trabaja y trabaja, sin días ni noches, sin descanso y sin trabajo. ¡No habría opuesto al que pudieras irte y olvidar!

Y ya han empezado con ello. Han comenzado a educar a los niños pequeños mientras duermen. Hoy en día, en la Unión Soviética, miles de niños duermen con auriculares en sus oídos. Mientras duermen, el *cassette* les está enseñando. Durante toda la noche la grabadora les repite una cosa u otra. Lo escuchan una y otra vez y llega a formar parte de su memoria—les enseñan mientras duermen; hipnopedia. Y aseguran que, antes o después, lo que se trabaja en las escuelas puede conseguirse mientras el chico duerme, y así, el día puede utilizarse para otra cosa.

Incluso el sueño tiene que ser explotado. No se te deja ser tú mismo, ni cuando estás dormido. No se te concede ni libertad para dormir. Y entonces, ¿qué eres tú? Te conviertes en un diente del engranaje. Pasas a ser tan sólo una parte más del mecanismo, del engranaje. Si eres eficiente, vale; si no, eres descartado, arrojado a la basura y alguien más eficiente te reemplazará.

¿Qué te ocurre al acabar la jornada de trabajo? Te duermes. ¿Qué ocurre? Pasas de lo útil a lo inútil. Y por eso te sientes tan fresco, tan vivo, tan aliviado, por la mañana. Tus piernas pueden bailar, tu mente puede cantar, tu corazón puede sentir de nuevo—todo el polvo del trabajo es limpiado, el espejo está de nuevo inmaculado. Por la mañana tienes cierta claridad. ¿De dónde surge? Surge de lo inútil.

Por eso, la meditación puede proporcionarte los más grandes vislumbres, porque es la cosa más inútil del mundo. Simplemente no haces nada, tan sólo te sumerges en el silencio. Es superior al sueño porque en el sueño estás inconsciente; ocurra lo que ocurra, ocurre inconscientemente. Puede que estés en el paraíso, pero no lo sabes.

En la meditación, te mueves conscientemente. Eres consciente del camino: cómo ir del mundo útil exterior al mundo inútil del interior. Y una vez conoces el camino, en cualquier momento puedes dirigirte adentro. Sentado en un autobús—no es necesario que hagas nada—simplemente estás sentado; viajando en coche, o en tren, o en avión, no haces nada; todo lo hacen los demás. Puedes cerrar tus ojos y sumergirte en lo inútil, lo interno. Y de repente, todo se vuelve silencioso y todo está en calma; de inmediato te encuentras en la fuente de toda vida.

Pero no tiene valor alguno en el mercado. No puedes ir y venderla, no puedes decir, "Tengo una gran meditación. ¿Hay alguien que quiera comprarla". Nadie querrá comprarla. No es un bien; es algo inútil.

Chuang Tse replicó,

"Si no aprecias lo que no tiene utilidad alguna
no puedes empezar a hablar de lo que puede ser utilizado.
La Tierra, por ejemplo, es amplia e inmensa,
pero de toda esa inmensidad, el hombre
utiliza unos pocos centímetros:
aquellos sobre los que se mantiene erguido
en un momento dado".
"Supón ahora que de repente haces desaparecer
todo lo que no está usando realmente,

de forma que a su alrededor se abra un abismo,
y él permanezca en el vacío
sin nada sólido a su alrededor
excepto lo que está bajo cada pie.
¿Durante cuánto tiempo será capaz de utilizar
lo que está utilizando?"

Es un bello símil. Da en el clavo. Estás sentado aquí y tan sólo utilizas un pequeño espacio: treinta por treinta. No empleas toda la Tierra; toda la Tierra no te sirve. Solamente usas una pequeña porción de ella: treinta por treinta. Dice Chuang Tse: "Supón que toda la Tierra desaparece, que sólo queda este espacio de treinta por treinta para ti. Estás de pie empleando tan sólo unos pocos centímetros de tierra. Supón que toda la Tierra desaparece y que sólo queda eso. ¿Durante cuánto tiempo serás capaz de utilizar lo que estás usando?

Una sima, un abismo infinito se abre a tu alrededor. Te marearás inmediatamente, caerás en el abismo. La tierra inútil sirve de soporte a la útil. Y lo inútil es inmenso, lo útil es muy pequeño. Y esto es cierto en todos los niveles del ser: lo inútil es inmenso, lo útil, muy escaso. Si tratas de salvar lo útil y olvidar lo inútil, antes o después, te marearás. Y esto es lo que ha ocurrido: estás ya aturdido y cayendo en el abismo.

En todo el mundo, la gente que piensa tiene un problema: la vida no tiene sentido, la vida parece no tener sentido. Pregunta a Sartre, a Marcel, a Jaspers, a Heidegger. Sostienen que la vida no tiene sentido. ¿Por qué se ha convertido la vida en algo sin sentido? No era así. Buda nunca lo dijo; Krishna bailaba, cantaba, disfrutaba; Mahoma oraba y agradecía a Dios la bendición que sobre él descendía en forma de vida. Chuang Tse es feliz, tan feliz como es posible serlo, tan feliz como pueda serlo un hombre. Ellos nunca dijeron que la vida careciera de sentido. ¿Qué le ha ocurrido a la mente moderna? ¿Por qué la vida aparenta no tener sentido?

La Tierra entera ha desaparecido y tú te has quedado en la parte sobre la que estás de pie, o sentado. Estás sintiendo vértigo. Ves a tu alrededor el abismo y el peligro y no puedes emplear la tierra sobre la que te mantienes porque es de utilidad sólo cuando está unida a lo inútil. Lo inútil ha de estar presente. ¿Qué quiere decir esto?

Tu vida se ha vuelto únicamente trabajo, sin diversión. La diversión es lo inútil, lo inmenso; el trabajo es lo útil, lo trivial, lo pequeño. Has llenado tu vida totalmente con el trabajo. Siempre que quieres hacer algo, lo primero que te viene a la cabeza es, "¿Tiene alguna utilidad?" Si la tiene, entonces prosigues con ello.

Sartre sitúa una de sus historias en el próximo siglo, el veintiuno. Un hombre muy rico dice, "El amor no es para mí, sólo es para los pobres. Por lo que a mí concierne, que mis sirvientes se lo queden".

Desde luego, ¿por qué debería un Ford perder el tiempo amando a una mujer? Un simple sirviente puede hacerlo. El tiempo de Ford es más valioso. Debería invertirlo en algo provechoso.

¡Es posible! Observando cómo funciona la mente humana, es posible que en el futuro, sólo los sirvientes hagan el amor. Cuando puedes delegar en un sirviente, ¿por qué ocuparte tú mismo? Cuando todo se mide en términos económicos, cuando un Ford, o un Rockefeller, pueden emplear su tiempo de una forma más provechosa, ¿por qué tendrían que malgastar su tiempo en una mujer? Pueden enviar a un sirviente; será menos problemático.

Parece absurdo hablar de estas cosas, pero ya han ocurrido en muchas dimensiones de la vida. Nunca juegas; lo hacen tus sirvientes. Nunca eres un participante activo en nada alegre; los demás lo hacen por ti. Acudes a ver un partido de fútbol; otros lo juegan y tú tan sólo observas—eres un espectador pasivo, sin implicarte. Vas a ver una película y otros están haciendo el amor, entablando guerras, generando violencia, de todo...; tú tan sólo eres un espectador en tu asiento. No sirve para nada, de modo que no necesitas preocuparte. Cualquiera puede hacerlo; tú tan sólo miras. El trabajo lo haces tú; la diversión, los demás por ti. ¿Y por qué no hacer lo mismo con el amor? Usando la misma lógica, alguien lo hará.

La vida parece no tener sentido porque su significado radica en mantener un equilibrio entre lo útil y lo inútil. Has negado por completo lo inútil. Has cerrado la puerta. Sólo queda lo útil y te abruma en exceso.

Si sobre los cuarenta tienes una úlcera, eso es síntoma de que has triunfado; demuestra que eres un triunfador. Si has superado los cuarenta y estás en los cincuenta y todavía la úlcera no ha aparecido, eres un fracasado. ¿Qué has estado haciendo durante toda tu vida? Debes de haber estado perdiendo el tiempo.

LO INÚTIL

A los cincuenta deberías sufrir el primer ataque de corazón. Los científicos han calculado que hoy en día, sobre los cuarenta, un hombre debe de sufrir de úlcera, y a los cincuenta, tener el primer ataque de corazón. A los sesenta, ha muerto y nunca ha vivido. No tenía tiempo para vivir. Había tantas cosas importantes para hacer, que no tuvo tiempo para vivir.

Mira a tu alrededor, observa a los triunfadores, a los políticos, los millonarios, los grandes industriales, ¿qué les ocurre? No te fijes en lo que poseen; obsérvalos directamente, porque si miras sus posesiones, serás engañado. Los objetos no tienen úlceras, los coches no tienen ataques de corazón, las casas no son hospitalizadas. No atiendas a los bienes; sino, serás engañado. Observa a la persona sin sus posesiones; mírala directamente y sentirás su pobreza. Entonces, incluso un mendigo puede ser un millonario. En lo que concierne a la vida, incluso un pobre puede ser rico.

El éxito es un fracaso; y no hay mayor fracaso que el éxito, porque el hombre de éxito pierde su conexión con la vida, con el Todo. El hombre que triunfa está haciendo un mal trueque, cambiando lo real por lo irreal, tirando diamantes y coleccionando guijarros de colores encontrados en la playa; coleccionando guijarros y perdiéndose los diamantes.

Un rico, es un perdedor; un triunfador, un fracasado. Pero debido a que ves a través de los ojos de la ambición, atiendes a lo que se posee. Nunca observas al político; sólo ves su cargo, su puesto de primer ministro. Te fijas en el poder; nunca te fijas en la persona que está sentada ahí absolutamente inerte, perdiéndoselo todo, sin tener tan siquiera un atisbo de lo que es la dicha. Ha comprado el poder, pero al adquirirlo se ha perdido a sí misma. Y es un mal negocio.

Oí una vez que, tras un mitin multitudinario, un líder político abroncaba a su director de campaña. Éste no podía entenderlo. El líder le estaba diciendo, "¡He sido engañado!"

Su director de campaña le contestó, "No lo entiendo; la gira fue un éxito. Acudieron miles de personas. Y ¡cuántas guirnaldas! Te han cubierto de flores. ¡Cuéntalas!"

El líder le contestó, "He pagado doce y sólo hay once".

Al final, todo triunfador siente que ha sido estafado. Tiene que ocurrir así, ha de suceder así, es inevitable, porque ¿qué estás dando y qué estás recibiendo? El yo interior se pierde por alcanzar pasiones fútiles. Puedes engañar a los demás, pero ¿cómo podrás engañarte a ti mismo? Al final contemplarás tu vida y verás que te la has perdido por causa de lo útil.

Lo inútil ha de estar presente. Lo útil es como un jardín, limpio, cuidado; lo inútil es como un bosque inmenso, natural; no puede estar tan limpio, ni tan cuidado. La naturaleza tiene su propia belleza y cuando algo está tan limpio y arreglado, está ya muerto. Un jardín no puede estar muy vivo porque lo podas, lo cortas, lo manipulas. Un gran bosque tiene una vitalidad, un alma muy poderosa. Adéntrate en un bosque y siente el impacto; piérdete en un bosque y sabrás de su poder. No puedes sentir el poder de un jardín; no lo tiene; ha sido hecho por el hombre. Puedes contemplarlo: es hermoso, pero es cultivado; ha sido planeado, manipulado.

En realidad, un jardín es algo falso; lo auténtico es el bosque. Lo inútil es como el inmenso bosque y lo útil es como el jardín que has creado alrededor de tu casa. No sigas podando en el bosque. De acuerdo, tu jardín está bien, pero déjalo que forme parte del inmenso bosque que no es tu jardín, sino el jardín de Dios.

¿Y eres capaz de pensar en algo que sea más inútil que Dios? ¿Puedes encontrarle alguna utilidad? Ése es el problema; por eso no podemos hallar significado alguno en Dios. Y los que van tras lo que tiene significado, se vuelven ateos. Dicen que no puede haber un Dios, que no puede existir. ¿Cómo puede haber un Dios cuando Dios nos parece tan inútil?

Es mejor dejarlo al margen; así, el mundo queda para nosotros, para que lo dirijamos y controlemos. Así podemos hacer de él un mercado, podemos transformar los templos en hospitales, en escuelas. Pero la inutilidad de Dios es la base misma de toda la utilidad que sigue. Si puedes jugar, tu trabajo se convertirá en placer. Si puedes disfrutar de la simple alegría; si puedes llegar a sentirte como los niños jugando, tu trabajo no será una carga para ti. Pero es difícil. Tu mente sigue pensando en términos de dinero.

Oí una vez que Mulla Nasrudin llegó a su casa y encontró a su mujer en la cama con su mejor amigo. El amigo se sentía embarazado y asustado. Le dijo, "Oye, no puedo hacer nada por remediarlo. Estoy enamorado de tu mujer y ella lo está de mí. Y al ser tú un hombre razonable deberíamos llegar a algún acuerdo. No tiene sentido disputar por ella".

Así que Nasrudin le contestó, "¿Qué clase de arreglo sugieres?"

Su amigo le dijo, "Deberíamos jugar una partida de cartas con tu mujer como premio. Si gano, déjanos; si tú ganas, nunca volveré a ver a tu esposa de nuevo".

Nasrudin le dijo, "Vale, de acuerdo". Pero entonces le espetó: "Juguémonos también algunas rondas con dinero, una rupia por cada punto; de lo contrario no tendrá emoción. Sólo por una esposa, no tiene sentido. No me hagas perder el tiempo y apostemos algo de dinero también".

De este modo todo se vuelve útil. El dinero parece ser lo único provechoso. Todos los que son prácticos se vuelven locos por el dinero, porque el dinero lo compra todo. El dinero es la esencia de todo lo útil. Por eso, si Buda y aquellos como Buda renunciaban, no era debido a que estuvieran en contra del dinero; era debido a que estaban en contra de todo aquello que fuera de provecho. Por eso dijeron: "Guardaos todo el dinero. Me voy al bosque. Este jardín no es ya para mí. Voy hacia lo inmenso, lo desconocido, donde uno puede perderse. Este camino trillado, sencillo, que todo el mundo conoce, cartografiado, no es para mí".

Cuando te mueves en la inmensidad de lo inútil, tu alma se vuelve inmensa. Cuando navegas por el mar, sin mapa, te vuelves como el océano. En ese instante, el mismo reto de lo desconocido engendra tu alma. Cuando estás seguro, cuando no hay problemas, cuando todo está matemáticamente planeado, establecido, tu alma se encoge. Nada te reta. Lo inútil te ofrece el reto.

> *"Supón ahora que repentinamente haces desaparecer*
> *todo lo que no está usando realmente,*
> *de forma que a su alrededor se abra un abismo,*
> *y él permanezca en el vacío*
> *sin nada sólido a su alrededor*
> *excepto lo que está bajo cada pie*
> *¿durante cuánto tiempo será capaz de utilizar*
> *lo que está utilizando?"*

Sin Dios, el mundo no puede continuar. Nietzsche declaró hace cien años que Dios estaba muerto. No se dio cuenta, pero al mismo tiempo estaba declarando también que él no podía vivir más. Nunca pensó en eso; pensó justo lo contrario. Dijo: "Dios ha muerto y el hombre es ahora libre para vivir". Pero yo te aseguro que si Dios está muerto, el hombre está también muerto. Las noticias puede que no le hayan llegado, pero él está muerto, porque Dios es la inmensa inutilidad.

El mundo del hombre es el mundo práctico, de lo útil; sin lo inútil, lo útil no puede existir. Dios es la diversión y el hombre es el trabajo; sin Dios, el trabajo carece de sentido, se vuelve una carga que ha de soportarse de la mejor manera. Dios es la alegría; el hombre la seriedad. Sin la alegría, la seriedad sería excesiva, sería como una enfermedad. No destruyáis los templos, no destruyáis las mezquitas, no las convirtáis en hospitales. Puedes construir otros hospitales, puedes construir otros edificios como escuelas, pero deja que lo inútil permanezca como el mismísimo centro de la vida. Por eso, los templos se ubican en el centro mismo del mercado, en el centro mismo de la ciudad, para mostrar que lo inútil ha de permanecer como el verdadero centro; en caso contrario, deja de ser útil Lo opuesto debe de tenerse en cuenta; y lo opuesto es más importante.

¿Cuál es el propósito de la vida? La gente sigue viniendo y preguntándomelo. No hay propósito alguno. No puede haberlo. Carece de finalidad; es alegría. Has de disfrutarla, puedes únicamente disfrutarla; no puedes hacer nada más con ella. No es vendible. Y si te la pierdes por un sólo instante, habrás pasado de largo y no puedes volver atrás.

La religión es únicamente un símbolo. Un hombre vino a mí y me dijo, "En la India hay quinientos mil *sanyasins*. Esto es antieconómico. ¿Qué hace toda esta gente? Viven del trabajo de los demás. No se les debería permitir vivir".

En Rusia no se les permite vivir—ni a un solo *sanyasin*. El Estado se ha convertido en una cárcel. No se te permite ser inútil. En China están matando a los monjes budistas y a los *bikus;* han matado a miles de ellos y están destruyendo los monasterios. Están convirtiendo a todo el país en una factoría, como si el hombre fuese sólo estómago, como si el hombre pudiera vivir sólo de pan.

Pero el hombre tiene un corazón y el hombre posee un ser que no está orientado en absoluto hacia el provecho. El hombre desea disfrutar, sin motivo y sin razón. El hombre desea ser dichoso, sencillamente por serlo.

Ese hombre preguntó, "¿Cuándo vais a detener a todos estos *sanyasins* en la India?" Y estaba muy en contra mía. Dijo, "Estás incrementando su número. Detente. ¿Qué utilidad tienen tantos *sanyasins?"*

Y su pregunta parece ser relevante. Si hubiese acudido a alguna otra parte, si hubiese preguntado a algún otro líder religioso, se le habría contestado que tienen una utilidad. Pero se sintió muy turbado cuando le contesté que no son de utilidad alguna.

La vida, en sí misma, carece de utilidad alguna. ¿Cuál es su propósito? ¿A dónde vas? ¿Con qué objeto? Sin propósito, sin resultado, sin meta. La vida es un éxtasis constante; momento a momento puedes saborearla, pero si comienzas a pensar en resultados, te perderás su deleite, arrancarás tus raíces, no serás más parte de ella, te distanciarás de ella. Y entonces preguntarás por el significado, por el propósito.

Te has dado cuenta de que cuando eres feliz nunca preguntas ¿cuál es el propósito de la felicidad? Cuándo estás enamorado, ¿te preguntas para que lo estás? Cuando por la mañana contemplas el sol y ves una bandada de pájaros como una flecha en el cielo, ¿te has preguntado el por qué de todo ello? Una flor se abre solitaria en la noche, colmando la atmósfera nocturna con su fragancia. ¿Te has preguntado qué propósito persigue? No hay propósito. La finalidad forma parte de la mente y la vida existe en un estado de ausencia de mente; de ahí mi insistencia en lo inútil. Si buscas con demasiado ahínco lo útil, no podrás dejar la mente. ¿Cómo puedes abandonar la mente si buscas alguna utilidad, algún resultado? Puedes abandonar la mente sólo cuando te das cuenta de que no hay propósito y que la mente no es necesaria. Entonces puedes dejarla de lado. Es innecesaria. Claro que cuando vayas al mercado, llévala contigo. Cuando estés en la tienda, úsala; es un mecanismo, un ordenador.

Actualmente, los científicos aseguran que más pronto o más tarde, suministraremos a cada niño un ordenador que le pueda caber en el bolsillo. No importará que almacene muchas matemáticas en su cabeza; bastará con apretar el botón y el ordenador lo hará. Tu mente es un ordenador natural. ¿Por qué te sientes constantemente agobiado por ella? Cuando no la necesites, déjala a un lado. Pero crees que la necesitas porque tienes que hacer algo de provecho. ¿Quién te dirá a ti qué es lo inútil y qué es lo provechoso? La mente está constantemente eligiendo: esto es de provecho, haz esto; esto no es de provecho, no lo hagas. La mente te dirige. La

mente representa lo útil. La meditación representa lo inútil.
Ve desde lo útil a lo inútil y hazlo de forma tan espontánea y natural que no haya lucha, ni conflicto. Hazlo tan natural como el entrar y salir de casa. Cuando necesites la mente, utilízala como un mecanismo; cuando no la uses, déjala a un lado y olvídala. Se inútil y haz algo inútil y entonces tu vida será enriquecida, tu vida será un equilibrio entre lo útil y lo inútil. Y este equilibrio trasciende ambos aspectos. Eso es lo importante: ni utilidad, ni inutilidad.

*"...¿Durante cuánto tiempo será capaz
de utilizar lo que está utilizando?"*

*Hui Tse dijo,
"Aquello dejaría de tener utilidad alguna".*

*Y Chuang Tse terminó diciendo,
"Esto demuestra la absoluta necesidad
de aquello que se supone no tiene ninguna utilidad".*

Incluso lo útil no puede existir sin lo inútil. Lo inútil es la base. Te lo digo: tu mente no puede existir sin meditación, y si intentas lo imposible, te volverás loco. Esto es lo que le ha pasado a mucha gente. Enloquecen. ¿Qué es la locura? La locura es un esfuerzo por vivir sin meditación, por vivir sólo en la mente, sin meditación alguna. La meditación es la base; la mente no puede existir sin ella. Y si lo intentas, la mente se vuelve loca, enloquece. Es demasiado, es insoportable. Un loco es aquel que fue perfectamente práctico. Intentó lo imposible, intentó vivir sin meditación y por eso se ha vuelto loco.

Los psicólogos dicen que si no se te permite dormir durante tres semanas, perderás la razón. ¿Por qué? El sueño es algo inútil. ¿Por qué te volverás loco si no se te permite dormir en tres semanas? Un hombre puede vivir sin comida durante tres meses, pero un hombre no puede vivir tres semanas sin dormir. Y tres semanas es el límite máximo. No es el tuyo. Si no se te permitiera dormir, enloquecerías en tres días. Si descartas lo inútil, enloqueces.

La locura crece día a día porque la meditación no es considerada algo valioso. ¿Acaso crees que sólo es valioso aquello que puede ser valorado? ¿Que sólo es valioso aquello que puede ser comprado y vendido? ¿Que sólo es valioso lo que es un bien de mercado? Si es así, estás equivocado. Aquello que carece de valor, es también valioso. Lo que no puede ser ni comprado, ni vendido es mucho más valioso que todo lo que pueda comprarse y venderse.

El amor es la base del sexo. Si privas totalmente a la gente de amor, el sexo se pervertirá. La meditación es la base de la mente. Si niegas la meditación, la mente enloquecerá. La alegría, la diversión, es la base del trabajo. Si niegas la alegría y la diversión, el trabajo se convertirá en una carga, en un peso muerto.

Mira al inútil cielo. Tu casa puede ser útil, pero existe en este inmenso cielo de inutilidad. Si puedes percibir ambos, si eres capaz de moverte de un extremo a otro sin conflicto alguno, entonces, por primera vez, nacerá en ti el ser humano perfecto.

El ser humano perfecto no conoce lo que está dentro, ni lo que está fuera. Ambos son suyos. El perfecto ser humano no se preocupa por lo que es útil y lo que es inútil. Ambos son sus alas. El ser humano perfecto surca el cielo con sus dos alas: mente y meditación, materia y consciencia, este mundo y ése, Dios y no-Dios. Es una armonía superior a los opuestos.

Chuang Tse enfatizaba muchísimo la inutilidad, la carencia de provecho, porque habéis valorado en demasía lo útil. Si no, este énfasis sería innecesario. Es tan sólo para equilibrar. Te has ido demasiado a la izquierda; tienes que ser llevado a la derecha.

Pero recuerda, debido a este exceso de énfasis puede que te desplaces de nuevo al otro extremo. Y eso es lo que ocurrió a muchos de los seguidores de Chuang Tse. Se convirtieron en adictos de lo inútil, enloquecieron con lo inútil. Se desplazaron demasiado hacia lo inútil y no se trata de eso. Erraron.

Chuang Tse lo enfatizaba únicamente porque te has vuelto adicto en extremo a lo útil. Por eso enfatizaba lo inútil. Pero debo recordarte—porque la mente puede irse al opuesto y seguir siendo la misma—que lo importante es trascender. Tienes que alcanzar un punto en el que puedas disponer de lo útil y de lo inútil, de lo provechoso y de lo no provechoso. Entonces estarás más allá de ambos, entonces ambos te servirán.

Hay personas que no pueden desprenderse de la mente y hay personas que no pueden desprenderse de la meditación. Y—recuérdalo—es la misma enfermedad: no puedes liberarte de algo.

Antes no podías librarte de la mente, de alguna forma te manejaba; ahora no puedes librarte de la meditación. Te has ido de nuevo de una prisión a otra.

El hombre auténtico, el hombre perfecto, un hombre del Tao, no es adicto a nada. Puede ir con facilidad de un extremo a otro porque permanece en el medio. Usa ambas alas.

Chuang Tse no debería ser mal entendido; por eso te aviso: puede ser mal interpretado. La gente como Chuang Tse es peligrosa, porque puedes mal interpretarlo. Y es más probable que les mal interpretes y no que les entiendas. La mente dice, "De acuerdo, basta ya de tienda, de familia; ahora me convertiré en un vagabundo". Esto es mal interpretar. Seguirás con la misma mente, te volverás adicto a tu vagabundeo. No serás capaz de regresar a la tienda, al mercado, a la familia. Les tendrás miedo.

De la misma forma, la medicina puede convertirse en una nueva enfermedad si te vuelves adicto a ella. Así que el médico debe controlar que te recuperes de la enfermedad, pero también que no te vuelvas adicto a la medicina. En caso contrario, no es un buen médico. Primero debes superar la enfermedad e inmediatamente después debes abandonar la medicina; si no, la medicina ocupará el puesto de la enfermedad y te quedarás colgado de ella para siempre.

Mulla Nasrudin mostraba a su hijo pequeño, de siete años de edad, cómo acercarse a una chica, cómo invitarla a bailar, qué decirle y qué no decirle, cómo persuadirla.

El chico se fue y media hora después volvió y le dijo, "Enséñame ahora cómo librarme de ella".

Esto se ha de aprender y es lo más difícil. El invitar es fácil, pero el librarse es muy difícil. Y lo sabes muy bien por tu propia experiencia: invitar a una chica es fácil, persuadir a una chica es siempre tarea fácil, pero ¿cómo puedes librarte de ella? Ahí está el problema. Entonces ya no sales a ningún sitio, entonces te olvidas por completo de silbar.

Recuérdalo: lo inútil tiene su propio atractivo. Si te preocupas excesivamente por lo útil, puede que te desplaces al otro extremo. Puede que pierdas tu equilibrio.

Para mí, ser *sanyasin* es un profundo equilibrio: es permanecer en el punto medio, libre de todos los opuestos. Él puede emplear lo útil y puede emplear lo inútil, puede utilizar aquello que tiene un fin y puede utilizar lo que no tiene finalidad alguna, y aun así los trasciende. No es utilizado por ellos. Se ha convertido en el Maestro.

Suficiente por hoy.

Medios y fines

*La finalidad de una trampa para peces
es atrapar los peces;
cuando el pez es atrapado,
uno se olvida de la trampa.*

*La finalidad de las palabras
es expresar ideas.*

*Cuando se comprenden las ideas,
se olvidan las palabras.*

*¿Dónde puedo hallar un hombre
que haya olvidado las palabras?
Él sería el único
con el que me gustaría conversar.*

Medios y fines

Es difícil olvidarse de las palabras. Se adhieren a la mente. Es difícil abandonar la red, porque no sólo son cogidos los peces, sino que el pescador es atrapado en ella. Éste es uno de los mayores problemas. Utilizar palabras es jugar con fuego, porque las palabras son tan importantes que el contenido pierde su significado. El símbolo se vuelve tan importante que el contenido se pierde completamente; lo externo te hipnotiza y te olvidas del centro.

Esto ha sucedido en todo el mundo. Cristo es el contenido; el cristianismo es tan sólo una palabra; Buda es el contenido; *dhamapada* es sólo una palabra; Krishna es el contenido; el Gita no es sino una trampa. Pero el Gita es recordado y Krishna olvidado; o si te acuerdas de Krishna, te acuerda de él sólo por el Gita. Si hablas de Cristo es debido a las iglesias, a la teología, a la Biblia, a las palabras.

La gente sigue cargando con la red durante muchas vidas, sin llegar a saber que es sólo una red, una trampa.

Buda solía contar una historia. Unos hombres atravesaban un río. El río era peligroso, estaba crecido, debía de ser la estación lluviosa... y salvaron sus vidas gracias a un bote. Debían de ser muy, muy inteligentes porque pensaron, "Este bote nos ha salvado, ¿cómo podemos abandonarlo ahora? ¡Es nuestro salvador y sería de desagradecidos dejarlo!" Por eso transportaron el bote sobre sus cabezas hasta la ciudad.

Alguien les preguntó, "¿Qué estáis haciendo? ¡No hemos visto nunca a nadie que transportara un bote!"

Ellos le contestaron, "Ahora tenemos que llevar este bote durante el resto de nuestras vidas porque este bote nos ha salvado y no somos desagradecidos".

Esa gente aparentemente inteligente debieron de ser estúpidos. Da gracias al bote, pero déjalo ahí. No sigas llevándolo. Has estado llevando muchos tipos de botes sobre tu cabeza. Puede que no sobre tu cabeza, sino en tu cabeza. Mira por dentro. Escaleras, botes, caminos, palabras; esto es lo que contiene tu cabeza, tu mente.

El contenedor se vuelve demasiado importante, el vehículo se vuelve demasiado importante, el cuerpo se vuelve demasiado importante y entonces te vuelves ciego. El vehículo era necesario para entregarte el mensaje; recibe el mensaje y olvida al vehículo. El mensajero existía sólo para entregarte el mensaje. Recibe el mensaje y olvídate del mensajero. Dale las gracias, pero no lo lleves en tu cabeza.

Mahoma insistió en ello una y otra vez, casi cada día de su vida. "Soy sólo un mensajero, un *paigamber*. No me veneréis, sólo soy el portador de un mensaje divino. No me reverenciéis; reverenciad al Dios que os ha enviado el mensaje". Pero los musulmanes se han olvidado del origen. Mahoma—el vehículo—es ahora lo importante.

Dice Chuang Tse,

> *¿Dónde puedo hallar un hombre*
> *que haya olvidado las palabras?*
> *El sería el único*
> *con el que me gustaría conversar.*

El hombre que ha olvidado las palabras es un hombre digno de que se hable con él porque posee la realidad interna, posee el centro del ser en su interior. Él tiene el mensaje. Su silencio está preñado. Tu hablar es impotente. ¿Qué haces cuando hablas? No dices nada en concreto. No tienes ningún mensaje, nada que entregar. Tus palabras están vacías, no contienen nada, no llevan nada. Son sólo símbolos. Y cuando hablas, estás únicamente expulsando tu propia basura. Puede que sea una buena catarsis para ti, pero puede ser peligrosa para el otro. ¿Y cómo puedes hablar con alguien que está repleto de palabras? Es imposible.

Las palabras no dejan el suficiente espacio. Las palabras no dejan un resquicio, una puerta. Las palabras son demasiado, no puedes atravesarlas.

Hablar con un hombre repleto de palabras es casi imposible. No puede escuchar, porque para escuchar uno ha de estar en silencio, para escuchar uno ha de estar receptivo. Las palabras no lo permiten. Las palabras son agresivas, nunca son receptivas. Puedes hablar, pero no puedes escuchar. Y si no puedes escuchar, tu hablar es el hablar de un loco. Estás hablando sin saber por qué, estás hablando sin saber de qué. Continúas hablando porque, de alguna manera, te descargas al hacerlo.

Te sientes bien después de una buena charla. Te sientes bien porque te has descargado: tu hablar forma parte de tus tensiones. No viene de ti, es tan sólo una molestia; no es una canción, no tiene belleza propia. Por eso, siempre que hablas, simplemente aburres al otro. Pero, ¿por qué te está él escuchando? Él no te está escuchando; está esperando su turno para aburrirte también, esperando el momento propicio para poder tomar las riendas.

He oído que una vez un gran político, un líder, estaba hablando; y habló y habló de modo que se hizo casi medianoche. Poco a poco, la audiencia le fue dejando hasta que sólo quedó una persona en el salón. El líder le dio las gracias y le dijo, "Parece que usted es el único amante de la verdad, el único seguidor auténtico. Le doy las gracias. Cuando todos se han ido, usted todavía permanece aquí".

El hombre le contestó, "No se confunda, yo soy el siguiente orador".

Cuando escuchas, escuchas porque eres el próximo orador. Puedes tolerar al hombre; es un pacto. Si quieres aburrir a los demás, tienes que dejarles que te aburran. En verdad, cuando aseguras que alguien es un pelmazo, quieres decir que la persona en concreto no te va a dar la oportunidad de ser el próximo en hablar. Él sigue y sigue y no eres capaz de encontrar un hueco por donde puedas entrar para empezar tú a dar la lata. Esta persona te resulta pesada, pero cualquier mente llena de palabras es pesada.

¿Cuándo te darás cuenta de esto? ¿Por qué una persona resulta aburrida? Porque sólo hay palabras, sin peces en ellas, sólo trampas... inútiles, sin sentido, sin contenido. Es como un repiqueteo, un ruido, sin contener significado alguno. Siempre que hay un significado, aparece lo bello; cuando hay un significado, creces con él; cuando hay un significado, cuando te encuentras con un hombre que tiene un contenido, te provoca un nuevo resurgir de energía. No es una pérdida de tiempo; es un aprendizaje, es una experiencia. Es raro y difícil encontrar a un hombre que esté en silencio.

Si puedes encontrar a un hombre que esté en silencio y puedes persuadirle de que hable contigo, ganarás mucho, porque su mente no estará repleta de palabrería; será el corazón hablando al corazón. Cuando todo surge del silencio, cuando una palabra nace del silencio, es hermosa, está viva, comparte algo contigo. Cuando una palabra surge desde el conglomerado de palabras, puede volverte loco.

A un niño de unos cinco años le preguntó su profesor, "¿Ha aprendido ya a hablar tu hermanita?"

El chico contestó, "Sí, ha aprendido a hablar y ahora le estamos enseñando a que se esté callada".

Éste es el misterio. Tienes que aprender a hablar, es parte de la vida, y luego tienes que aprender a guardar silencio, a dejar las palabras. Las universidades, los padres, los profesores, te enseñan palabras y luego tienes que encontrar un Maestro que pueda enseñarte a permanecer callado.

Un erudito alemán acudió a Ramana Maharshi y le dijo, "He venido desde muy lejos para aprender de ti".

Ramana sonrió y dijo, "Pues has venido al sitio equivocado. Ve a alguna universidad, a algún sabio, a algún gran *pandit;* ahí podrás aprender. Si vienes a mí, tendrás que darte cuenta de que aquí no es posible aprender; enseñamos sólo como desaprender. Puedo mostrarte como desaprender, como desprenderte de tus palabras, como crear un espacio en tu interior. Y ese espacio es divino, ese espacio es Dios".

¿Dónde estás buscando? ¿En las palabras, en las escrituras? Así, un día u otro te volverás ateo, un *pandit,* un erudito; no podrás permanecer siendo creyente por mucho tiempo. Recuerda que, sepa lo que sepa un erudito, sepa lo que sepa sobre la Biblia, sobre el Gita y el Corán, un día se volverá ateo, porque ésta es la consecuencia lógica del acumular palabrería. Antes o después se preguntará: "¿Dónde está Dios?" No hay Biblia que pueda responder, ningún Gita que pueda proporcionarte una respuesta. Al contrario, cuando las Biblias, los Gitas, y los Coranes están demasiado metidos en tu cabeza, harán que te pierdas a Dios porque tendrás ocupado todo el espacio de tu mente... en ti habrá demasiados muebles. Dios no se podrá mover. Puede que Dios no sea capaz de establecer contacto contigo si la mente es demasiado prolija. De ese modo es imposible escuchar y si no puedes escuchar ¿cómo puedes orar? No puedes esperar, las palabras son demasiado impacientes; desde dentro piden salir.

He oído que ocurrió una vez... a las tres de la mañana Mulla Nasrudin telefoneó al dueño del bar y le dijo, "¿A qué hora vais a abrir el bar?"

El dueño le contestó, "Estas no son horas de preguntar esas cosas. Eres un cliente habitual Nasrudin y sabes que no abrimos antes de las nueve de la mañana. Vete a dormir y espera hasta las nueve".

Pero al cabo de diez minutos volvió a llamar diciendo, "Es urgente. Dime cuándo vais a abrir el bar".

Esta vez, el dueño ya se molestó. Le dijo, "¿Qué crees que estás haciendo? Te dije que ni un minuto antes de las nueve. Y no vuelvas a llamar".

Al cabo de diez minutos volvió a llamar. El dueño le dijo, "¿Te has vuelto loco? Espera hasta las nueve".

Nasrudin le contestó, "No lo entiendes. ¡Me he quedado encerrado en el salón y quiero salir!"

Si tu mente está demasiado cargada de palabras, de teorías, de escrituras, éstas te pedirán continuamente: "¡Abre paso, queremos salir!" Y cuando la mente quiere salir, Dios no puede entrar en ti. Cuando la mente desea salir, no está abierta para que nada pueda entrar. Está cerrada; es una calle de un solo sentido. El tráfico en doble sentido, no es posible.

Cuando eres agresivo mediante las palabras que expresas, nada puede penetrarte: ni el amor, ni la meditación, ni Dios. Y todo lo que es hermoso, supone un proceso de interiorización. Cuando estás en silencio, sin palabras que quieran ser expresadas, cuando estás esperando, en ese momento de espera, surge lo bello, surge el amor, surge la oración, Dios aparece. Pero si uno es excesivamente adicto a las palabras, se lo perderá. Al final tendrá una larga colección de palabras y de teorías, de lógica, de lo que sea, pero nada le valdrá porque el contenido se habrá perdido.

Tienes la red, la trampa, pero no hay peces en ella. Si hubieras cogido el pez, habrías arrojado inmediatamente la red muy lejos. ¿Por qué preocuparse? Si has empleado ya la escalera, olvídala. ¿Quién pensará en ella? La has trascendido, ha sido usada.

Por esto, cuando un hombre llega realmente a saber, se olvida del conocimiento. A eso lo que llamamos "sabiduría". Un sabio es aquél que ha sido capaz de desaprender lo aprendido. Simplemente abandona lo no esencial.

Dice Chuang Tse,

¿Dónde puedo hallar un hombre
que haya olvidado las palabras?
Él sería el único
con el que me gustaría conversar.

Con él vale la pena hablar. Puede que no sea fácil convencerle para que hable, pero estar junto a él, tan sólo sentarse a su lado, será una comunión, será una comunicación; la más profunda posible. Dos corazones se fundirán el uno en el otro.

Pero, ¿por qué esta adicción a las palabras? Pues porque el símbolo aparece como lo real. Y si se repite una y otra vez, a través de la repetición uno llega a auto-hipnotizarse. Repitiendo lo que sea, poco a poco te olvidarás de que no sabes. La repetición te proporciona la sensación de que sabes.

Si vas a un templo por primera vez, vas en total ignorancia. Que el templo pueda contener algo, que Dios esté ahí o no esté, es una hipótesis, pero yendo cada día, una y otra vez, repitiendo el ritual, las plegarias—cualquier cosa que el sacerdote diga—y haciéndolo diariamente, año tras año, olvidarás el hipotético estado de mente que existía en un principio. Con esa repetición continua, va entrando en la mente y empiezas a sentir que éste es el templo, que Dios vive aquí, que ésta es la morada de Dios. En este instante te has situado en el mundo de las apariencias.

Por eso, todas las religiones insisten en enseñar a los niños tan pronto como sea posible, porque una vez pasada la infancia es muy difícil convertir a la gente a cualquier estupidez; muy difícil. Los psicólogos dicen que se debe empezar antes de los siete años. El niño puede ser condicionado como hindú, musulmán, cristiano o cualquier cosa, como comunista, como ateo o creyente, no importa qué, pero ha de ser antes de los siete. Hasta los siete años el niño aprende casi el cincuenta por cien de todo lo que aprenderá a lo largo de toda su vida. Y este cincuenta por ciento es muy significativo porque se convierte en la base. Aprenderá muchas cosas, creará una gran estructura de conocimientos, pero toda ella estará basada en el conocimiento recibido cuando era niño. Y en esa época, antes de los siete años, el niño carece de lógica, de argumentatividad. Es confiado, explora, cree. No puede ser incrédulo, porque no conoce lo que es la credulidad o la incredulidad.

Cuando nace el niño, carece de mente para razonar. No conoce el razonamiento. Le digan lo que le digan, le parece cierto; y si lo repites, el niño es hipnotizado. Así es como todas las religiones han explotado a la Humanidad. El niño tiene que ser conformado según un modelo y una vez el modelo está profundamente arraigado, nada puede hacerse ya. Incluso si posteriormente el niño cambia de religión, nada cambiará. Al contrario, su cristianismo será parecido al hinduismo, debido a su base.

Ocurrió una vez en una tribu de caníbales cerca del Amazonas. Poco a poco acabaron con la mayoría de sus miembros hasta que únicamente quedaron unos doscientos. Se habían matado y comido unos a otros. Un misionero fue allí a trabajar. El jefe de la tribu le habló en perfecto inglés. El misionero se sorprendió y le dijo, "¡Qué! Hablas un inglés perfecto, tienes un acento de Oxford perfecto y ¿sigues siendo caníbal?"

El hombre le contestó. "Sí. He estado en Oxford y he aprendido mucho. Sí, somos aún caníbales, pero ahora empleo tenedor y cuchillo. Eso lo hemos aprendido en Oxford".

Así es como varían las cosas; no excesivamente. Convierte a un hindú al cristianismo y su cristianismo será como el hinduismo. Convierte un cristiano al hinduismo y seguirá siendo un cristiano en su interior, porque no puedes cambiar la base. No puedes volverlo niño de nuevo, no puedes devolverle la inocencia. Ese momento se ha perdido.

Si alguna vez esta Tierra se vuelve verdaderamente religiosa no predicaremos el cristianismo, ni el hinduismo, ni el islamismo, ni el budismo; ése es uno de los mayores crímenes cometidos. Enseñaremos a orar, enseñaremos meditación, pero no crearemos sectas. No enseñaremos palabras y credos, enseñaremos modos de vida, enseñaremos a ser felices, enseñaremos el éxtasis. Enseñaremos cómo mirar a los árboles, cómo bailar con los árboles, cómo ser más sensibles, cómo estar más vivos y cómo disfrutar de las bendiciones que Dios nos ha dado... pero no enseñaremos palabras, ni credos, ni filosofías, ni teologías. No, no los llevaremos a un templo, o a una iglesia, o a una mezquita, porque estos sitios son las fuentes de la corrupción. Han corrompido la mente. Dejaremos a los niños en manos de la naturaleza; ése es el verdadero templo, la verdadera iglesia.

Enseñaremos a los niños a contemplar las nubes en el cielo, el sol que sale, la luna al anochecer. Les enseñaremos cómo amar y les enseñaremos a no crear barreras contra el amor, contra la meditación, o la oración. Les enseñaremos a ser abiertos y vulnerables; no les cerraremos sus mentes. Y evidentemente, les enseñaremos palabras, pero al mismo tiempo les enseñaremos sobre el silencio, porque una vez que las palabras se establecen en la base, el silencio se vuelve difícil.

Vienes a mí; tu problema es éste: en la base se hallan las palabras y ahora intentas meditar y estar en silencio y la base está siempre ahí. Siempre que estás en silencio la base comienza a funcionar. Por eso te das cuenta del exceso de pensamientos cuando estás meditando, incluso más de los que sientes comúnmente. ¿Por qué? ¿Qué es lo que ocurre? Cuando estás en silencio te diriges hacia adentro y eres más sensible al sinsentido interno que sigue y sigue. Cuando no estás en meditación eres extrovertido, te vuelcas al exterior, te implicas en el mundo y no puedes escuchar el ruido interior que prosigue. Tu mente no se fija en eso.

El ruido está ahí continuamente, pero no puedes oírlo; estás ocupado. Pero siempre que cierras los ojos y te diriges hacia tu interior, se abre el manicomio. Puedes sentir y puedes oír y entonces te asustas y tienes miedo. ¿Qué ocurre? ¡Y pensabas que mediante la meditación te volverías más silencioso! Y lo que está ocurriendo es totalmente lo opuesto.

Al principio sucederá esto porque se te ha proporcionado una base errónea. Toda la sociedad, tus padres, tus profesores, tus universidades, tu cultura, te han proporcionado una base equivocada. Ya has sido corrompido; tu origen está envenenado. Ése es el problema: cómo des-envenenarte. Y lleva tiempo. Una de las cosas más difíciles es desembarazarse de todo lo que sabes, de todo lo que has aprendido.

Dice Chuang Tse,

¿Dónde puedo hallar un hombre
que haya olvidado las palabras?
Él sería el único
con el que me gustaría conversar.

Sólo con un sabio vale la pena hablar. Sólo a un sabio vale la pena escuchar. Sólo con un sabio vale la pena vivir.

¿Qué es un sabio? Un bote vacío; sin palabras dentro; el cielo vacío sin nubes. Ni sonido, ni ruido; sin locura, sin caos en su interior; una continua armonía, un equilibrio, un balance. Vive como si no viviera. Está como si estuviera ausente. Se mueve, pero nada se mueve en él. Habla, pero el silencio interior está ahí. Nunca se altera; usa las palabras, pero las palabras son meros vehículos; a través de esas palabras te está transmitiendo algo que está más allá de las palabras. Y si te agarras y cuelgas de las palabras, lo perderás.

Cuando escuchas a un sabio, no escuchas sus palabras; son secundarias, superficiales, periferia pura. Escúchalo a él, no escuches sus palabras. Cuando las palabras te alcancen, déjalas de lado, como haría el viajero que ha atravesado el mar: deja el bote y sigue. Deja tu bote y sigue. Si sigues cargando con el bote, estás loco. Toda tu vida se convertirá en una carga; el bote te agobiará. Un bote no es para ser llevado sobre la cabeza. Siéntete agradecido—eso está bien—pero cargar con el bote sobre tu cabeza, es demasiado.

¿Cuántos botes estás llevando sobre tu cabeza? Tu vida se ha estancado debido al peso. No puedes volar, no puedes flotar, porque estás transportando una carga muerta; no sólo durante una vida—ésta—sino durante muchas vidas. Sigues almacenando lo inútil, lo trivial. ¿Por qué lo haces? Debe haber alguna profunda razón; si no, todo el mundo dejaría de hacerlo.

¿Por qué ocurre así? En primer lugar, crees que la palabra es la realidad, que la palabra dios es Dios, que la palabra amor es amor; que la palabra es real. Y la palabra no es lo auténtico. La palabra solamente simboliza, indica; no es lo real. Tienes que darte cuenta—y darte cuenta claramente—de que la palabra no es lo real. Una vez has sido atrapado en la creencia de que la palabra es lo real, cuando alguien te diga "Te quiero" te sentirás frustrado. Al decir que te quiere, crees que te quiere, porque para ti la palabra es lo real.

Si no puedes ver la realidad sin palabras, te sentirás frustrado en todos los ámbitos de la vida. Siempre te sentirás frustrado porque tomarás la palabra por la realidad.

Mucha gente viene a mí y dice, "Esta chica me ama; me lo dijo". "Este hombre me amaba y ahora el amor ha desaparecido". En ambos casos fueron engañados por las palabras.

Dale Carneggie sugiere que aunque hayas estado casado durante veinte años, no olvides nunca utilizar las mismas palabras que cuando cortejabas a tu esposa; continúa. Cada mañana dile las mismas palabras que cuando estabais cortejando. No las olvides. Cada día di, "No existe nadie como tú. Eres la chica más bonita de este mundo y moriría si no te tuviera". Dale Carneggie aconseja que aunque no lo sientas, lo digas, porque las palabras son realidades. Y así la esposa será engañada y el marido será engañado, porque viven sólo de las palabras.

No conoces nada aparte de ellas, no conoces nada real. ¿Cómo puedes ponerte en contacto con la realidad? Cuando alguien te dice, "Te amo", ¡se acabó! Cuando alguien dice, "Te odio", ¡se acabó! Deja de fijarte en las palabras y mira a la persona. Cuando alguien dice, "Te amo", no te dejes confundir con las palabras; no les prestes atención. Atiende a la persona, a su totalidad. Así nadie podrá engañarte. El amor es un fuego tal que podrás verlo, podrás tocarlo, serás capaz de saber si está ahí o no.

El amor no puede permanecer escondido. Si está presente de verdad, no se necesitan palabras. Cuando alguien te ama realmente, no te dirá "Te amo". No es necesario. El amor es suficiente por sí mismo, no necesita de ningún arte de la venta. No requiere que nadie te persuada, te convenza; él mismo es suficiente, es un fuego. No hay nada más ardiente que el amor; es una llama. Y cuando arde una llama en la oscuridad, no necesitas especificar nada sobre ella. Está ahí. No se necesita ningún anuncio, ninguna propaganda.

Intenta diferenciar las palabras de la realidad. En tu vida cotidiana cuando alguien te diga, "Te odio", no creas las palabras. Puede que sea una cosa momentánea, puede que sea sólo una fase. No persigas la palabra, pues de lo contrario te ganarás un enemigo de por vida. Así como ganas amigos a través de las palabras, te creas enemigos debido a las palabras. No persigas las palabras; mira dentro de la persona, mira en sus ojos, siente su totalidad—puede que sea una reacción solo momentánea. De cien veces, noventa y nueve será algo momentáneo. Se siente herido por algo, reacciona y te dice, "Te odio". Espera, no decidas, no digas "Es mi enemigo". Si lo dices, no sólo eres engañado por las palabras del otro, sino que ahora también eres engañado por tus palabras. Si dices, "Éste es mi enemigo", te apegarás a estas palabras. Y aunque él cambie mañana, tú no estarás dispuesto o no querrás cambiar; las seguirás llevando dentro de ti. Y con tu insistencia, te crearás verdaderamente un enemigo. Tus enemigos son falsos, tus amigos son falsos, porque las palabras no son la realidad.

Las palabras pueden lograr solo una cosa: si las repites, aparentan ser reales. Dice Adolfo Hitler en su autobiografía—Mein Kampf— "Sólo conozco una diferencia entre la verdad y la mentira y es ésta: una mentira repetida suficientemente se convierte en verdad". Y él lo sabe por experiencia; te cuenta lo que hizo: continuamente dijo mentiras y siguió repitiéndolas una y otra vez.

Al principio parecían tonterías. Comenzó diciendo que a causa de los judíos, Alemania fue derrotada en la Primera Guerra Mundial. Era absolutamente absurdo.

Una vez estaba hablando en una reunión y preguntó, "¿Quién es el responsable de la derrota de Alemania?"

Un hombre se levantó y dijo, "Los ciclistas".

Hitler se quedó sorprendido. Le dijo, "¿Qué? ¿Por qué?"

El hombre le contestó, "¿Y por qué los judíos?" Él era judío. ¿Por qué los judíos?

Ni cuando se estaba muriendo y de nuevo Alemania estaba siendo derrotada y totalmente destruida, creyó que fuera por causa de Stalin, Churchill, o Roosevelt. No creía que estuviera siendo derrotado porque sus enemigos fuesen superiores, o más poderosos que él. Su último veredicto fue el mismo: era una conspiración judía, los judíos estaban tras ello y por su culpa, los alemanes habían sido derrotados. Y toda Alemania le creía, ¡uno de los pueblos más inteligentes de la tierra!

Pero los inteligentes pueden ser estúpidos porque la gente inteligente cree en las palabras. Ése es el problema. Los alemanes—muy inteligentes, gente muy erudita—han dado luz a los más grandes profesores y filósofos; todo el país es inteligente. ¿Cómo podía un estúpido como Hitler convencerlos de que sus argumentos eran lógicos?

Pero esto pudo suceder porque una tierra de profesores, de intelectualidad—de mal llamados intelectuales—es siempre adicta a las palabras. Si sigues repitiendo una y otra vez algo, martilleando y martilleando, la gente al escucharlo continuamente empezará a creer que es verdad. La verdad puede ser creada a partir de mentiras si las repites lo suficiente. La repetición es el método de convertir una mentira en una verdad. Pero, ¿puedes convertir tú una mentira en una verdad? Tan sólo puedes en apariencia. Repite insistentemente algo y empezarás a creértelo. Puede que no seas tan desgraciado como pareces. Debido a que has estado repitiendo, "Soy un desgraciado, soy un desgraciado, soy un desgraciado" y lo has repetido con tanta frecuencia, ahora pareces ser desgraciado.

Observa tu miseria. ¿Eres en verdad un desgraciado? ¿Estás sumido en un infierno tal y como muestra tu rostro? Recapacita. Dejarás de sentirte tan desgraciado inmediatamente porque nadie puede ser tan desgraciado como pareces serlo tú. Es imposible. ¡Dios no lo permitiría! Es por repetición, por autohipnosis.

Un psicólogo francés, Emile Coué, acostumbraba a dar un tratamiento a la gente. Su método era simple repetición, sugestión, autohipnosis. Acudías a él y le decías, "Tengo un dolor de cabeza, un constante dolor de cabeza, y no hay medicina que valga. He probado con todas las "patías", incluso con la naturopatía y nada ha funcionado".

Él te decía que no había necesidad de tratamiento porque no había tal dolor de cabeza. Simplemente te lo creías. Acudiendo a uno y a otro doctor, todos contribuían a creer que existía ese dolor de cabeza, porque si ellos no creen en tu dolor de cabeza no pueden subsistir. Los médicos no pueden decirte que no tienes dolor de cabeza. Cuando acudes al médico, aunque no tengas nada, encontrará algo. Es su razón de ser.

Hablar con Coué te ayudaba inmediatamente; casi el cincuenta por ciento de las migrañas desaparecían tan sólo hablando con él, sin medicina alguna. Y él percibía la relajación que te invadía y así sabía que el truco había funcionado. Luego te daba una fórmula que debías de repetir día y noche continuamente, en todo momento: no existe este dolor de cabeza. Cada mañana al levantarte tenías que repetir: "Cada día me siento mejor y mejor". Y al

cabo de dos o tres semanas el dolor de cabeza desaparecía.
Un verdadero dolor de cabeza no puede desaparecer de ese modo. En primer lugar, la migraña fue creada por las palabras; en primer lugar, te hipnotizaste a ti mismo diciéndote que tenías dolor de cabeza y luego te des-hipnotizabas. Una enfermedad auténtica no puede desaparecer, pero tus enfermedades—el noventa por ciento de ellas—son irreales. Las has creado con las palabras. Coué ayudó a miles, Mesmer ayudó a miles, con tan sólo crear el sentimiento de que uno no está enfermo. Esto no demuestra que la autohipnosis cure la enfermedad; demuestra que sois unos hipnotizadores tan magníficos que habéis creado vuestras propias enfermedades. Creéis en ellas.

Y los doctores no pueden decir que vuestras enfermedades sean mentales. No te sientes bien si alguien te dice que tu enfermedad es sólo mental; te sientes mal e inmediatamente cambias de médico. Siempre que el médico te dice que tienes una enfermedad importante, muy seria, te sientes muy bien, porque un hombre como tú, tan importante, tan grande, ha de sufrir grandes enfermedades. Las enfermedades sin importancia son para gentecilla, las enfermedades ordinarias son para gente corriente. Cuando tienes cáncer, tuberculosis, o una enfermedad de riesgo, te sientes superior, eres alguien. Al menos, respecto a las enfermedades, no eres común.

Un doctor que acababa de graduarse en la universidad, volvió a su casa. Su padre—también doctor—cansado de trabajar y trabajar se fue de vacaciones. Le dijo, "Necesito al menos tres semanas de vacaciones y me voy a ir a la montaña, así que encárgate de mi consulta".

Cuando el padre regresó al cabo de tres semanas, el hijo le dijo, "Te tengo una sorpresa. En tres días he curado a la mujer que habías estado tratando durante años y que no podías curar".

El padre le dio en la cabeza y le dijo, "Estúpido, esta señora ha estado pagando tu educación y esperaba que gracias a ella todos mis hijos pudieron pasar por la universidad. Su mal de estómago no era real. Y me sentía preocupado cuando estaba en la montaña porque olvidé decirte que no te encargaras de ella. Ella es rica y necesita del dolor de estómago y yo la he estado ayudando. Durante años ha sido la fuente de nuestros ingresos".

El noventa por ciento de las enfermedades son psicológicas. Pueden ser curadas mediante *mantras*, pueden ser curadas por sugestión, pueden ser curadas por Satya Sai Baba, porque en primer lugar tú has realizado un milagro al crearlas. Ahora cualquiera puede curarlas.

Repetir continuamente una palabra crea la realidad, pero esta realidad es una alucinación. Es una ilusión y no puedes volver a la realidad hasta que las palabras desaparezcan de tu mente. Incluso una sola palabra puede crear algo ilusorio. Las palabras son fuerzas tremendas. Si una sola palabra está en tu mente, tu mente no está vacía. Veas lo que veas, o sientas lo que sientas, es a través de la palabra; y esa palabra cambiará la realidad.

Tienes que abandonar totalmente las palabras, los pensamientos. Tienes que ser sólo pura consciencia.

Cuando eres sólo consciencia, el bote está vacío y la realidad se te revela. No estás repitiendo nada ni te estás imaginando nada; no te estás auto-hipnotizando. Sólo entonces aparece, revelado, lo real.

Chuang Tse está en lo cierto. Dice,

> *¿Dónde puedo hallar un hombre*
> *que haya olvidado las palabras.*
> *Él sería el único*
> *con el que me gustaría conversar.*
> *La finalidad de una trampa*
> *para peces es atrapar los peces...*

Te has olvidado completamente del propósito. Has acumulado tantas trampas para peces y estás constantemente tan preocupado por ellas—que alguien te las pueda robar, que se puedan romper o pudrir—¡que te has olvidado por completo del pez!

> *La finalidad de una trampa para peces*
> *es atrapar los peces,*
> *y cuando el pez es atrapado*
> *uno se olvida de la trampa.*

Si no puedes olvidarte de la trampa quiere decir que el pez no ha sido atrapado todavía. Recuérdalo: si estás constantemente obsesionado con la trampa, esto demuestra que los peces no han sido aún atrapados. ¡Te has olvidado por completo de ellos y te has liado tanto con las trampas que te has enamorado de ellas!

Una vez tuve un vecino, un profesor, un hombre de palabras.

Se compró un coche. Cada mañana lo limpiaba. Siempre lo mantenía absolutamente inmaculado y nunca lo conducía por la carretera. Durante años lo estuve observando. Cada mañana se esmeraba en limpiarlo, sacándole brillo.

Una vez viajábamos en el mismo compartimiento de tren, de modo que le pregunté, "¿Le ocurre algo a tu coche? Nunca lo sacas. Siempre está en tu garaje".

Él contestó, "No. Me he enamorado de él. Lo amo tanto que temo que si lo saco pueda dañarse—un accidente, un arañazo—o tener un accidente. Y no puedo soportar siquiera pensar en ello".

Un coche, una palabra, una trampa, todos son medios y no fines. Puedes enamorarte de ellos y de este modo nunca los utilizarás.

Solía vivir en una casa. La señora de la casa tenía trescientos *saris,* pero sólo usaba dos. Guardaba los otros para una ocasión especial. ¿Que cuándo se presentaba esa ocasión especial? Por lo que yo sé—y la conozco desde hace quince años—, esa ocasión especial no se ha presentado todavía. Y no va a presentarse porque ella se vuelve mayor con cada día que pasa; antes o después morirá y esos trescientos *saris* seguirán ahí.

¿Qué ocurrió? ¿Enamorarse de *saris*? Puedes enamorarte de objetos. Es difícil enamorarse de personas, pero es muy fácil enamorarse de cosas porque las cosas están muertas, puedes manipularlas. Los *saris* nunca dirán, "¡Llévanos! Nos gustaría salir y dar una vuelta". El coche nunca dirá, "Condúceme; me estoy aburriendo".

Con las personas es difícil. Exigirán, pedirán, les gustaría salir, tienen sus propios deseos que complacer. Cuando te enamoras de alguien, siempre surge el conflicto; por eso, los inteligentes nunca se enamoran de personas; se enamoran de cosas—de una casa, de un coche, de ropas. Así siempre las pueden manejar fácilmente; siempre eres el amo porque eso otro nunca crea problemas. Si te enamoras de una persona, inmediatamente intentas convertirla en un objeto, en algo muerto. Una esposa es una cosa muerta, un marido es algo muerto y se torturan el uno al otro. ¿Por qué se torturan entre sí? ¿Con qué fin? A través de la tortura matan al otro a fin de convertirlo en algo sin vida, de forma que sea un objeto manipulable. Y entonces no tienen de qué preocuparse.

Dos mujeres casadas estaban mirando un escaparate de una librería. Una dijo a la otra, "¡Mira! Hay un libro titulado *Cómo torturar a tu marido*".

Pero la otra no mostró ningún interés. Ni miró el libro. Contestó, "No lo necesito para nada. Tengo mi propio sistema".

Todo el mundo tiene su propio sistema de torturar a los demás, porque sólo mediante la tortura y la destrucción puede una persona ser transformada en una cosa.

Ocurrió una vez que Mulla Nasrudin entró en un café con aspecto muy enfadado, muy agresivo y peligroso, y dijo, "He oído que alguien ha llamado a mi esposa vieja horrible bruja. ¿Quién ha sido?"

Un hombre se levantó, un hombre muy alto, fuerte, como un gigante. Le contestó, "Yo he sido, ¿y qué?"

Mirándolo detenidamente Nasrudin se calmó en un instante; ese hombre era peligroso. Fue hacia él y le dijo, "Gracias, a mí también me lo parece, pero no tengo el valor de decírselo. Tú sí lo has hecho, eres un hombre valiente".

¿Qué ocurre en una relación? ¿Por qué siempre se vuelve repugnante? ¿Por qué es tan imposible amar? ¿Por qué todo se llega a envenenar?... Porque la mente siempre se siente feliz manipulando objetos, porque nunca se rebelan, siempre son obedientes, nunca desobedecen. Una persona está viva, nunca puedes predecir lo que va a hacer. Y tú no puedes manipularla... la libertad del otro se convierte en el problema.

El amor es un problema porque no consientes que el otro tenga libertad. Y recuerda esto: si realmente amas, el auténtico amor sólo es posible cuando le das al otro plena libertad para ser él mismo o ella misma. Pero entonces no puedes poseer, entonces no puedes predecir, entonces no puedes estar seguro, entonces todo tiene que transcurrir paso a paso. Y la mente quiere hacer planes, estar segura y a salvo. La mente quiere que la vida transcurra por un camino trillado porque la mente es la cosa más muerta que hay en ti. Es como si tú fueras un río y una parte del río fuera un iceberg. Tu mente es como el *iceberg;* es la parte congelada en ti y quiere congelarte totalmente para que así no exista el miedo. Siempre que aparece lo nuevo, hay miedo; con lo viejo no hay miedo. La mente es siempre feliz con lo viejo.

Por eso, la mente siempre es ortodoxa, nunca es revolucionaria. Nunca ha existido una mente que se pueda llamar revolucionaria. La mente no puede ser revolucionaria. Buda es revolucionario, Chuang Tse es revolucionario, porque carecen de mente. Lenin no es revolucionario, Stalin tampoco. No pueden serlo. ¿Cómo puedes ser revolucionario con una mente? La mente siempre es ortodoxa, la mente siempre es acomodaticia porque la mente es la parte muerta que hay en ti. Esto ha de ser bien comprendido.

Hay muchas partes muertas en ti de las que el cuerpo ha de desprenderse. Tu pelo está muerto; por eso puedes cortarlo sin dolor. Tus uñas están muertas; por eso puedes cortarlas fácilmente y sin dolor, sin daño. El cuerpo las va eliminando. La consciencia tiene también que eliminar muchas cosas, pues si no, se acumulan. La mente es algo muerto, como el pelo. Y esto es simbólico. Buda les dijo a sus discípulos que se afeitaran sus cabezas de forma simbólica: así como te afeitas completamente el pelo, también has de afeitar la consciencia interior, afeitar totalmente la mente.

Ambos, pelo y mente, están muertos; no los sigas llevando. ¡Qué hermoso es! No permitas que se acumulen las partes sin vida. ¿Qué es la mente? Tus experiencias pasadas, lo que has aprendido, lo que has sido. La mente nunca está presente, ¿cómo puede estarlo? Aquí y ahora, la mente no puede existir.

Si simplemente me miras, ¿dónde está la mente? Si simplemente te sientas y me escuchas, ¿dónde está la mente? Si empiezas a argumentar, la mente aparece; si empiezas a juzgar, la mente aparece. Pero ¿de qué manera juzgas? Traes el pasado al presente, el pasado se convierte en el juez del presente. ¿Cómo argumentas? Introduces el pasado como argumento y al introducir el pasado, surge la mente.

La mente es eso que en ti está muerto, lo desechable. Y así como hay gente que sufre de estreñimiento y padece mucho, así existe un estreñimiento mental que acumula desechos. Nunca los eliminas. En tu mente, las cosas sólo se introducen, nunca las expulsas.

Meditar es descargar la mente, aliviándote. No debes acarrear con los desechos, si no, uno se adormece más y más. Por eso, un niño tiene una mente fresca, porque no acumula. Por eso, a veces, los niños dicen cosas que tus filósofos son incapaces de decir. A veces observan y son tan penetrantes que tus eruditos empalidecen. Los niños son muy, muy penetrantes. Tienen claridad, su mirada es fresca, sus ojos no están saciados. Un sabio es, de nuevo, un niño. Ha vaciado su bote, se ha vaciado a sí mismo de toda carga. Los desechos han sido expulsados y ya no está estreñido. Su consciencia fluye, no está parcialmente congelada.

*La finalidad de una trampa para peces
es atrapar los peces,
y cuando el pez es atrapado
uno se olvida de la trampa.*

*La finalidad de las palabras
es expresar ideas.
Cuando se comprenden las ideas,
se olvidan las palabras.*

Si de verdad me comprendes, serás incapaz de recordar lo que he dicho. Cogerás el pez, pero tirarás la red. Serás lo que he dicho, pero no recordarás lo que he dicho. Te transformará, pero no te hará más erudito. Te vaciarás aún más, estarás menos lleno; te alejarás de mí refrescado, aliviado.

No trates de acumular lo que te digo, porque acumules lo que acumules, te equivocarás. Acumular no es lo correcto; no acumules, no llenes tu arcón con mis palabras. Las palabras son desechos, no valen nada. Arrójalas lejos. Su significado permanecerá; el significado no tiene que ser recordado, nunca llega a formar parte de la memoria; forma parte de tu totalidad. Tienes que recordar algo cuando este algo forma parte de tu intelecto, de tu memoria. Nunca necesitas recordar algo real que te haya sucedido. Si te ocurre, está ahí; ¿qué necesidad hay de recordarlo? No repitas, porque la repetición te proporcionará una falsa idea.

Atiende, pero no a las palabras; junto con las palabras, lo que no son palabras te es dado. No te fijes demasiado en las palabras; mira un poco de reojo porque allí, también lo real te es entregado. No atiendas a lo que te digo, ¡escúchame a mí! Yo también estoy aquí; no sólo lo están las palabras. Y una vez me escuches, todas las palabras serán olvidadas.

Buda murió y sus *bikus,* sus discípulos, se sentían muy turbados porque ninguna de sus enseñanzas había sido recopilada mientras estaba vivo. Olvidaron por completo transcribir sus palabras y no creyeron que fuera a morir tan pronto, tan repentinamente. Los discípulos nunca piensan en esto, en que el Maestro pueda desaparecer de repente.

De improviso, un día Buda dijo, "Me estoy muriendo". No

quedaba ya tiempo y había estado hablando durante cuarenta años. Cuando estuviera muerto, ¿cómo podrían recopilarse sus palabras? Se perdería un tesoro, pero ¿qué hacer?

Y es hermoso que Mahakashyapa no pudiera repetir las palabras de Buda. Él dijo, "Le escuché, pero no recuerdo lo que dijo. Estaba tan inmerso en ello, nunca llegó a formar parte de mi memoria, no me acuerdo". ¡Y él se había Iluminado!

Sariputta, Moggalyan, todos los que se habían Iluminado, encogieron sus hombros y dijeron "Es difícil; ha hablado mucho, pero no recordamos de qué". Y esos eran los discípulos que habían Llegado.

Entonces preguntaron a Ananda. Él no se había Iluminado en vida de Buda; cuando Buda murió, se Iluminó. Él lo recordaba todo. Dictó palabra por palabra el contenido de los cuarenta años que había pasado con Buda. Lo dictó palabra por palabra ¡un hombre que no estaba Iluminado! Parece paradójico. Los que tenían que haberlo recordado debían haber sido los que habían Llegado, no aquel hombre que aún no había alcanzado la otra orilla. Pero cuando se alcanza la otra orilla, esta orilla es olvidada; cuando uno mismo se ha convertido en Buda, ¿a quién le preocupa lo que Buda dijo?

La finalidad de una trampa para peces
es atrapar los peces,
y cuando el pez es atrapado
uno se olvida de la trampa.

Las palabras del Buda eran trampas; Mahakashyapa cogió el pez. ¿A quién le importa la trampa ahora? ¿A quién le importa a dónde se haya ido el bote? Él ha atravesado la corriente. Mahakashyapa dijo, "No sé lo que dijo. Y no confiéis en mí, porque conmigo es difícil distinguir lo que él dijo de lo que yo digo".

Desde luego es así. Cuando Mahakashyapa se convierte en un Buda, ¿cómo puede distinguirlo? Los dos no son dos. Pero Ananda dijo: "Contaré lo que él dijo". Y lo relató fielmente. La Humanidad tiene una gran deuda con este Ananda, todavía ignorante. No había cogido el pez, de modo que se acordaba de la trampa. Todavía pensaba en coger el pez y por lo tanto tenía que acarrear con la trampa.

*La finalidad de las palabras
es expresar ideas.
Cuando se comprenden las ideas,
se olvidan las palabras.*

Recuérdalo como una ley básica de la vida: lo inútil, lo que carece de significado, lo periférico, parece tan importante porque no eres consciente del centro. Este mundo parece tan importante porque no reconoces a Dios. Cuando reconoces a Dios, te olvidas del mundo. Y siempre es así.

La gente ha intentado olvidarse del mundo para así poder conocer a Dios, pero nunca ha ocurrido, ni nunca ocurrirá. Puedes intentar una y otra vez olvidarte del mundo, pero no lo lograrás. El mismo esfuerzo se convertirá en un continuo recordar. Sólo cuando se ha conocido a Dios, se olvida uno del mundo. Puedes seguir esforzándote en abandonar el pensar, pero no puedes abandonar el pensar a menos que se alcance la consciencia. El pensar es un sustituto. ¿Cómo puedes desprenderte de la trampa si aún no has atrapado al pez? La mente te dirá, "No seas tonto. ¿Dónde está el pez?"

¿Cómo puedes desprenderte de las palabras cuando aún no las has comprendido? No luches con las palabras; intenta conectar con su sentido. No intentes luchar contra los pensamientos. Por eso, una y otra vez insisto en que si los pensamientos te alteran, no luches con ellos, no te pelees con ellos. Si vienen, déjalos que vengan. Si se van, déjalos irse. No hagas nada, mantente indiferente, como un observador, un espectador, sin inmiscuirte. Eso es todo lo que puedes hacer por ahora: no inmiscuirte.

Mantente indiferente, no te alteres por los pensamientos, sean los que sean. Y antes o después, sentirás y sabrás que su ir y venir se ha vuelto más lento. Antes o después, verás que surgen, pero no tantos; a veces el tráfico se para, la carretera está vacía. Un pensamiento ha pasado, otro no ha llegado todavía; hay un intervalo. En ese intervalo, conocerás tu cielo interior en su absoluta gloria. Pero si un pensamiento entra, déjalo que entre; no te alteres.

Sólo puedes hacer esto y nada más que esto, nada más. No les prestes atención, sé indiferente, no te preocupes por ellos. Permanece como testigo, observando, sin interferir; y la mente desaparecerá porque nada puede quedar retenido en tu interior si le eres indiferente.

Ser indiferente es cortar las raíces, las mismas raíces. No te opongas, porque esto es alimentarlas de nuevo. Si te acuerdas de los amigos, tienes que acordarte aún más de los enemigos. A los amigos los puedes olvidar, pero ¿cómo puedes olvidar a los enemigos? Tienes que recordarlos constantemente porque estás asustado.

A la gente, la gente común, le alteran los pensamientos. A la gente religiosa le altera aún más porque luchan constantemente con ellos. Pero a través de la lucha, les prestas atención y la atención su alimento. Cualquier cosa crece si le prestas atención; crece más rápido, se vuelve más vital. Sé tan sólo indiferente.

Buda solía usar la palabra *upeksha;* significa absoluta indiferencia: ni esto ni eso; tan sólo en el punto medio. Ni amistoso ni antagónico; ni a favor ni en contra; sólo en el medio, observando como si no fuera contigo, como si esos pensamientos no te pertenecieran, como si fuesen parte del gran mundo. Déjalos que estén ahí. Y un día, de repente, cuando la indiferencia sea total, la consciencia pasará de la periferia al centro.

Pero no puede ser predicho, ni planeado; uno debe seguir trabajando y esperando. Cuando suceda, uno puede reírse: esos pensamientos estaban ahí porque querías que estuvieran ahí, esos pensamientos estaban ahí porque los alimentabas continuamente, esos pensamientos estaban ahí porque el pez no había sido atrapado todavía. ¿Cómo podías desprenderte de la trampa? Tenías que cargar con ella.

Recuerdo que una vez, en el país de Mulla Nasrudin, el rey estaba buscando a un sabio. Su viejo sabio había muerto diciendo, "Cuando me sustituyas, busca al hombre más humilde de todo el reino, porque el ego está en contra de la sabiduría. La humildad es sabiduría, por eso, encuentra al hombre más humilde".

Fueron enviados agentes secretos por todo el país para descubrir al hombre más humilde. Finalmente llegaron al pueblo de Nasrudin. Él se había enterado de que el sabio había muerto y se devanaba los sesos pensando cuál sería la indicación para dar con un sabio. Había leído y conocía el antiguo dicho de que el más humilde es el más sabio. De ello concluyó, dedujo, con toda lógica, que el viejo debía de haber dicho que buscasen al más humilde.

Entonces llegaron los hombres del rey que estaban buscándole. Mulla Nasrudin era muy rico, pero cuando le vieron—él, el hombre más rico del pueblo—estaba cargando con una red de pesca, regresando del río. El de pescador era el oficio más humilde del pueblo. Por eso pensaron, "Éste debe de ser un hombre muy humilde" y le preguntaron a Nasrudin, "¿Por qué cargas con esta red de pesca? Eres tan rico que no necesitas ir a pescar".

Nasrudin dijo, "Llegué a ser tan rico, pescando. Comencé como pescador. Me he vuelto rico, pero para rendir tributo a mi profesión original que me dio tanto, siempre llevo esta red sobre mi espalda".

Un hombre realmente humilde. Por lo general, si un pobre se vuelve rico comienza a desembarazarse de su pasado de forma que nadie pueda saber que un día fue pobre. Abandona todo contacto con aquello que pueda indicar que fue una vez un hombre pobre. No desea ver a sus familiares, no desea recordar el pasado. Simplemente se desprende del pasado totalmente. Crea un nuevo pasado como si hubiera nacido aristócrata. Pero este hombre era humilde. Por eso, los enviados informaron al rey que Mulla Nasrudin era el hombre más humilde que habían visto nunca y así fue nombrado el hombre más sabio.

El día del nombramiento, lanzó a un lado la red. Los hombres que lo habían recomendado le preguntaron, "Nasrudin, ¿dónde está tu red ahora?"

Él les dijo, "Cuando el pez ha sido atrapado, la red es abandonada".

Pero tú no puedes tirarla antes; es imposible, tienes que cargar con ella. Llévala con indiferencia. No te ates a ella, no te enamores de ella, porque un día tendrás que tirarla. Si te enamoras de ella puede que nunca atrapes el pez; tendrás miedo de que si coges el pez, tengas que desprenderte de la red.

No te enamores de la mente. Tiene que usarse y está ahí porque no conoces todavía la no-mente, no conoces el centro más interno de tu ser. La periferia está ahí y tienes que cargar con ella, pero llévala con indiferencia. No te conviertas en su víctima.

Una historia más. Esto era un hombre que solía asistir a las carreras cada año, en el día de su cumpleaños. Durante todo el año ahorraba todo el dinero que podía para hacer una sola apuesta en el día de su cumpleaños. Y estuvo perdiéndolo todo durante muchos años. ¡Pero la esperanza revive una y otra vez! Cada vez decidía que no iba a ir de nuevo... ¡pero un año es tanto tiempo! A los pocos días lo recordaba y de nuevo la esperanza resurgía. Pensaba, "¿Quién sabe? Este año puedo ser rico, ¿por qué no probar una vez más?"

Cuando se acercaba el día de su cumpleaños estaba ya dispuesto a asistir a las carreras una vez más. Y éste era su quincuagésimo aniversario, por lo que pensó, "Debería intentarlo con todo lo que tengo".

Así que vendió todo lo que tenía; juntó una pequeña fortuna, todo lo que había ganado a lo largo de su vida, todo lo que tenía y dijo, "Ahora tengo que decidirme de una u otra forma. O me convierto en un mendigo, o en un emperador; una cosa, u otra".

Y fue allí, a las ventanillas de apuestas. Leyó los nombres de los caballos y vio uno llamado Adolf Hitler. Pensó, "Lo hará bien. Un gran hombre, un triunfador; tuvo en jaque a todo el mundo. Este caballo debe de ser fuerte y bravo". Así que lo apostó todo... y perdió, como perderán todos los que apuesten por los Hitlers. No tenía ahora adónde ir, había perdido incluso su casa. No le quedaba más que suicidarse.

Se dirigió a un acantilado presto a saltar y acabar con todo. Cuando estaba a punto de saltar, oyó una voz—no sabía de dónde procedía, si del exterior, o del interior. Decía, "¡Detente! La próxima vez te diré el nombre del ganador; prueba una vez más. No te suicides".

La esperanza revivió y él regresó. Trabajó duro aquel año porque ésa iba a ser la victoria por la que había estado suspirando toda su vida. El sueño tenía que cumplirse. Trabajó duro día y noche, ganó mucho dinero. Entonces, con el corazón tembloroso, se acercó a la ventanilla y esperó. La voz dijo, "De acuerdo; escoge al caballo Churchill". Sin dudarlo, sin pensárselo, sin meter su mente de por medio, lo apostó todo y ganó. Churchill llegó el primero.

Se acercó de nuevo a la ventanilla y esperó. La voz dijo, "Ahora a Stalin". Lo apostó todo. Stalin llegó primero. Ahora tenía una gran fortuna.

La tercera vez esperó y la voz le dijo, "Ya es suficiente".

Pero él le dijo, "Cállate; estoy ganando, los astros están a mi favor y nadie puede ganarme ahora". Por eso eligió a Nixon y Nixon llegó el último.

Perdió todo su tesoro; era de nuevo un mendigo. Murmuró para sí, "Y ahora, ¿qué hago?"

La voz interior le dijo, "Ahora puedes volver al acantilado y saltar".

En los momentos en que parece que te vas a morir, la mente se detiene porque no hay nada que pueda hacer. La mente es parte de la vida, no es parte de la muerte. Cuando no hay más vida por delante, la mente se para; no hay nada que hacer y se queda sin trabajo inmediatamente. Y cuando la mente se para, la voz interior llega. Siempre está ahí, pero la mente está creando tal follón que una quieta vocecita no puede ser oída.

La voz no provenía del más allá; no hay nadie más allá, todo está dentro. Dios no está en los cielos, está en ti. Él iba a morir—la última decisión tomada por la mente. Pero en cuanto la mente se retiró—porque no había ya nada que hacer—de inmediato oyó la voz. Esa voz provenía de lo más profundo de su ser; y la voz que proviene de lo más hondo del ser, siempre tiene razón.

¿Y qué sucedió? Por dos veces la voz acertó, pero la mente entró de nuevo y dijo, "No hagas caso a este absurdo; los astros te son propicios y estás ganando".

Recuérdalo: siempre que ganes, ganas debido a tu voz interior. Pero la mente siempre se entromete y toma el mando. Siempre que sientas felicidad, proviene del interior. La mente inmediatamente aparece y toma el control diciendo, "Es por mí". Cuando estás enamorado, el amor se convierte en una muerte; te sientes dichoso. Inmediatamente la mente llega y dice, "De acuerdo, esto es mío; ocurre gracias a mí".

Siempre que meditas, ocurren destellos. Entonces la mente se entromete y dice, "¡Alégrate! Mira, ¡lo he conseguido!" E inmediatamente se pierde el contacto.

Recuerda esto: con la mente siempre serás un perdedor. Incluso aunque obtengas victorias, tus victorias serán sólo derrotas. Con la mente, no hay victoria; con la no-mente, no hay derrota.

Tienes que focalizar toda tu consciencia desde la mente a la no-mente. Una vez la no-mente está allí, todo se torna victoria. Una vez la no-mente está allí, nada va mal, nada puede ir mal. Con la no-mente, todo es como debiera ser. Uno está contento, ni un solo fragmento de descontento permanece, uno está absolutamente en casa. Tú eres un intruso debido a la mente.

Este cambio es posible sólo si te vuelves indiferente; en caso contrario nunca será posible. Incluso si tienes atisbos, perderás esos destellos. Habías tenido esos atisbos antes; no es sólo en la meditación y en la oración que ocurren. Los destellos se dan en la vida ordinaria también. Haciendo el amor con una mujer, la mente se para. Por eso el sexo es tan atractivo; es un éxtasis natural.

Por un sólo instante la mente deja de estar allí, te sientes dichoso y feliz, pero sólo por un instante. Inmediatamente la mente vuelve y comienza a trabajar en cómo tener más, cómo hacerlo durar más. Planeando, controlando, manipulando, se introduce y entonces te lo pierdes.

A veces, sin razón alguna, caminas por la calle, bajo los árboles y un rayo de sol se posa en ti, una brisa acaricia tu cara. De repente es como si todo el mundo hubiera cambiado y te sientes extático. ¿Qué ha sucedido? Estabas caminando, despreocupado, sin ir a ninguna parte, dando un paseo—el paseo de la mañana o de la tarde. En este momento de relajación, de improviso, sin saberlo, la consciencia pasa de la mente a la no-mente. Inmediatamente surge la beatitud. Pero la mente vuelve y dice, "Debo alcanzar más y más momentos como éste". Y te quedas allí durante años, durante vidas, pero nunca sucede de nuevo. Nunca sucede, debido a la mente.

En la vida cotidiana corriente—no sólo en los templos; en las tiendas y en las oficinas también—esos momentos llegan. La consciencia pasa de la periferia al centro. Pero la mente vuelve a controlar inmediatamente. La mente es el gran controlador. Puede que seas el amo, pero ella es la que dirige. Y el que dirige ha adquirido tanto control y poder que se cree ser el amo. Y el verdadero amo es olvidado por completo.

Sé indiferente a la mente. Si cuando lleguen los momentos sin palabras, los silencios, la mente se entromete, no la ayudes, no cooperes con ella. Tan sólo observa. Déjala que diga lo que quiera decir; no le prestes excesiva atención. Se retraerá.

En meditación, esos instantes te suceden cada día.

Muchos acuden a mí y me dicen, "Sucedió el primer día, pero desde entonces no ha vuelto a suceder".

¿Por qué sucedió el primer día? Tu estás más preparado ahora; el primer día no estabas tan preparado. ¿Por qué sucedió el primer día? Sucedió porque el que dirige no era consciente de lo que iba a suceder. No podía preverlo. Al día siguiente, el que dirige sabe bien a qué atenerse: respirar rápido; luego gritar, llorar; luego *ju, ju.* Ahora el director sabe y el que dirige lo hace. Y así la situación no se repite; el que dirige se ha hecho cargo.

Recuerda esto: siempre que surja un momento de dicha, no suspires porque suceda de nuevo. No pidas que se repita, porque toda repetición es de la mente. No suspires por él de nuevo. Si así lo haces, la mente te dirá, "Conozco el truco. Yo lo haré por ti" Cuando suceda, siéntete dichoso y agradecido y olvídalo.

El pez ha sido cogido, olvida la trampa. El significado ha sido captado; olvida la palabra.

Y lo último: cuando la meditación se haya completado, te olvidarás de la meditación. Y sólo entonces, cuando te olvides de la meditación, llegará la plenitud, se alcanzará el clímax. Ahora estás meditativo las veinticuatro horas del día. No hay nada más que hacer; está ahí, eres tú, es tu ser.

Si lo logras, entonces la meditación será un fluir continuo, no un esfuerzo por tu parte, porque todo esfuerzo proviene de la mente.

Si la meditación se convierte tu vida natural, tu vida espontánea, tu Tao, entonces te digo que, algún día Chuang Tse te atrapará. Porque él pregunta:

¿Dónde puedo hallar un hombre
que haya olvidado las palabras?
Él sería el único
con el que me gustaría conversar.

Él te está buscando. Le he visto muchas veces rondándote, esperando, sólo esperando. Si te olvidas de las palabras, te hablará. Y no sólo Chuang Tse; Krishna, Cristo, Lao Tse, Buda, todos te buscan, todos los Iluminados buscan al ignorante. Pero no pueden hablar porque conocen un lenguaje que es el del silencio y tú conoces un lenguaje que es el de la locura. No pueden llevarte a ninguna parte. Te buscan. Todos los Budas que han existido, te buscan. Siempre que estés en silencio te darás cuenta de que han estado a tu alrededor en todo momento.

Se dice que cuando el discípulo está preparado, aparece el Maestro. Cuando estés preparado, la verdad te será entregada. No se demora un solo instante. Cuando estás preparado, sucede de inmediato. No hay dilación.

Recuerda a Chuang Tse. En cualquier instante puede comenzar a hablarte, pero antes de que empiece a hacerlo, tu parloteo debe desaparecer.

Suficiente por hoy.

Ser total

¿Cómo puede el auténtico hombre del Tao
atravesar las paredes sin dificultad
y permanecer en medio del fuego sin ser quemado?
No es debido a que sea osado, o astuto,
ni porque haya aprendido,
si no porque ha des-aprendido.

Su naturaleza se enraíza en el uno.
Su vitalidad, su poder,
se ocultan en el secreto Tao.
Cuando se es uno,
no se tiene ninguna fisura
por la que una cuña pueda entrar.

Por eso, un borracho al caer desde un vagón
recibe contusiones, pero no perece.
Sus huesos son
como los huesos de los demás,
pero su caer es diferente.
Su espíritu es uno.
No se da cuenta de que entra en un vagón,
o que cae de él.
La vida y la muerte no son nada para él.
No conoce el temor;
se enfrenta a obstáculos sin considerarlos, sin preocuparse,
y los supera sin saber que están ahí.

*Si uno halla tal seguridad en el vino,
¿cuánta más hallará en el Tao?*

*El sabio está oculto en el Tao,
nada puede alcanzarle.*

Ser total

*¿Cómo puede el auténtico hombre del Tao
atravesar las paredes sin dificultad
y permanecer en medio del fuego sin ser quemado?*

Ésta es una de las enseñanzas fundamentales y más secretas. Por lo común vivimos en la astucia, el ingenio y la estrategia; no vivimos como niños, inocentes. Planeamos, nos protegemos, nos fabricamos todas las salvaguardas posibles, pero ¿cuál es el resultado? Al fin y al cabo, ¿qué sucede? Todas las salvaguardas son destruidas, toda astucia demuestra ser pura estupidez. En último término, la muerte nos lleva a todos.

El Tao dice que tu astucia no te ayudará, porque ¿qué es sino una lucha contra el Todo? ¿Con quién eres astuto: con la naturaleza, con el Tao, con Dios? ¿A quién crees que estás engañando: a la Fuente de la que has nacido y a la que finalmente volverás? Es la ola intentando engañar al océano, es la hoja intentando engañar al árbol, es la nube tratando de engañar al cielo. ¿A quién piensas que estás tratando de engañar? ¿Con quién estás jugando?

Una vez lo comprendes, te vuelves inocente, abandonas tu astucia, toda estrategia y simplemente aceptas. No hay otro sistema que el de aceptar la naturaleza tal cual es y fluir con ella. Entonces no hay resistencia, entonces te vuelves como un niño que va con su padre, en profunda confianza.

Una vez el hijo de Mulla Nasrudin llegó a casa y contó que había confiado en un amigo y le había prestado su juguete para que jugara con él, pero ahora el amigo no quería devolvérselo. "¿Qué debo hacer?" preguntó.

Mulla Nasrudin le miró y le dijo, "Sube por esta escalera".

Así lo hizo el chico, confió en su padre. Cuando estaba a tres metros de altura, Nasrudin le dijo, "Ahora salta a mis brazos". El chico dudó un instante y le dijo. "Si caigo, me haré daño". Nasrudin le contestó, "Si yo estoy aquí, no hace falta que te preocupes. Salta". El chico saltó y Nasrudin se apartó. El chico cayó por los suelos y empezó a llorar y a quejarse.

Entonces Nasrudin le dijo, "Ahora ya lo sabes. Nunca confíes en nadie, ni incluso en lo que te diga tu padre; no creas ni a tu padre".

"No confíes en nadie; si confías, serás engañado durante toda tu vida". Esto es lo que todos los padres, todas las escuelas, todos los profesores te enseñan. Esto es lo que aprendes. No creas en nadie, no confíes; sino, serás engañado. Te volverás taimado. En nombre de la inteligencia te volverás astuto, desconfiado. Y una vez un hombre se ha vuelto desconfiado, ha perdido contacto con el Origen.

La confianza es el único puente; en caso contrario tu vida se malgastará por completo. Luchas en una lucha imposible en la cual la derrota es una certeza, sucederá. Es mejor darse cuenta ahora, porque en el momento de la muerte todo el mundo descubre que ha sido derrotado. Pero entonces ya nada puede hacerse.

La verdadera inteligencia no es astucia; es algo totalmente distinto. La verdadera inteligencia es mirar dentro de las cosas... Y siempre que observas las cosas por dentro, descubres que eres tan sólo una ola, que el Todo es el océano y que no hay por qué preocuparse. El Todo te ha hecho; Él te cuidará. Vienes del Todo, no es tu enemigo. No tienes por qué preocuparte, no necesitas hacer planes. Y cuando no planeas, cuando no te preocupas, por primera vez surge la vida. Por primera vez te sientes libre de preocupaciones y la vida surge en ti.

Esta inteligencia es religión. Esta inteligencia te da más confianza. Y finalmente, la confianza total. Esta inteligencia te conduce a la naturaleza última, a la aceptación, a lo que Buda denominaba *tathata*. Buda dijo: "Suceda lo que suceda, sucede". No puede ser de otro modo, nada más es posible. No pidas que sea de otra forma; déjate ir y permite que el Todo actúe. Y cuando permites que el Todo actúe, dejas de ser una barrera, una resistencia; entonces no puedes ser derrotado.

En Japón, a través de Buda, Lao Tse y Chuang Tse, se ha desarrollado un arte singular denominado *"zendo"*. *"Zendo"* signifi-

ca "el Zen de la espada", "el arte del guerrero" y nadie lo domina como ellos. El modo en que lo han desarrollado es supremo. Lleva años, incluso una vida, aprender *zendo* porque el aprender consiste en aceptar. En la vida ordinaria no puedes aceptar nada; ¿cómo puedes aceptar al guerrero que está ante ti esperando para matarte? ¿Cómo puedes aceptarlo cuando la espada es alzada contra ti y en cada instante, en cualquier momento, la muerte se acerca?

El arte del *zendo* dice que si puedes aceptar al enemigo, a la espada, al que te va a matar, y no hay desconfianza; incluso si el enemigo es el amigo y no estás asustado, sin temblar, te vuelves un pilar de energía, irrompible. La espada se romperá contra ti, pero tú no podrás ser destruido. No habrá posibilidad alguna de que seas destruido.

Hubo una vez un gran Maestro de *zendo*. Tenía ochenta años, y—según la tradición—el discípulo que fuera capaz de vencerle le sucedería. Por eso, todos los discípulos esperaban que algún día les aceptaría su reto, porque se estaba ya volviendo viejo.

Había un discípulo que era el más inteligente, el mejor estratega, muy fuerte, pero que no era un Maestro de *zendo;* tan sólo era hábil en ese arte. Aunque era un buen guerrero y lo sabía todo sobre el arte de la lucha con la espada, no era aún un pilar de energía; mientras luchaba, todavía sentía miedo. El estado de *tathata* no había surgido en él todavía.

Acudía al Maestro una y otra vez diciéndole: "Ya ha llegado la hora y te estás volviendo viejo. Pronto te volverás demasiado viejo para aceptar un desafío. Te reto ahora. Acepta mi reto, Maestro y dame una oportunidad para demostrar lo que he aprendido de ti". El Maestro se reía y lo evitaba.

El discípulo comenzó a creer que el Maestro se había vuelto tan viejo y débil que le temía, que intentaba evadir el desafío. Por eso una noche insistió e insistió hasta enfadarse y dijo, "No te dejaré en paz hasta que aceptes mi reto. Mañana por la mañana tienes que aceptarlo. Te estás volviendo viejo y pronto no tendré ocasión para demostrar lo que he aprendido de ti. Ésta ha sido siempre la tradición".

El Maestro le dijo, "Si insistes, tu misma insistencia demuestra que no es el momento, o que no estás preparado. Hay demasiada excitación en ti, tu ego anhela el desafío; todavía no es tu momento, pero si insistes, de acuerdo. Haz una cosa. Ve al monasterio vecino donde vive un monje que fue mi discípulo hace diez años. Se volvió tan diestro en el *zendo* que tiró su espada y se convirtió en un *sanyasin*. Él era mi sucesor por derecho propio. Nunca me retó y es el único que podía haberlo hecho e incluso haberme derrotado. Por eso primero ve y reta a ese monje. Si puedes derrotarle, entonces ven a mí. Si no puedes derrotarle, olvídate de la idea".

El discípulo partió inmediatamente hacia el monasterio. Por la mañana estaba allí. Retó al monje. No podía creer que ese monje fuera un Maestro de *zendo*: delgado y escuálido, meditando continuamente, comiendo sólo una vez al día. El monje le escuchó, se rió y dijo, "¿Has venido a desafiarme? Ni tu Maestro es capaz de retarme; incluso él está asustado".

Al oír esto el discípulo perdió el control. Dijo, "¡Levántate inmediatamente! Aquí tienes la espada que he traído para ti porque sabía que eras un monje y pudiera ser que no tuvieras una. Sal al jardín. Esto es un insulto y no voy a tolerártelo".

El monje permaneció impasible. Le dijo, "Eres sólo un crío, no eres un guerrero. Morirás de inmediato. ¿Por qué clamas por una muerte innecesaria?"

Eso hizo que se enfadara aun más, por lo que ambos salieron afuera. El monje le dijo: "No necesito la espada, un verdadero Maestro nunca la necesita. No te voy a atacar; sólo te voy a ofrecer la oportunidad de que me ataques para que se rompa tu espada. No eres rival para mí. Eres un crío y la gente se reiría de mí si tomara una espada para luchar contra ti".

¡Era demasiado! El joven se levantó de un salto, pero entonces vio que el monje estaba ya levantado. Hasta ahora el monje había estado sentado; entonces se levantó, cerró sus ojos, comenzó a cimbrearse de lado a lado y de repente el joven vio que el monje había desaparecido. Era tan sólo un pilar de energía, sin rostro, sólo una sólida columna de energía, cimbreándose. Se asustó y comenzó a retirarse y el pilar de energía empezó a avanzar hacia él, cimbreándose. Tiró su espada y gritó con todas sus fuerzas, "¡Sálvame!"

El monje se sentó de nuevo y empezó a reír. Su rostro reapareció, la energía se disipó y él dijo, "Te lo advertí: ni tu Maestro puede igualarme. Ve y díselo".

Sudando, temblando, nervioso, el discípulo regresó dónde estaba su Maestro y le dijo, "¡Cuán agradecido estoy por tu compasión hacia mí! No puedo compararme contigo. Incluso este monje me destrozó totalmente. Pero hubo una cosa que no pude tolerar y fue la que me hizo implicarme. Él dijo, "Ni incluso tu Maestro se me puede comparar".

El Maestro comenzó a reír y le dijo, "¿Así que ese bribón también te gastó la misma broma? ¿Y te enfadaste? Así pudo ver a través de ti, porque la ira es un agujero en el ser. Y ésa se ha convertido en su treta principal. Siempre que le envío a alguien, empieza a hablar contra mí y, evidentemente, mis discípulos se enfadan. Cuando están enfadados, descubre sus puntos flacos; y cuando tienes fisuras, no puedes luchar".

Siempre que te enfadas, tu ser presenta fisuras. Siempre que tienes deseos, tu ser presenta huecos. Siempre que te sientes celoso, lleno de odio, sexualidad, no eres un pilar de energía. De ahí que los Budas hayan enseñado a permanecer sin deseos, porque siempre que estás en un estado de ausencia de deseos, la energía no se dirige al exterior; se mueve hacia adentro. Se transforma en un círculo interno, se convierte en un campo eléctrico, un campo bioenergético. Cuando el campo está allí, sin fisuras, eres un pilar; no puedes ser derrotado. Pero no están pensando en la victoria, porque si piensas en ella, dejas de ser el pilar de energía. El deseo se vuelve una fisura.

Eres débil, no porque los demás sean fuertes; eres débil porque tienes demasiados deseos. Eres derrotado, no porque los demás sean más astutos o inteligentes; eres derrotado porque tienes muchas fisuras.

Tathata, aceptación, aceptación total, quiere decir ausencia de deseos. El deseo surge de la no aceptación. No puedes admitir cierta situación y surge el deseo. Vives en una choza y no puedes consentirlo, es demasiado poco para el ego; deseas un palacio. Entonces eres un pobre hombre; no porque vivas en una cabaña, no. Los emperadores han vivido en chozas. Buda vivió bajo un árbol, y no era pobre. No encontrarás a un hombre más rico.

No, tu choza no te hace pobre. En el momento en que deseas el palacio, te vuelves pobre. Y no eres pobre porque los demás vivan en palacios; eres pobre debido a que el deseo de vivir en un palacio crea una comparación con la choza. Te vuelves envidioso. Eres pobre.

Cuando surge el descontento, hay pobreza; cuando no hay descontento, eres rico. Y tienes tales riquezas que ningún ladrón puede robarlas; tienes tales riquezas, que ningún gobierno puede gravártelas; tienes tales riquezas que no te pueden ser arrebatadas de ningún modo. Tienes una fortaleza en tu ser, irrompible, impenetrable.

Una vez el deseo entra y tu energía comienza a decaer, te vuelves débil debido al deseo, te vuelves débil debido al anhelo. Cuando no anhelas y estás satisfecho, cuando nada se mueve, cuando todo tu ser está calmo, entonces —dice Chuang Tse— eres una fortaleza impenetrable. El fuego no puede consumirte, la muerte es imposible. Éste es el significado: el fuego no puede quemarte; la muerte es imposible; no puedes morir. Tienes la llave secreta de la vida eterna.

Y a veces, también ocurre en circunstancias normales. Una casa se incendia; muere todo el mundo excepto un niñito. Hay un accidente; los mayores mueren y el pequeño sobrevive. La gente dice que ha sido un milagro, la gracia de Dios. No, no es eso. Es debido a que el chico también aceptó la situación. Los listos comenzaron a correr intentando salvarse y se metieron en problemas. El niño descansó. No se daba ni cuenta de lo que pasaba, de que iba a morir. El niño se salvó por la inocencia.

Sucede cada día. Ve y observa los alrededores de un bar por la noche, las proximidades de una licorería. Los borrachos yacen en la calle, tendidos por las aceras, absolutamente felices. Por la mañana se levantarán. Puede que estén un poco contusionados, pero sus cuerpos no han sufrido ningún daño. Sus huesos están intactos. No presentan fracturas.

Prueba a caer como un borracho en plena calle; inmediatamente te fracturarás algo. Y él cae así cada día, cada noche, muchas veces, pero nada le sucede. ¿Cuál es el secreto, cómo lo hace? Cuando está borracho carece de deseos. Está absolutamente en paz, aquí y ahora. Cuando está borracho no está asustado, no hay miedo alguno; y cuando no hay miedo, no hay astucia.

La astucia nace del miedo. Cuanto más miedosa es una persona, más astucia observarás en ella. Un valiente no es astuto; puede depender de su bravura, pero un hombre que está asustado, que es un cobarde, puede depender únicamente de su astucia. Cuanto más inferior es una persona, más astuta es. Cuanto más superior es una persona, más inocente es. La astucia es un sustituto.

Cuando uno está borracho, absolutamente borracho, el pasado y el futuro desaparecen.

Lo oí una vez. Ocurrió que Mulla Nasrudin caminaba con su mujer, totalmente ebrio. Lo encontró tendido en la calle y se lo llevó a casa. Como siempre, ella discutía y ganaba todas las discusiones porque estaba sola. Mulla Nasrudin no estaba allí; tan sólo iba a su lado.

De repente, ella vio a un toro dirigiéndose hacia ellos. No había tiempo para alertar a Nasrudin, así que saltó a un matorral. El toro llegó y corneó a Nasrudin lanzándolo al menos tres metros por el aire. Cayó en una zanja y cuando se arrastraba para salir, vio a su mujer y le dijo, "¡Si me haces esto otra vez, me voy a enfadar. Ya es demasiado!"

Por lo general si el vino le confiere tanta fortaleza a uno cuando está borracho, ¿qué podemos decir del Tao, la borrachera suprema? ¿Qué podemos esperar de Krishna, de Buda, los más grandes borrachos, tan ebrios de Dios que ni una traza de ego puede ser hallada? No puedes herirlos porque no están allí, no puedes insultarlos porque no hay nadie que se resista al insulto y nadie a quién herir. Tu insulto les atraviesa, como si atravesara una casa vacía. Su bote estaba vacío. Una brisa llega y pasa sin dificultad. Cuando la brisa se ha ido, la casa ni se ha dado cuenta de que pasó por allí.

El atractivo del vino se debe a que sois muy egoístas. Estáis demasiado abrumados con ello y a veces deseáis olvidarlo. Por eso, el mundo o bien sigue al alcohol, o al Tao; éstas son las alternativas. Sólo un hombre religioso, un verdadero hombre religioso, va más allá del alcohol, de la marihuana, del LSD, de cualquier droga. Sólo un hombre religioso las trasciende, pues si no, ¿cómo puedes ir más allá de ellas? El ego es demasiado, la carga es excesiva, constantemente en tu cabeza. Tienes que olvidarte de ti mismo.

Pero si el vino hace tanto, no puedes ni concebir lo que el vino divino puede lograr. ¿Qué es lo que hace el vino? Por unos momentos y debido a ciertos cambios químicos en el cerebro, en el cuerpo, te olvidas de ti mismo. Pero es momentáneo. En lo profundo estás ahí y al cabo de unas horas el efecto químico ha desaparecido; tu cuerpo ha expulsado el vino y el ego recobra su posición.

Pero existe otro vino, te lo aseguro: Dios, el Tao, o como quieras llamarlo; ése es el vino. Una vez lo pruebas, el ego desaparece para siempre. Nadie vuelve en sí de esa borrachera.

Por eso, los sufíes hablan siempre del vino, los sufíes hablan de las mujeres. Su mujer no es la mujer que tu conoces; Dios es su mujer. Y su vino no es el vino que tú conoces; Dios es el vino. Omar Khayyam ha sido siempre absolutamente mal interpretado por culpa de Fitzgerald. Las Rubaiyat de Omar Khayyam parecen estar escritas como alabanzas al vino y a las mujeres, pero no es así en absoluto. Omar Khayyam es un sufí, un místico. Habla del vino que llega a través del Tao, habla del vino en el que te pierdes para siempre jamás. Este intoxicante, este divino intoxicante, no es temporal; es intemporal. No es momentáneo, es eterno.

Y los sufíes se refieren a Dios como "la mujer". Ese abrazo es eterno, es el máximo; luego no hay ya separación. Si puedes entender esto, eres inteligente; no es así debido a tu astucia, a tus estrategias, a tu aritmética, a tu lógica.

Si puedes, mira en las profundidades de la Existencia.

¿De dónde has venido? ¿A dónde vas? ¿Con quién estás luchando y por qué? Estos mismos momentos que estás desperdiciando luchando, pueden transformarse en éxtasis. Atiende ahora al *sutra*: la Totalidad.

Piensas en ti mismo como en una individualidad. Estás equivocado. Sólo existe la Totalidad. Esta apariencia de que: "Yo creo que yo soy", es falsa; es la cosa más falsa del mundo. Y debido a este "yo soy", surge el conflicto. Si "yo soy", entonces el Todo parece el enemigo; cualquier cosa parece estar en contra mía.

Y no es que algo esté contra ti, ¡no puede ser! Esos árboles te han ayudado, este cielo te ha ayudado, esta agua te ha ayudado, esta Tierra te ha creado. La naturaleza es tu madre. ¿Cómo puede estar la madre en tu contra? Provienes de ella, pero piensas que eres una individualidad y surge la lucha. Desde un bando. Tú comienzas la lucha y la naturaleza continúa riéndose. Dios continúa disfrutando. Incluso en un niño, cuando empieza a sentir el yo, surge la lucha.

En un supermercado, un chaval insistía en querer un juguete. La madre le dijo con convicción, "No te lo voy a comprar. Ya tienes suficientes".

El niño se enfadó y dijo, "Mami, nunca he visto nadie tan tacaña como tú; eres la más tacaña".

La madre miró al niño, su rostro, con el enfado dibujado en él, y le dijo: "Espera; ten la seguridad de que encontrarás una chica verdaderamente tacaña. Sólo espera".

En una casa la madre estaba insistiendo en que el chico hiciera sus deberes. Él no escuchaba y seguía jugando, así que le dijo, "¿Me estás escuchando o no?"

El chico la miró y dijo, "¿Quién te crees que soy? ¿Papá?"

Tan sólo un crío y el conflicto comienza. El ego ha surgido. Él sabe que a papá se le puede hacer callar, pero no a él. En el momento en que el chico siente que existe individualmente, la unidad natural se rompe y toda su vida se transforma en una lucha y un conflicto.

Los psicólogos occidentales insisten en que el ego debería de ser reforzado. Ésta es la diferencia entre la actitud occidental y la oriental. La psicología occidental insiste en que el ego debería ser fortalecido; el chico debe desarrollar un ego fuerte, debe luchar, pelear; sólo entonces madurará.

El niño está en el vientre materno, es uno con la madre, no es consciente de que él es; él es, sin conciencia. En un sentido profundo, toda conciencia es enfermedad. No es que sea inconsciente; es consciente. Su ser está ahí, pero sin conciencia del "yo". El "soy" esta presente, pero el "yo" no ha nacido todavía. El niño siente, vive, está perfectamente vivo, pero nunca siente que está separado. La madre y el niño son uno.

Y entonces el niño nace. La primera separación sucede; y el primer lloro. Ahora él se está moviendo, la ola se está alejando del océano. Los psicólogos occidentales dicen: "Enseñaremos al niño a que sea independiente, a ser un individuo". La psicología de Jung es conocida como el camino de la individualización. Él se debe convertir en un individuo, absolutamente separado. Debe luchar. Por eso, en Occidente hay tanta rebeldía en la joven generación. Esta rebeldía no ha sido creada por la generación más joven, está rebelión fue creada por Freud, Jung, Adler y compañía. Ellos establecieron las bases.

El luchar fortalecerá tu ego. Te pondrá en forma. Por eso luchas con tu madre, luchas con tu padre, con tu profesor, con la sociedad. La vida es una lucha. Y Darwin estableció la tendencia cuando dijo que sólo los mejor adaptados sobreviven; la vida significa la supervivencia del más adaptado. Por eso, cuanto más fuerte eres en tu ego, más oportunidades tienes de vivir.

Occidente vive en la política, Oriente tiene una actitud totalmente distinta... y el Tao es el centro, la misma esencia de la conciencia oriental. Dice: "Sin individualidad, sin ego, sin lucha, vuélvete uno con la madre. No tienes ningún enemigo; lo importante no es conquistar algo".

Incluso un hombre muy erudito, muy penetrante, un lógico como Bertrand Russell, piensa en términos de conquista: la conquista de la naturaleza, conquistar la naturaleza. La ciencia parece ser una lucha, una lucha contra la naturaleza: cómo hacer saltar la cerradura, como desvelar los secretos, como extraer los secretos de la naturaleza.

La conciencia oriental es totalmente distinta. La conciencia oriental dice, "El ego es el problema; no lo fortalezcas, no luches. Y el que sobrevive no es el mejor adaptado, sino el más humilde".

Por esto, insisto una y otra vez en que Jesús proviene del Este; por esto no pudo ser comprendido en Occidente. Occidente le ha mal interpretado. Oriente podía haberle comprendido porque Oriente conoce a Lao Tse, a Chuang Tse, a Buda; y Jesús les pertenece. Él dice: "Los últimos serán los primeros en el reino de Dios". Los más humildes, los más sumisos, poseerán el reino de Dios. La meta es ser pobre de espíritu. ¿Quién es pobre de espíritu? El que es un bote vacío; el que no es, ni clama por nada; el que no posee nada, ni siquiera un "yo". Vive como una ausencia.

La naturaleza entrega sus secretos. No hay necesidad de arrebatárselos, no hay necesidad de matar, no hay necesidad de hacer saltar la cerradura. Ama a la naturaleza y la naturaleza compartirá sus secretos. El amor es la clave. La conquista es absurda.

¿Qué ha sucedido pues en Occidente? Este conquistar ha destruido la naturaleza. Por eso ahora hay un auge de la ecología—para restaurar el equilibrio. Hemos destruido completamente la naturaleza porque hemos traspasado todas sus barreras y hemos destruido su equilibrio. Y antes o después, debido a este desequilibrio, la Humanidad morirá.

Chuang Tse puede ser comprendido hoy en día, porque dice: "No luches contra la naturaleza. Ámala profundamente, únete a ella amándola; el secreto se entrega de corazón a corazón. Y el secreto es que tú no eres un individuo; tú eres el Todo. Y ¿por qué sentirte satisfecho siendo una parte? ¿Por qué no eres el Todo? ¿Por qué no posees todo el universo? ¿Por qué posees sólo estas nimiedades?

Ramatirtha solía decir, "Cuando cierro mis ojos contemplo estrellas que se mueven en mi interior, al sol despertando dentro de mí, a la luna saliendo en mí. Contemplo océanos y cielos. Soy inmenso. Soy el universo entero".

Cuando visitó Occidente por primera vez y comenzó a decir esas cosas, la gente creyó que se había vuelto loco. Alguien le preguntó, "¿Quién creó al mundo?". Él contestó, "Yo; está en mí".

Este "Yo" no es el ego, no es el individuo. Este "Yo" es el universo, es Dios. Aparenta estar loco. Esta aseveración parece excesiva. Pero mira en sus ojos: no hay ego. No está dándose importancia; simplemente constata un hecho.

¡Tú eres el mundo! ¿Por qué ser una parte, una pequeña parte y por qué crear innecesariamente problemas cuando puedes ser el Todo? Este *sutra* se refiere a la Totalidad. No seas un individuo, sé el Todo. No seas el ego. Si puedes convertirte en Dios, ¿por qué conformarte con esa cosa tan pequeña, tan diminuta, tan fea?

> *¿Cómo puede el auténtico hombre del Tao*
> *atravesar las paredes sin dificultad*
> *y permanecer en medio del fuego sin ser quemado?*

Alguien le preguntó a Chuang Tse, "Hemos oído que un hombre del Tao puede atravesar muros sin problema. ¿Por qué?" Si en tu interior no hay ninguna barrera, ningún impedimento puede obstaculizarte. Ésa es la regla. Si no hay resistencia en tu interior, en tu corazón, la totalidad del mundo se abre para ti. No hay resistencia. El mundo es sólo un reflejo, un gran espejo; si te resistes, el mundo entero se resiste.

Sucedió una vez que un rey construyó un gran palacio, un palacio de millones de espejos; todas las paredes estaban cubiertas de espejos. Un perro entró en el palacio y vio millones de perros a su alrededor. Siendo un perro muy inteligente, empezó a ladrar para protegerse de los millones de perros que lo rodeaban. Su vida estaba en peligro. Debió de ponerse tenso y empezó a ladrar. Y cuando comenzó a ladrar, esos millones de perros empezaron a ladrar también.

Por la mañana encontraron al perro muerto. Y estaba allí solo; únicamente rodeado de espejos. Nadie había luchado con él; allí no había habido nadie que luchara con él, pero se vio a sí mismo en el espejo y se asustó. Y cuando comenzó a pelear, el reflejo del espejo comenzó a luchar también. Estaba sólo con millones y millones de perros a su alrededor. ¿Puedes imaginar el infierno que vivió esa noche?

Ahora vives en un infierno; millones y millones de perros están ladrándote. En cada espejo, en cada relación, ves al enemigo. Un hombre del Tao puede atravesar las paredes porque no tiene pared alguna en su corazón. Un hombre del Tao no encuentra enemigos por ninguna parte porque no tiene enemigos dentro. Un hombre del Tao encuentra todos los espejos vacíos, todos los botes vacíos, porque su propio bote está vacío. Al ser reflejado, no tiene rostro propio, así que ¿cómo puedes reflejar algo? ¿Cómo puedes reflejar a un hombre del Tao? Todos los espejos guardan silencio. Un hombre del Tao pasa; no quedan huellas, no quedan pistas. Todos los espejos permanecen en silencio. Nada le refleja, porque no está presente; está ausente.

Cuando el ego desaparece, tú estás ausente y entonces eres el Todo. Cuando el ego está ahí, tú estás presente y entonces eres tan sólo una partícula, una partícula pequeñita y fea. La parte será siempre fea. Por eso tratamos de volverla hermosa de múltiples maneras. Pero un hombre con ego no puede ser bello. La belleza surge sólo en aquellos que carecen de ego. Entonces la belleza contiene algo de lo desconocido, algo no mensurable.

Recuerda esto: la fealdad puede ser medida. Tiene sus límites. La belleza, la mal llamada belleza, puede ser medida. Tiene sus límites. Pero la verdadera belleza no puede ser medida, no tiene límites. Es un misterio; sigue y sigue sin acabar. No puedes agotarte con un Buda. Puedes entrar en él y nunca saldrás. ¡Nunca acaba! Su belleza nunca se agota.

Pero el ego trata una y otra vez de parecer hermoso. De algún modo puedes recordar la belleza del Todo; de alguna forma recuerdas el silencio del vientre materno; de alguna forma, en lo más hondo de ti, conoces la felicidad de ser uno, la unión, la unidad con la Existencia. Debido a eso, surgen muchos deseos. Conoces la belleza de vivir como un Dios y has de vivir como un mendigo. ¿Qué haces entonces? Creas máscaras, te maquillas a ti mismo. Sin embargo, en lo más hondo, la fealdad persiste, porque todo maquillaje es sólo maquillaje.

Sucedió una vez que una mujer iba andando por la playa. Encontró una botella, la abrió y de ella salió un genio. Y, como todos los auténtico genios, este genio le dijo, "Me has liberado, has roto mi encierro, por eso puedes pedirme cualquier cosa y satisfaré tu más ferviente deseo".

No se encuentran genios cada día, en cada playa, en todas las botellas. Sucede raramente y sólo en los cuentos. Pero la mujer no se lo pensó ni un instante. Le dijo: "Quiero volverme guapa: el pelo como Elizabeth Taylor, los ojos como Brigitte Bardot, el cuerpo como Sofía Loren".

El genio la miró de nuevo y dijo, "Cariño, méteme de nuevo en la botella".

Y eso es lo que pides, todo el mundo pide de esta manera; por eso, han desaparecido los genios. Te temen, porque pides lo imposible. No puede ser, porque la parte nunca puede ser bella.

Piénsalo: mi mano puede ser cortada. ¿Puede esa mano ser bella? Se volverá más y más repugnante, se deteriorará, empezará a oler. ¿Cómo puede ser bella mi mano una vez separada de mí? La separación conlleva la muerte; la unión, la vida. En tu totalidad estás vivo; sólo, separado, estás muerto, o te estás muriendo.

Los ojos,... sácalos, ¿en qué se convierten? Incluso las piedras, los guijarros coloreados, serán más hermosos que ellos porque están todavía unidos al Todo. Arranca una flor; en ese instante deja de ser hermosa, el esplendor se ha ido. Era bella sólo un instante antes, cuando estaba unida a las raíces, a la tierra. Desarraigado, flotas como ego. Estás enfermo y permanecerás enfermo y nada te será de ayuda. Todos tus esfuerzos, por muy inteligentes que sean, están condenados al fracaso.

Sólo integrado en el Todo, eres hermoso.
Sólo integrado en el Todo, eres bello.
Sólo integrado en el Todo, es posible la gracia.

El hombre del Tao atraviesa muros sin dificultad y permanece en medio del fuego sin ser quemado, pero no debido a su astucia.

No es debido a que sea osado o astuto,
ni porque haya aprendido,
si no porque ha des-aprendido

El aprender es cosa del ego, el aprender refuerza el ego. Por eso, los *pandits*, los *brahmines*, los eruditos, son los que tienen los egos más sutiles. El aprender les amplia su campo de acción, el aprender les da más espacio. Se convierten en tumores, en egos. Entonces, todo su ser es explotado por el ego.

Cuanto más erudito es un hombre, tanto más difícil es vivir con él, tanto más difícil es relacionarse con él, tanto más difícil es para él llegar al templo. Es casi imposible para él conocer a Dios, porque él mismo es como un tumor y el tumor tiene su propia vida; ahora el ego es el tumor. Y explota. Cuanto más sabes, menos posibilidades hay de que surja la oración.

Por eso—dice Chuang Tse—no es debido a la astucia; no es que calcule, ni es astuto, ni osado, porque la osadía, la astucia y el cálculo, forman parte del ego. Un hombre del Tao ni es cobarde, ni es valiente. No sabe lo que es la valentía, ni la cobardía. Sólo vive. No es consciente de ello; no porque lo haya aprendido, sino porque lo ha des-aprendido. La religión no es más que un proceso de des-aprendizaje. Aprender es el camino del ego; desaprender es el camino del no-ego. Una vez has aprendido, tu bote está lleno; lleno de ti.

Sucedió una vez que Mulla Nasrudin era propietario de un *ferry* y cuando las cosas no le iban bien se dedicaba a llevar pasajeros de una orilla a la otra.

Un día, un gran erudito, un gramático, un *pandit,* atravesaba el río en el *ferry.* El *pandit* le preguntó a Nasrudin, "¿Conoces el Corán? ¿Conoces las escrituras?"

Nasrudin le dijo, "No, no tengo tiempo".

El erudito le dijo, "Has desperdiciado la mitad de tu vida".

Repentinamente se alzó una tormenta y el botecillo estaba lejos de la orilla. En cualquier momento podía irse a pique.

Nasrudin le preguntó, "Maestro, ¿sabes nadar?"

El hombre, muy asustado, sudando, le contestó, "No".

Nasrudin le dijo, "Pues entonces has desperdiciado toda tu vida. ¡Te dejo!"

Este bote no puede alcanzar la otra orilla, pero la gente cree que aprendiendo, puede convertirse en bote, o que el aprender puede convertirse en un sustituto del nadar. ¡No! ¿Cómo pueden las escrituras convertirse en botes? No; son demasiado pesadas. Puedes ahogarte con ellas, pero no puedes cruzar el río. El des-aprendizaje te volverá liviano; el des-aprender te hará inocente de nuevo.

Cuando no sabes, ¿qué ocurre en ese desconocimiento? El fenómeno más bello... el mayor éxtasis sucede cuando no sabes; cuando no sabes, sólo hay silencio. Alguien pregunta algo y tú no sabes. La vida es un enigma y tú no lo sabes; estás rodeado de misterio y tú estás aquí sin saber, asombrado. Cuando no sabes, surge el asombro. Y maravillarse es la cualidad más religiosa. La cualidad religiosa más profunda es la capacidad de asombro. Sólo un niño puede asombrarse. Un hombre que sabe, no puede asombrarse; y sin asombrarse nadie ha alcanzado a Dios. Sólo el corazón asombrado para el cual todo es un misterio... una mariposa es un misterio, una semilla germinando es un misterio.

Y recuerda: nada ha sido resuelto; toda tu ciencia no ha conseguido nada. La semilla germinando es todavía un misterio y seguirá siendo un misterio. Incluso si la ciencia puede crear una semilla, su germinación seguirá siendo un misterio. Nace un niño; un misterio ha nacido. Aunque se pueda crear a un niño en un tubo de ensayo, no importa; el misterio será el mismo.

Estás aquí. Es un gran misterio. No te lo has merecido, no le puedes decir al universo, "Estoy aquí por que me lo he ganado". Es un auténtico regalo; estás aquí sin ninguna razón que lo justifique. Si no estuvieras aquí, ¿qué diferencia habría? Si no estuvieras aquí ¿a qué juzgado apelarías?

Esta pura existencia, este respirar, este instante en el que estás aquí, escuchándome, escuchando la brisa, los pájaros, este momento en el que estás vivo, es un gran misterio. Si lo puedes encarar sin conocimiento alguno, podrás penetrar en él. Si lo encaras con lo que sabes y dices, "Lo sé, sé la respuesta", estarán cerradas las puertas. No debido al misterio, sino que las puertas estarán cerradas debido a que tu saber, tus teorías, tu filosofía, tu teología, tu cristianismo, tu hinduismo, te las cierran.

Un hombre que cree saber, no sabe. Los Upanishads dicen que un hombre que cree no saber, sabe. Sócrates dice: "Cuando un hombre realmente sabe, sólo sabe una cosa: que no sabe nada". Chuang Tse dice: "Se debe a que ha des-aprendido. Sea lo que sea lo que el mundo le haya enseñado, sea lo que sea lo que la sociedad le haya enseñado, sea lo que sea lo que los padres y los hombres de provecho le hayan enseñado, él lo ha dejado a un lado". De nuevo se vuelve como un niño, un crío. Nuevamente sus ojos se llenan de asombro. Mira a su alrededor y en todo ve un misterio.

El ego mata el misterio. Tanto si es el ego de un científico, como si es el ego de un erudito, o de un filósofo, no importa. El ego dice, "Lo sé". Y el ego dice, "Y si no lo sé, antes o después lo sabré". El ego sostiene que no hay nada incognoscible.

Hay dos categorías para el ego: lo conocido y lo desconocido. Lo conocido forma parte de lo que el ego ha ya recorrido; lo desconocido es parte de lo que le queda por recorrer. El ego siente que es posible recorrerlo, pero que no hay nada incognoscible.

El ego no permite misterio alguno en el mundo. Y cuando no estás rodeado de misterio, no puede haber misterio en ti. Cuando desaparece el misterio, todas las canciones desaparecen; cuando desaparecen los misterios, la poesía muere; cuando el misterio desaparece, Dios no está en el templo, no hay más que una estatua sin vida; cuando desaparece el misterio, no hay posibilidad alguna para el amor, porque únicamente dos misterios pueden enamorarse el uno del otro. Si sabes, no hay posibilidad de que se dé el amor; el saber está en contra del amor. Y el amor apoya siempre el des-aprender. Porque él ya ha des-aprendido.

Su naturaleza se enraíza en el uno.
Su vitalidad, su poder,
se ocultan en el secreto Tao.

Su naturaleza se enraíza en... el ego reside en la cabeza, recuérdalo; y puedes elevar la cabeza muy alto. La raíz está en el otro polo de tu ser. Chuang Tse y Lao Tse solían decir: "Concéntrate en el dedo del pie. Cierra tus ojos y ve al dedo del pie y permanece allí. Esto te conferirá equilibrio. La cabeza te ha desequilibrado". ¿El dedo...? Parece como si bromearan. No bromean, saben lo que dicen. Están en lo cierto. Aléjate de la cabeza porque en la cabeza no está la raíz; y estamos demasiado en la cabeza.

Su naturaleza se enraíza... en el mismo origen. La ola se hunde en el océano, en el uno. Y recuerda, el origen es uno. Las olas pueden ser miles, millones, pero el océano es uno. Tú estás ahí, separado; yo estoy aquí, separado; pero mira tan sólo un poco más hondo, en las raíces, y verás que somos uno. Somos como las ramas de un mismo árbol. Observas las ramas y están separadas, pero en lo más hondo son una.

Cuanto más profundo te hundas, encontrarás menos y menos

multiplicidad, más y más unidad. En el fondo sólo hay Uno. Por eso, los hindúes hablan de la no-dualidad, de lo Uno, *del advaita*.

Su vitalidad, su fuerza,
se ocultan en el secreto Tao.

Y sea cuál sea la vitalidad que le llegue al hombre del Tao, no está manipulada, no está creada por él; se la dan las raíces. Es vital porque está enraizado, es vital porque ha vuelto al Océano, al Uno. Ha regresado al Origen, ha vuelto a la Madre.

Cuando se es todo uno,
no se tiene ninguna fisura
por la que una cuña pueda entrar.

Y cuando estás centrado en lo más hondo de tu ser—que es Uno—no hay posibilidad de fisura alguna. No puedes penetrar un hombre así. Las espadas no le atravesarán, el fuego no le quemará. ¿Cómo puedes destruir lo final? Puedes destruir lo momentáneo, pero ¿cómo puedes destruir lo eterno? Puedes destruir la ola, pero ¿cómo puedes destruir el océano? Puedes destruir al individuo, pero no puedes destruir el alma. La forma puede ser disuelta, pero ¿y lo que carece de forma? ¿Cómo acabarás con lo que no tiene forma? ¿Dónde encontrarás la espada que acabe con lo que no tiene forma?

Krishna dice en el Gita, *"Nainam chedanti sashtrani"*—ninguna espada puede matarlo, ningún fuego puede quemarlo. No quiere decir que si vas a matar a Chuang Tse no puedas matarlo. Podrás matar la forma, pero la forma no es Chuang Tse; y él se reirá.

Cuando Alejandro volvía de la India se acordó repentinamente de Aristóteles, su profesor; uno de lo más grandes lógicos.

Aristóteles es la fuente original de toda la estupidez occidental. Es el padre; él creó la mente lógica. Creó el análisis, el método de disección; creó el ego y el individuo; y fue el profesor de Alejandro.

Le había pedido a Alejandro que se trajera con él a un místico hindú, a un *sanyasin*, cuando regresara, porque los extremos opuestos siempre se atraen. Debió de estar profundamente interesado en conocer lo que era un místico hindú. ¿Qué clase de hombre puede ser el que vive más allá de la lógica, que dice que sólo hay Uno y no dos, que unifica todas las contradicciones y paradojas, cuya actitud es la de síntesis y no la de análisis? Un hombre que no cree en las partes, que cree siempre en el todo, ¿qué clase de hombre puede ser?

Por eso le dijo a Alejandro, "Cuando vuelvas, tráete contigo a un místico hindú, un *sanyasin*. Me gustaría ver uno. Un hombre que vive más allá de la mente y que dice que hay algo más allá de la mente, es singular". Y Aristóteles nunca creyó que pudiera haber algo que excediera a la mente; para él la mente lo era todo.

Cuando Alejandro estaba de regreso, se acordó. Pidió a sus soldados que fueran y le trajeran a un gran místico hindú, un gran *sanyasin,* un santo, un sabio. Preguntaron en la ciudad y les dijeron, "Sí, en la orilla del río vive un hombre desnudo. Durante años ha vivido allí y creemos que es un místico. No podemos estar seguros pues no habla mucho; no podemos estar seguros porque tampoco le comprendemos demasiado. Todo lo que dice carece de lógica. Puede que sea verdad, o puede que no lo sea".

Alejandro dijo, "Éste es el hombre adecuado. Mi maestro, que ha creado la lógica, se complacerá en conocer a este hombre. Id y decidle que Alejandro le invita".

Los soldados fueron y le dijeron al hombre desnudo que Alejandro Magno le invitaba; iba a ser su huésped real, se le ofrecerían toda clase de comodidades, no tenía por qué preocuparse".

El hombre comenzó a reír y les dijo, "El hombre al que llamáis Magno, es un tonto. Id y decidle que no me gusta la compañía de los tontos. Por eso he permanecido sólo durante años. Si desease la compañía de los necios, ¿creéis que en la India hay menos que en vuestro país? La ciudad está llena de ellos".

Los soldados se quedaron perplejos, pero tuvieron que volver para informar. Alejandro les preguntó qué les había dicho aquel hombre—Dandami era su nombre. En sus informes, Alejandro utiliza el nombre de Dandamas. Cuando lo oyó, se sintió atónito, pero ésa era la última aldea en la frontera y pronto estaría fuera de la India, así que contestó, "Es mejor que vaya yo y vea qué clase de hombre es".

Puede que recordase a Diógenes; puede que este hombre fuera de la misma clase, viviendo junto al río. Lo mismo había ocurrido con Diógenes. Él también se rió y pensó que Alejandro era un necio.

Por eso Alejandro se acercó a Dandami con la espada desenvainada y dijo, "Sígueme o te cortaré la cabeza de inmediato. No me gusta discutir; sólo mandar".

El hombre se rió y le dijo, "¡Córtala, no esperes! La cabeza que vas a cortar, ya la he cortado yo hace mucho. No es nada nuevo, en realidad no tengo cabeza. Córtala. Te digo que cuando mi cabeza ruede, la verás caer y yo también la veré caer, porque yo no soy la cabeza".

El hombre del Tao puede ser quemado, pero aun así el hombre del Tao no es quemado. La forma siempre está ardiendo, está consumiéndose ya... pero Lo-Sin-Forma no puede ser alcanzado por fuego alguno. ¿De dónde proviene esa fuerza, de dónde proviene esa vitalidad? Se esconde en el secreto Tao. Tao significa "la gran Naturaleza", Tao significa "el gran Océano", Tao significa "el gran Origen".

Por eso un borracho al caer desde un vagón
recibe contusiones, pero no perece.
Sus huesos son como los huesos de los demás,
pero su caer es diferente.

El ego no está presente...

Su espíritu es uno.
No se da cuenta de que entra en un vagón
o que cae de él.
La vida y la muerte no son nada para él.
No conoce el temor,
se enfrenta a obstáculos sin considerarlos, sin preocuparse,
y los supera sin saber que están ahí.
Si uno halla tal seguridad en el vino,
¿cuánta más hallará en el Tao?
El sabio está oculto en el Tao,
nada puede alcanzarle.

Observa a un borracho–porque el hombre del Tao es muy similar a él en muchos aspectos. Camina, pero el que camina no está presente; por eso parece no tener equilibrio y se bambolea. Camina, pero sin dirección; no se dirige a ningún lugar en particular. Camina, pero el bote está vacío; sólo momentáneamente, pero está vacío.

Observa a un borracho. Síguelo y ve lo que le ocurre. Si alguien le golpea, no se enfada. Si cae, se resigna a caer; no se resiste, cae como si estuviera muerto. Si la gente se ríe y se mofa de él, no se preocupa. Puede que incluso se mofe con ellos, puede que comience a reír con ellos, puede que comience a reírse de sí mismo. ¿Qué le ha ocurrido? Por un instante, mediante productos químicos, el ego ha dejado de estar presente.

El ego es algo fabricado; puedes desprenderte de él utilizando compuestos químicos. Es algo que has construido; no es una realidad, no es algo sustancial en ti. A través de la sociedad lo has hallado. El alcohol simplemente te separa de la sociedad. Por esto la sociedad está siempre en contra del alcohol, el gobierno siempre está en contra del alcohol, la universidad está siempre en contra del alcohol, todos los moralistas están en contra del alcohol, porque el alcohol es peligroso, te da un vislumbre desde el exterior de la sociedad. Por eso hay tanta propaganda en América y en Occidente en contra de las drogas.

Los gobiernos, los políticos, la iglesia, el Papa, todos están asustados por la implicación de las nuevas generaciones en las drogas. Son muy peligrosas para la sociedad, porque una vez alcanzas vislumbres del exterior de la sociedad nunca puedes volver a ser parte de ella. Siempre permanecerás como un extraño. Una vez tienes un vislumbre del no-ego, la sociedad ya no te puede dominar tan fácilmente. Y si uno se involucra demasiado en ellas, es posible que el ego sea aniquilado totalmente. Si así sucede, te volverás loco.

En un par de ocasiones, la droga puede proporcionarte un vislumbre; como si una ventana se abriese y se cerrase. Si persistes y te vuelves adicto a ella, el ego puede desaparecer súbitamente. Pero ése es el problema: el ego puede desaparecer, pero el no-ego no surge. Te vuelves loco, esquizofrénico, dividido.

La religión trabaja desde el otro extremo, desde el opuesto: intenta hacer nacer el no-ego primero. Y cuanto más surja el no-ego, cuanto más se afirme el Todo, el ego caerá automáticamente, poco a poco. Antes de que el ego desaparezca, el Todo ha tomado su lugar. No te vuelves loco, no te vuelves anormal, simplemente te vuelves natural. Sales de la sociedad y caes en la naturaleza.

Con las drogas también puedes salirte de la sociedad, pero caerás en la locura. Por eso, las religiones se oponen también a las drogas. La sociedad ha establecido una especie de pacto con el ego; gracias a él te conduces en cierta forma, diriges tu vida de alguna manera. Pero si el Todo toma el mando, entonces no hay problema: te conviertes en un hombre del Tao. Entonces ya no hay necesidad de este ego; puedes lanzárselo a los perros.

Pero puedes hacerlo de otra forma también. Puedes destruir este ego mediante compuestos químicos. Puedes hacerlo así. Entonces surgirán problemas porque sencillamente te volverás anormal. Sentirás un cierto poder, pero ese poder será falso, porque el Todo no habrá tomado posesión de ti.

Ha habido muchos de estos casos. Una chica, en Nueva York, bajo los efectos del LSD, saltó por una ventana desde el piso decimotercero porque creía que podía volar. Y si estás bajo los efectos de una droga y si te viene el pensamiento de que puedes volar, no tienes duda alguna. Lo crees absolutamente, porque el que duda, el ego, no está allí. ¿Quién es el que va a dudar? Te lo crees. Pero el Todo no se ha establecido aún.

Chuang Tse podría haber volado. Chuang Tse podría haber salido por la ventana volando como un pájaro, pero bajo los efectos del LSD tú no puedes. El ego no está ahí para que dudes, pero el Todo tampoco se ha hecho cargo aún, de modo que no eres poderoso todavía. La fuerza no está ahí; sólo el espejismo de esa fuerza. Y esto crea problemas.

Bajo los efectos del alcohol puedes hacer ciertas cosas...

Un circo viajaba en un tren especial de una ciudad a otra y una jaula se abrió y el león se escapó. El director reunió a los hombres más fuertes y les dijo, "Antes de que caiga la noche, id al bosque y encontrad al león. Bebed algo de vino; os dará coraje".

Los veinte tomaron un buen trago. La noche era fría y peligrosa y se requería valor, pero Mulla Nasrudin rehusó. Dijo, "Quiero sólo soda".

El director protestó, "¡Vas a necesitar coraje!"

Nasrudin replicó, "En esos momentos no necesitas valor. Esos instantes son peligrosos; es de noche y con el león por ahí, el coraje podría ser peligroso. Prefiero ser un cobarde y estar alerta".

Cuando no te sientes poderoso y una droga puede proporcionarte valor, resulta peligroso. Puede que hagas cosas de forma temeraria; ése es el peligro de las drogas.

Pero la sociedad no le teme a esto. La sociedad teme que si

alcanzas un destello de lo que hay más allá de ella, nunca puedas volver a amoldarte a su pauta. Y la sociedad es una gran casa de locos. Para amoldarte a ella no se te puede permitir tener vislumbres del exterior.

Las religiones también están en contra de las drogas y el alcohol, pero por diferentes razones. Dicen: "Vuélvete un borracho, pero un borracho del licor divino, porque entonces estarás enraizado, centrado. Entonces serás poderoso".

> *Si uno halla tal seguridad en el vino,*
> *¿cuánta más hallará en el Tao?*
> *El sabio está oculto en el Tao,*
> *nada puede alcanzarle.*

Nada puede alcanzarle en absoluto. ¿Por qué? Si me entiendes, verás que sólo el ego puede ser alcanzado. Es muy fácil herirlo. Si alguien te mira de un modo particular, él es herido. El otro no ha hecho nada. Si alguien sonríe un poco, es tocado. Si alguien vuelve su cabeza y no te mira, es tocado. Es muy sensible. Es como una herida siempre abierta, viva. La tocas y surge el dolor. Una sola palabra, un solo gesto; el otro puede que no se dé cuenta de lo que te ha hecho, pero le ha herido.

Y siempre crees que el otro es el responsable, que él es el que te ha herido. No, tú llevas tu herida. Con el ego, todo tu ser es una herida. Y la llevas sobre ti. Nadie está interesado en herirte, nadie está esperando para herirte; todo el mundo está ocupado en proteger su propia herida. ¿Quién puede herirte? Pero sigue ocurriendo, porque uno está absolutamente dispuesto a ser herido, totalmente dispuesto, esperando que algo suceda.

No puedes herir a un hombre del Tao. ¿Por qué? Porque no hay nadie para ser herido. No hay herida. Está sano, curado, es uno. Esta palabra, "uno" es hermosa. La palabra "sano", viene de "uno", y la palabra santo también proviene de "uno". Él es uno, sano y santo (*).

---

* N. del T.- Juego de palabras en inglés entre "*heal*" = sano, "*whole*" = uno y "*holy*" = santo.

Sé consciente de tu herida. No la ayudes a crecer, deja que se cure; y se curará sólo cuando alcances las raíces. Cuanto menos estés en la cabeza, más se curará la herida. Sin cabeza, no hay herida. Vive una vida sin cabeza. Muévete como un único ser y acepta lo que venga. Tan sólo durante veinticuatro horas, pruébalo; total aceptación, suceda lo que suceda. Si alguien te insulta, acéptalo, no reacciones; y observa lo que ocurre. Repentinamente sentirás una energía que nunca antes habías sentido fluyendo por ti. Alguien te insulta: te sientes débil, alterado, empiezas a cavilar cómo vengarte. Te has quedado colgado de ese hombre, y ahora no haces más que darle vueltas. Durante días y noches, meses e incluso años serás incapaz de conciliar el sueño, tendrás pesadillas. La gente puede desperdiciar toda su vida por cosas así de simples; sólo porque alguien les ha insultado.

Simplemente recuerda tu pasado y observarás algunas cosas. Eras un niño y el profesor, en clase, te llamó idiota y todavía hoy lo recuerdas y guardas rencor. Tu padre te dijo algo. Tus padres lo han olvidado e incluso aunque se lo recuerdes, serán incapaces de acordarse. Tu madre te miró de cierta forma y desde entonces la herida ha estado allí. Y todavía permanece abierta, fresca; si alguien la toca, explotas. No la ayudes a crecer. No conviertas esa herida en tu alma. Ve a las raíces, permanece en el Todo. Durante veinticuatro horas, tan sólo veinticuatro horas, trata de no reaccionar, de no rechazar; suceda lo que suceda.

Si alguien te empuja y caes al suelo, cae. Luego levántate y vete a casa. No contestes. Si alguien te golpea, hazle una reverencia y acéptalo con gratitud. Vete a casa; no reacciones durante veinticuatro horas; descubrirás una erupción de energía que no habías conocido antes, una nueva vitalidad que surge de tus raíces. Y una vez te haya sucedido, una vez lo hayas probado, tu vida será distinta. Podrás entonces reírte de todas las tonterías que has estado haciendo, de todos los rencores, de tus reacciones, de tus venganzas, con las que has estado destruyéndote a ti mismo.

Nadie puede destruirte excepto tú mismo; nadie puede salvarte, excepto tú mismo. Tú eres el Judas y tú eres el Jesús.

Suficiente por hoy.

El funeral de Chuang Tse

*Cuando Chuang Tse estaba a punto de morir,
sus discípulos comenzaron a planear un gran funeral.*

*Pero Chuang Tse les dijo:
"Tendré al cielo y a la tierra como ataúd,
el sol y la luna serán símbolos de jade
prendidos junto a mí,
los planetas y las constelaciones
brillarán como joyas a mi alrededor,
y todos los seres estarán presentes
como plañideras en el velatorio.
¿Qué más se necesita?
Todo está ya cumplidamente preparado".*

*Pero los discípulos dijeron:
"Tememos que los cuervos y los milanos
devoren a nuestro Maestro".*

*Chuang Tse replicó:
"¿Y qué?
Sobre la tierra seré devorado
por cuervos y milanos,
y bajo la tierra por hormigas y gusanos.
En ambos casos seré devorado,
así que, ¿por qué no favorecéis a las aves?"*

El funeral de Chuang Tse

La mente hace de cualquier cosa un problema; si no fuera así la vida sería muy simple, la muerte sería muy simple. No hay ningún problema en absoluto. Pero la mente te engaña diciéndote que cada momento es un problema y que has de resolverlo. Una vez empiezas a creer que todo es un problema, no puedes hacer nada, porque este primer paso es erróneo.

La mente no puede aportarte ninguna solución; es el mecanismo que construye tus problemas. Incluso si crees que has resuelto un problema, miles de nuevos problemas surgirán de la solución. Esto es lo que la filosofía ha estado haciendo. La filosofía es la ocupación de la mente. En el momento en que la mente observa algo, lo observa con un interrogante, lo observa con ojos dubitativos.

La vida es muy simple y la muerte es muy simple, pero únicamente si puedes verlos sin la mente. Una vez usas la mente, todo se vuelve complejo, todo es confusión. Y la mente intenta resolver la confusión cuando en realidad ella es el origen de toda confusión, y por tanto, más confusión crea. Es como si un pequeño arroyo fluyera montaña abajo. Algunos carruajes lo han atravesado y la corriente está turbia y tú te metes en el agua para aclararla. Tan sólo la volverás más turbia aún. Es mejor esperar en la orilla. Es mejor dejar que las aguas se calmen otra vez, que se calmen por sí solas, de forma que la hojarasca desaparezca y el fango se sedimente y la corriente se vuelva transparente como el cristal. Tu ayuda no es necesaria. Sólo crearás más confusión.

De modo que si crees que hay algún problema, por favor no metas tus narices en ello. Siéntate y espera. No permitas que la mente se entrometa, dile a la mente que espere. Y para la mente es muy difícil esperar; es la encarnación de la impaciencia.

Si le dices a la mente que espere, surge la meditación. Si puedes persuadir a la mente de que espere, estarás en oración, porque el esperar significa no pensar, significa sentarse a la orilla sin entrar en la corriente. ¿Qué puedes hacer? Hagas lo que hagas la enturbiarás más, tu misma entrada en la corriente creará más problemas. Por eso, espera.

Toda meditación es espera. Toda oración es infinita paciencia. El meollo de la religión consiste en no permitir a la mente que te cree más problemas. Hay tantas cosas, cosas simples con las que incluso los animales disfrutan, con las cuales incluso los árboles disfrutan,... el hombre no es capaz de disfrutarlas, porque inmediatamente las convierte en problemas, y ¿cómo puedes disfrutar un problema?

Te enamoras, y la mente inmediatamente dice: ¿qué es el amor? ¿Es esto amor o sexo? ¿Es verdadero o falso? ¿A dónde voy? ¿Puede ser el amor algo eterno o es tan sólo momentáneo?

En primer lugar, la mente quiere decidirlo todo y luego dar el primer paso. Y con la mente no se llega nunca a ninguna decisión; permanece indecisa, la indecisión es inherente a su naturaleza. Dice, "No des el salto". Y cuando la mente dice esas cosas, aparenta ser muy inteligente, muy lista, porque parece que te puedes equivocar. Así que no saltes, no te muevas, permanece quieto.

Pero la vida es movimiento y confianza. El amor surge; uno tiene que sumergirse en él. Adónde conduzca no tiene importancia. La meta no es lo importante. El mismo movimiento de tu consciencia en el amor, es la revelación. El otro no es lo importante, el amado o el amante no es lo importante. Lo importante es que tú eres capaz de amar, que puede ocurrirte a ti; tu ser está abierto, confiado, sin dudas, sin preguntas. Este mismo estar abierto es el éxtasis.

Pero la mente dirá, "Espera, déjame que piense y decida: uno no debería dar un paso con precipitación". Y así puedes esperar y esperar. Así es como te has estado perdiendo la vida.

A cada instante la vida llama a tu puerta, pero tú sigues pensándotelo. Le dices a la vida, "Espera, abriré la puerta, pero déjame primero decidirme". Nunca ocurre. La vida vendrá y se irá y tú simplemente te arrastrarás por ella; ni vivo, ni muerto. La vida y la muerte son buenos porque la muerte tiene una vida propia.

Así que recuerda: lo primero es no permitir que la mente interfiera. Entonces puedes ser como los árboles, incluso más verde.

Entonces puedes volverte como los pájaros volando; y ningún pájaro puede alcanzar las alturas a las que tú puedes llegar. Entonces puedes ser como los peces que se sumergen en las profundidades del mar, puedes alcanzar el fondo mismo del océano. Nada se te puede comparar. La consciencia humana es el fenómeno más evolucionado que existe, pero te la estás perdiendo. Incluso los niveles menos evolucionados disfrutan más. Un pájaro es un pájaro, un ser mucho menos evolucionado que tú; un árbol está casi sin evolucionar, pero disfruta más, florece más. A tu alrededor se encuentra el placer mayor, ¿por qué te lo estás perdiendo?

Tu mente se ha convertido en una carga. No la estás usando; más bien al contrario, estás siendo utilizado por ella. No permitas que la mente interfiera en tu vida, y entonces ésta será un fluir. Entonces te des-obstruirás, te volverás transparente; entonces cada instante será puro gozo porque no te preocuparás por él.

A un hombre le aconsejó su psicoanalista que fuera a la montaña. Estaba siempre quejándose de esto y de lo otro y planteándose preguntas. Nunca estaba cómodo con nada, nunca se sentía relajado. Le aconsejó que se tomara un descanso.

Al día siguiente llegó un telegrama dirigido al psicoanalista. En él el hombre decía, "Me siento muy feliz aquí, ¿por qué?"

Eres incapaz de aceptar hasta la felicidad misma sin pedir por qué. A la mente le es imposible aceptar las cosas; el "¿por qué?" se presenta inmediatamente, y ese "¿por qué?" lo destruye todo. De aquí que todas las religiones insistan en la fe. Éste es el significado de la fe: no permitir a la mente preguntar "¿por qué?"

La fe no es una creencia, no es creer en cierta teoría. La fe es creer en la vida misma. Fe no es creer en la Biblia, o en el Corán, o en el Gita. La fe no es una creencia; la fe es una confianza, una confianza sin dudas. Y sólo aquellos que tienen fe, aquellos que son capaces de confiar, podrán conocer lo que son la vida y la muerte.

Para nosotros la vida es un problema, así que la muerte es un problema también. Intentamos constantemente descifrarla, y perdemos tiempo y energía en resolverla. Ya está resuelta. Nunca ha constituido un problema. Eres tú el que estás creando el problema. Mira las estrellas, no hay problema; mira los árboles, no hay problema. Mira a tu alrededor... Si el hombre no estuviera ahí todo estaría resuelto. ¿Dónde está el problema? Los árboles nunca te preguntan quién creó el mundo; simplemente disfrutan de él. ¡Qué tontería preguntar quién creó el mundo! Y ¡qué importa quién lo creó! Si A, B, C o D,... ¿qué importa? Y si fue creado o no fue creado, ¿qué importa? ¿Cómo te puede afectar el que A crease el mundo, o que fuese B, o que nadie crease el mundo? Tú seguirás siendo el mismo, la vida seguirá siendo la misma. ¿Por qué preguntar cuestiones tan irrelevantes, innecesarias y quedarte atrapado en ellas?

Los ríos siguen fluyendo sin preguntar nunca adónde se dirigen. Llegan al mar. Si empezaran a preguntar, pudiera ser que no llegaran; sus energías podrían gastarse en el trayecto. Podrían empezar a sentirse ansiosos por saber adónde se dirigen, cuál es la meta, cuál es su propósito; podrían obsesionarse tanto con el problema que enloquecieran. Pero siguen fluyendo, sin preocuparse por saber adónde van; y siempre llegan al mar.

Si los ríos y los árboles pueden hacer estos milagros, ¿por qué tú no puedes? Éste es el quid de la filosofía de Chuang Tse, de todo su estilo de vida. Si todo sucede por sí mismo, ¿por qué te preocupas? Permítelo que suceda. Si lo ríos llegan, el hombre llegará. Si los árboles llegan, el hombre llegará. Si la totalidad de la Existencia se mueve,... tú eres parte de ella. No te conviertas en un remolino de pensamientos; sino, te perderás dando vueltas y se perderá el fluir. Entonces, al final, no habrá ninguna experiencia oceánica.

La vida es un acertijo porque la observas a través de la mente. Si la miras desde la no-mente, la vida es un misterio. La vida está, en realidad, muerta si la miras a través de la mente; la vida nunca muere si la contemplas desde la no-mente. La mente no puede sentir su viveza. La mente sólo puede tocar lo muerto, lo material. ¡La vida es muy sutil y la mente es tremendamente burda! El instrumento no es tan sutil como la vida. Y cuando la tocas con este instrumento no puedes sentir los latidos de la vida. Te los pierdes. La pulsación es muy tenue; tú eres el pulso.

Chuang Tse está en su lecho de muerte; y cuando un hombre como Chuang Tse está en su lecho de muerte sus discípulos deberían permanecer en el más estricto silencio. No debes perderte este momento porque la muerte es la culminación. Cuando Chuang Tse muere, muere en la cima. Sucede raramente que la consciencia alcanza su culminación absoluta. Los discípulos deberían estar en silencio, deberían contemplar lo que está sucediendo, deberían mirar en la profundidad de Chuang Tse sin permitir que la mente interfiriese, y no empezar a preguntar cuestiones estúpidas.

Pero la mente siempre empieza a preguntar. Están preocupados por el funeral y Chuang Tse está aún vivo. Pero la mente no está viva, no está nunca viva; la mente siempre piensa en términos de muerte. Para los discípulos, el Maestro está ya muerto. Están pensando en el funeral: qué hacer, qué dejar de hacer. Están creando un problema que en realidad no existe, porque Chuang Tse está aún vivo.

Oí una vez de tres hombres que estaban sentados en un parque, discutiendo sobre lo inevitable: la muerte. Uno de los hombres, de setenta y tres años, dijo, "Cuando muera me gustaría ser enterrado con Abraham Lincoln, el hombre más grande y querido por todos".

Otro dijo, "Me gustaría ser enterrado con Albert Einstein, el científico más grande, humanitario, filósofo y amante de la paz".

Luego ambos miraron al tercero, que tenía noventa y tres años. Y dijo, "Me gustaría ser enterrado con Sofía Loren".

Los otros dos se sintieron molestos, se enfadaron y le dijeron, "¡Pero si aún está viva!"

Y el viejo contestó, "¡Y yo también!"

Este viejo debió de ser alguien especial. Con noventa y tres años, dijo, "¡Y yo también!" ¿Por qué debería la vida preocuparse de la muerte? ¿Por qué debería la vida pensar en la muerte? Si estás vivo, ¿cuál es el problema? Pero la mente crea el problema. Y te confundes.

Sócrates se estaba muriendo y le ocurrió lo mismo que a Chuang Tse. Sus discípulos estaban preocupados por el funeral. Le preguntaron, "¿Qué deberíamos hacer?"

Se dice que Sócrates les dijo, "Mis enemigos me suministran veneno para matarme y vosotros planeáis como enterrarme, ¿quién es pues mi amigo y quién mi enemigo? Lo dos estáis preocupados por mi muerte; nadie parece estar preocupado por mi vida".

La mente está, en cierta medida, obsesionada con la muerte. Los discípulos de Chuang Tse estaban pensando qué era lo que deberían hacer y el Maestro se estaba muriendo; un gran acontecimiento estaba sucediendo justo en aquel instante.

Allí, un Buda, un Chuang Tse, estaba llegando a la cumbre última. Sucede en contadas ocasiones, una o dos veces en un millón de años. La llama estaba ardiendo. Su vida había alcanzado un punto de absoluta pureza donde se vuelve divina, no humana; donde es total, no parcial; donde el principio y el fin se encuentran; donde todos los secretos se desvelan y todas las puertas se abren; donde todo es revelado. La totalidad del misterio estaba allí... y los discípulos estaban cavilando sobre el funeral; ciegos, absolutamente ciegos, sin ver lo que estaba sucediendo. Sus ojos estaban cerrados.

Pero, ¿por qué ocurre esto? ¿Crees que esos discípulos conocían a Chuang Tse? ¿Cómo podían conocerle? Si pasaban de largo ante Chuang Tse en su supremo esplendor, ¿cómo podemos creer que le entendieron cuando trabajaba con ellos, cuando trabajaba en ellos, cuando vivía con ellos, cavando en el jardín, plantando semillas, hablándoles,... simplemente estando entre ellos? ¿Cómo podemos creer que sabían quién era este Chuang Tse? Si estando él en su máximo esplendor no se dieron cuenta, es imposible creer que no lo tergiversaron siempre. Probablemente no le comprendieron. Cuando hablaba, debían de pensar: "¿De qué está hablando? ¿Qué quiere decir?"

Cuando un Iluminado habla, lo que quiere expresar no tiene que ser descubierto por ti; simplemente tienes que escucharle. No tiene que ser desvelado, no está escondido, no tiene que ser interpretado. No habla de teorías; te aporta simplemente hechos. Si tus ojos están abiertos, los verás; si tus oídos son capaces de oír, los oirás. No se necesita nada más.

Por eso, Jesús insiste: "Si puedes oír, escúchame. Si eres capaz de ver, mírame". No hay nada más que hacer; tan sólo abrir los ojos, abrir los oídos.

Buda, Chuang Tse, o Jesús, no son filósofos como Hegel, o Kant. Si lees a Hegel tienes que descubrir qué quiere decir. Es muy abtruso, como si Hegel hiciera todo lo posible para explicarse tan crípticamente como pudiera, enhebrando palabra tras palabra, conviertiéndolo todo en una especie de acertijo. Cuando te encuentras con Hegel por primera vez, resulta soberbio, una alta cumbre; pero cuanto más penetras en él y más le entiendes, más disminuye. El día en que le comprendes, ves que no te ayuda en nada.

Todo el truco reside en que no eres capaz de comprenderle; por eso le consideras grande. Debido a que no puedes comprenderle, tu mente se asombra. Debido a que no puedes comprenderle, a que tu mente no puede comprenderle, te resulta muy misterioso, inaprensible. No lo es; es sólo retórica. Está tratando de esconder algo, no de expresarlo. Al contrario, más bien utiliza palabras sin substancia alguna.

Por eso, la gente como Hegel es apreciada inmediatamente, pero a medida que el tiempo transcurre, ese aprecio desaparece. Personas como Buda no son apreciadas inmediatamente, pero a medida que el tiempo pasa, los aprecias más. Siempre van por delante de su tiempo. Al paso de los siglos, su grandeza comienza a emerger, su grandeza empieza a aparecer. Entonces puedes percibirlos porque su verdad es simple en extremo; no contiene basura, no hay desperdicios a su alrededor. Es tan claro que, si empiezas a pensar en ello, puedes pasarlo por alto.

Cuando escuches a Chuang Tse, tan sólo escucha. No se requiere de tu parte más que una pasiva receptividad, una bienvenida. Todo está claro, pero tú puedes convertirlo en un lío y luego confundirte con lo que has creado. Esos discípulos no debieron comprender a Chuang Tse y ahora tampoco le entienden. Están preocupados por lo que deben hacer.

Aquí debes de entenderse lo siguiente: a un hombre de sabiduría siempre le interesa *ser*; un hombre ignorante siempre se preocupa por las cosas del hacer—¿qué tengo que hacer? *Ser* no es importante para él.

Chuang Tse está interesado en *ser*; los discípulos están interesados en hacer—"Si la muerte se acerca, ¿qué hay que hacer? ¿Qué deberíamos hacer? El Maestro está a punto de morir, ¿qué pasa con el funeral? Hemos de prepararlo".

Nos volvemos locos con los preparativos. Hacemos planes para la vida, planeamos la muerte, y mediante tantos planes, destruimos la espontaneidad, destruimos la belleza, destruimos todo éxtasis.

Oí una vez que un ateo se estaba muriendo. No creía ni en el cielo ni en el infierno, pero pensó que sería mejor si se vestía adecuadamente antes de morir. No sabía adónde iba a ir porque no creía en nada, pero aun así, se iba a alguna parte y por tanto antes de irse uno a algún sitio, debía vestirse adecuadamente.

Era un hombre de modales, de etiqueta, así que se puso su traje—corbata y todo—y luego murió. Llamaron al rabino para que le bendijera. El rabino dijo, "Este hombre nunca fue un creyente, pero mirad cómo lo ha preparado todo. No creía en nada, no tenía sitio alguno al que ir, ¡y miradle qué bien vestido y dispuesto!"

Incluso creyendo que no vas a parte alguna, haces tus planes porque la mente siempre desea jugar con el futuro. Es muy feliz planeando el futuro; es muy infeliz viviendo en el presente. Pero planear el futuro parece interesante. Siempre que tienes tiempo, empiezas a planear el futuro, tanto si es de éste o del otro mundo, pero siempre el futuro. Y la mente disfruta haciendo planes. Hacer planes es simplemente una fantasía, un soñar, un ensueño.

La gente como Chuang Tse está interesada en el *ser*, no en el "llegar a ser". No están interesados en el "hacer". No están interesados en el futuro. No es necesario plan alguno. La Existencia se cuida sola.

Jesús les dijo a sus discípulos: "Mirad esas flores, esos lirios del campo, tan bellos en su gloria que incluso Salomón no era tan hermoso. Y no hacen planes, ni piensan en el futuro, ni se preocupan del momento venidero".

¿Por qué son tan hermosos los lirios? ¿En qué consiste su belleza? ¿Dónde se esconde? Los lirios existen aquí y ahora. ¿Por qué es tan triste y feo el rostro humano? Porque nunca está aquí y ahora; siempre está en el futuro. Es como un fantasma. ¿Cómo puedes ser real si no estás aquí y ahora? Tan sólo puedes ser un fantasma; o visitas el pasado, o te desplazas al futuro.

Chuang Tse se está muriendo. En el momento de la muerte de Chuang Tse, sus discípulos deberían haber guardado silencio. Ése hubiera sido el gesto más respetuoso, el acto más amoroso. El Maestro se estaba muriendo. Nunca le escucharon mientras vivía; al menos podían haberle escuchado en su muerte. No pudieron mantenerse en silencio mientras él les hablaba a lo largo de su vida; ahora les iba a entregar su último sermón mediante su muerte.

Uno debería estar atento cuando un sabio muere porque muere de distinta forma. Un ignorante no puede morir del mismo modo. Tú tienes tu vida y tienes tu muerte. Si te has comportado neciamente en tu vida, ¿cómo puedes hacerlo sabiamente a la hora de tu muerte? La muerte es el resultado, el resultado final, la conclusión. En tu muerte está resumida toda tu vida; por eso un tonto muere de una forma tonta.

La vida es única; la muerte es única también. Nadie más puede vivir tu vida y nadie más puede vivir tu muerte; sólo tú. Es única, nunca sucederá de nuevo. Las formas difieren; no sólo en la vida, sino en la muerte. Cuando Chuang Tse muere, uno debe permanecer absolutamente en silencio para no perderte ese instante, porque puede que se te escape.

La vida es un asunto largo—setenta, ochenta, cien años. La muerte es un instante. Es un fenómeno atómico, concentrado. Es más vital que la vida, porque la vida está diseminada. La vida nunca puede ser tan intensa como lo puede ser la muerte, y la vida nunca puede ser tan hermosa como puede serlo la muerte, porque está diseminada. Siempre es así.

En el momento de la muerte, la vida llega al punto de ebullición. Todo se evapora desde este mundo al otro, desde el cuerpo a lo que no tiene cuerpo. Ésta es la mayor transformación que puede ocurrir. Uno debería permanecer en silencio, uno debería ser respetuoso, uno no debería estar distraído, porque puede suceder en un instante y puedes perdértelo.

Y los necios discípulos discutían sobre el funeral y querían convertirlo en un acontecimiento. Y lo más grande que podía suceder, estaba sucediendo; lo más grande estaba ocurriendo, pero ellos se fijaban sólo en lo aparente. La mente siempre piensa en exhibirse; es exhibicionista.

Mulla Nasrudin murió. Alguien se lo dijo a su esposa que estaba tomando el té de la tarde; media taza estaba vacía. El hombre le dijo, "Tu marido ha muerto, lo atropelló un autobús". Pero la esposa de Mulla Nasrudin continuó sorbiendo su té.

El hombre le dijo, "¡Qué! ¡No has ni dejado de tomar el té! ¿Es que no me oyes? Tu marido ha muerto y no has dicho ni *mu*!"

La esposa dijo, "¡Déjame acabar, chico! Ya gritaré luego. Espera un momento".

La mente es exhibicionista. Más tarde, ella gritará. ¡Dale tan sólo un poco de tiempo para prepararse!

Oí una vez de un actor cuya esposa murió. Lloraba desconsoladamente, gritaba, las lágrimas rodaban por sus mejillas.

Un amigo le dijo, "Nunca pensé que quisieras tanto a tu mujer".

El actor miró a su amigo y le dijo, "Esto no es nada. Deberías haberme visto cuando murió mi primera esposa".

Incluso cuando demuestras tu angustia, miras a los demás preguntándote que pensarán de ti. ¿Por qué pensar en un gran funeral? ¿Por qué grande? Haces de la muerte una exhibición. ¿Es esto verdadero respeto? ¿O es la muerte algo comercial, un artículo de consumo?

Nuestro Maestro ha muerto—por eso surge la rivalidad; hemos de intentar que tenga el funeral más grande. Ningún otro Maestro habrá tenido uno como éste, ni nadie lo tendrá otra vez. Incluso en la muerte, piensas en el ego. Pero los discípulos son así, son seguidores. Pero no son auténticos seguidores, pues si hubieran seguido realmente a Chuang Tse no se habrían planteado el tema de un gran funeral. Hubieran sido humildes en ese instante. Pero el ego es fuerte.

Siempre que sostengas que tu Maestro es alguien muy importante, mírate por dentro. Estás afirmando, "Yo soy alguien importante; por eso seguí a este gran hombre. Soy un gran seguidor". Y todos los seguidores reclaman que su Maestro es el más grande, ¡pero no por el Maestro en sí! ¿Cómo puedes ser tú un gran seguidor si tu Maestro no es grande? Y si alguien te dice que no es así, te sientes ofendido, irritado; comienzas a discutir y a pelear.

Es cuestión de la supervivencia del ego. En cualquier parte el ego se afirma. Es astuto y muy sutil. Incluso a la hora de la muerte, no te abandonará, incluso en la muerte estará allí. El Maestro se está muriendo y los discípulos están pensando en el funeral. No han seguido en absoluto al Maestro, a un Maestro como Chuang Tse cuya única enseñanza ha sido ser espontáneo.

Cuando Chuang Tse estaba a punto de morir,
sus discípulos comenzaron a planear un gran funeral.

No ha muerto aún y sus discípulos ya han empezado a hacer planes, porque lo importante no es Chuang Tse; lo importante son los egos de los discípulos. Han de ofrecerle una gran despedida y todo el mundo tiene que enterarse de que nunca antes hubo una despedida igual.

Pero no puedes engañar a Chuang Tse. Aun en su muerte, no te abandonará; aún en su muerte, no podrás engañarle; incluso en su adiós, te entregará su corazón, su sabiduría; incluso en su último momento, compartirá lo que ha conocido y experimentado. Aun este último momento será un compartir.

Pero Chuang Tse dijo,

"Tendré al cielo y a la tierra como ataúd,
el sol y la luna serán símbolos de jade

prendidos junto a mí,
los planetas y las constelaciones brillarán
como joyas a mi alrededor,
y todos las seres estarán presentes
como plañideras en el velatorio".

¿Qué más se necesita? Todo es muy simple, sencillo, suficientemente. ¿Qué más quieres? ¿Qué más puedes hacer? ¿Qué más puedes hacer por un Chuang Tse, por un Buda? Hagas lo que hagas, no será nada; planees lo que planees, será una trivialidad. No puede ser algo magnífico porque el universo al completo se ha preparado para recibirle. ¿Qué más puedes hacer tú?

Chuang Tse dijo: "El sol y la luna y todos los seres del cielo y de la tierra están preparados para recibirme. Y todos los seres, la Existencia entera, serán los que me plañirán". Por eso no necesitas preocuparte, no necesitas contratar plañideras.

Contratas plañideras; ahora puedes encontrarlas en el mercado. Hay gente a la que pagas para que llore una muerte. ¿Qué clase de Humanidad es la que está surgiendo? Si muere una esposa, si muere una madre, no hay nadie para llorarla; por eso has de contratar a plañideras profesionales. Puedes encontrarlas en Bombay, en Calcuta, en las grandes ciudades; y hacen su trabajo tan bien que no puedes competir con ellas. Son muy eficientes, practican a diario, ¡pero qué repugnante es cuando les pagas! Todo se ha vuelto falso.

La vida es falsa, la felicidad es falsa. Incluso el plañir es falso. Y tiene que ser así, tiene un significado lógico. Si nunca has sido realmente feliz con una persona ¿cómo puedes llorarla cuando muere? Es imposible. Si no has sido feliz con tu esposa, si no has conocido instantes de dicha con ella, cuando muera ¿cómo podrán brotar lágrimas auténticas de tus ojos? En lo más hondo de ti, serás feliz; en lo más hondo, sentirás cierta libertad: "Ahora soy independiente, ahora podré hacer lo que desee". La esposa era algo así como una cárcel.

Oí de un hombre que se estaba muriendo y su esposa le consolaba diciéndole, "No te preocupes; antes o después me reuniré contigo".

El hombre le dijo, "Pero no me seas infiel". Debió de sentir miedo. ¿Por qué este temor en el último momento? Este temor tenía que estar ya allí.

La esposa le prometió, "Nunca te seré infiel". Por eso el hombre le dijo, "Si cometes un solo acto de infidelidad hacia mí, me revolveré en mi tumba. Será muy doloroso para mí".

Diez años después la esposa murió. A las puertas del cielo San Pedro le preguntó, "¿A quién quieres ver primero?"

Ella le contestó, "A mi marido, desde luego".

San Pedro le preguntó, "¿Cuál es su nombre?"

Ella le dijo, "Abraham".

Pero San Pedro le replicó, "Va a ser difícil para mí porque hay millones de Abrahams, así que dame una pista sobre él".

La esposa se lo pensó y le dijo, "En su último suspiro dijo que si le era infiel, se revolvería en su tumba".

San Pedro le dijo, "No digas más. Te debes referir a Abraham el "girador", el que se está revolviendo constantemente en su tumba. Durante diez años no ha tenido ni un sólo instante de paz. Y todo el mundo le conoce. No hay problema, le llamaré de inmediato".

Ni fe, ni confianza, ni amor, ni felicidad alguna han surgido nunca de tus relaciones. Cuando la muerte llega, ¿cómo puedes llorarla? ¡Tu plañir será falso! Si tu vida es falsa, tu muerte será falsa. Y no creas que tú eres el único falso; todos los que te rodean, todos aquellos con los que te relacionas, son falsos. Y vivimos en un mundo tan falso que es simplemente asombroso cómo podemos continuar.

Un político se encontraba sin empleo. Era un ex-ministro. Buscaba trabajo porque los políticos no saben qué hacer si no trabajan. No pueden hacer nada más que política, no saben hacer nada más que politiquear. Y carecen también de otras cualificaciones. Incluso un insignificante trabajo requiere estar cualificado, pero para ser ministro no se necesita nada. Un primer ministro no necesita estar en absoluto cualificado.

Así que este ministro estaba en dificultades. Se entrevistó con el director de un circo porque pensó que como la política era un gran circo, él tenía que saber hacer algo de lo que se hace en un circo. De modo que le dijo: "¿Puedes darme trabajo? Estoy en paro y atravieso dificultades".

El director le contestó: "Has venido en el momento justo. Uno de los osos ha muerto, así que te daremos un disfraz de oso. No tienes que hacer nada, tan sólo estar sentado quietecito todo el día y nadie notará nada. Sólo estar sentado, desde la mañana hasta la noche, de forma que la gente se crea que el oso está ahí".

El trabajo parecía atractivo y el político lo aceptó. Se metió en la jaula, se enfundó el disfraz de oso y se sentó. A los quince minutos de estar sentado otro oso fue introducido en la jaula. El miedo se apoderó de él y corrió hacia las rejas comenzando a hacer aspavientos y gritando, "Ayudadme, dejadme salir de aquí".

Y entonces oyó una voz. El otro oso le estaba hablando. Le decía: "¿Crees que eres el único político sin trabajo? También yo soy un ex-ministro. No te asustes".

Toda tu vida se ha vuelto falsa—raíces incluidas—y tu existencia es un auténtico milagro. Hablando con un rostro falso, hablando a un rostro falso, con una felicidad falsa, por un falso sufrimiento... ¡y aún así esperas hallar la verdad! La verdad no puede ser nunca hallada con rostros falsos. Uno tienen que encontrar su propio rostro y abandonar todas las falsas máscaras.

Chuang Tse dice,

"Tendré al cielo y a la tierra como ataúd,...

Así pues, ¿por qué preocuparte? ¿Cómo puedes encontrar un ataúd mayor que éste? Que el cielo y la tierra sean mi ataúd. Lo serán.

*"El sol y la luna serán símbolos de jade
prendidos junto a mí...*

¡Por eso no necesitas encender velas en torno a mí! Durarán un instante y más pronto o más tarde desaparecerán. Deja que el sol y la luna sean los símbolos de la vida a mi alrededor. Y lo son.

*"... los planetas y las constelaciones
brillarán como joyas a mi alrededor,
y todos los seres estarán presentes...*

¡Has de entenderlo: todos los seres estarán presentes! Se dice también lo mismo de Buda y de Mahavira, pero nadie se lo cree porque es imposible de creer. Los jainos lo leen, pero incluso entonces no se lo creen; los budistas lo leen, pero la duda entra en su mente.

Se dice que cuando Mahavira murió, todos los seres estaban presentes. No sólo seres humanos; los animales, las almas de los árboles, los ángeles, las deidades, todos los seres de todas las dimensiones de la Existencia estaban presentes. Y tuvo que ser así porque un Mahavira no sólo te es revelado a ti; su esplendor es tal, su altura es tal, que todas las dimensiones de la Existencia la perciben. Se dice que cuando Mahavira hablaba, los ángeles, las deidades, los animales, los fantasmas, todas las clases de seres se hallaban presentes para escucharle. No sólo los seres humanos. Parece un cuento, una parábola, pero te aseguro que es verdad, porque cuanto más alto llegas, tanto más alto crece tu ser y otras dimensiones de la Existencia te son accesibles.

Cuando uno alcanza el punto más alto—el nivel de *arihanta*, como lo llaman los jainos; el estado de *arhat* como lo llaman los budistas; el estado del perfecto Tao, el hombre del Tao, como Chuang Tse lo llama—entonces toda la Existencia te escucha.

Dice Chuang Tse,

*"...y todos los seres estarán presentes
como plañideras en el velatorio..."*

¿Qué más se necesita y qué más puedes hacer? ¿Qué puedes añadir? No necesitas hacer nada ni preocuparte de nada.

"... Todo está ya cumplidamente preparado".

Esto es lo que percibes cuando te vuelves silencioso.

"... Todo está ya cumplidamente preparado".

La vida y la muerte, todo; no necesitas hacer nada, todo está sucediendo ya, sin ti. Innecesariamente te entrometes y creas confusión, creas caos. Sin ti, todo es perfecto; tal como es, es perfecto. Ésta es la actitud de un hombre religioso: tal como todo es, es perfecto. No puedes mejorarlo.

En Occidente, se dice que Leibnitz dijo que éste es el mundo más perfecto de todos los mundos posibles. Ha sido criticado por ello, porque en Occidente no puedes afirmar tales cosas. ¿Cómo puede ser este mundo el más perfecto? Parece que es el más im-

perfecto, el más feo, enfermo; hay desigualdad, sufrimiento, pobreza, enfermedad, muerte, odio, de todo, ¡y este Leibnitz asegura que éste es el mundo más perfecto de todos los posibles!
Leibnitz ha sido criticado duramente, pero Chuang Tse hubiera entendido a qué se refería. Yo sé a qué se refiere. Cuando Leibnitz dice, "Éste es el mundo más perfecto posible", no está haciendo ningún comentario sobre la situación política o económica. No está haciendo un comentario sobre la igualdad, la desigualdad, el socialismo, el comunismo, o las guerras. El comentario no es objetivo, el comentario no se refiere a lo externo; el comentario se refiere al sentimiento interior. Procede del Ser mismo.
Que todo es perfecto significa que no hay por qué preocuparse.

"... Todo está ya cumplidamente preparado".

Y no puedes mejorarlo, simplemente no puedes mejorarlo. Si lo intentas, lo empeorarás, pero no puedes mejorarlo. Es muy difícil para la mente científica comprender que no puedes mejorarlo, porque la mente científica depende de esta idea: las cosas son mejorables. Pero, ¿qué has logrado?
Desde hace dos mil años, desde Aristóteles, hemos intentado en Occidente, hacer de este mundo un lugar mejor. ¿Ha mejorado en algún aspecto? ¿Es el hombre un poquito más feliz? ¿Es el hombre un poco más dichoso? En absoluto. Las cosas han empeorado. Cuanto más medicamos al paciente, más se acerca a la muerte. Nada ha servido de ayuda. El hombre es absolutamente infeliz.
Puede que tengas más cosas para ser feliz, pero el corazón—que es el que puede ser feliz—se ha perdido. Puedes tener palacios, pero el hombre que podía ser el emperador ya no existe, de modo que los palacios se convierten en tumbas. Tus ciudades son más ricas, más hermosas, pero parecen cementerios, sin personas vivas en ellas. Nos hemos equivocado intentando hacer al mundo mejor. No es mejor. Puede que sea peor.
Mira hacia atrás... el hombre era totalmente diferente, más pobre, pero más rico. Parece paradójico; era más pobre, sin la comida necesaria, sin vestidos suficientes, sin cobijo suficiente, pero la vida era más rica. Podía bailar, podía cantar.
Tu cantar se ha perdido, tu garganta está obstruida; ninguna canción puede surgir del corazón. No puedes danzar. Cómo máximo

puedes desplegar algunos movimientos, pero esos movimientos no constituyen una danza, porque el danzar no es sólo movimiento. Cuando un movimiento se vuelve extático, se convierte en danza. Cuando el movimiento es tan total que no hay ego, es una danza.

Y deberías saber que la danza se introdujo en el mundo como sistema de meditación. Al principio la danza no era para bailar; constituía un método para alcanzar un éxtasis donde el que bailaba se perdía. Sólo permanecía la danza, sin ego, sin nadie manipulando, el cuerpo fluyendo espontáneamente.

Puedes bailar, pero sólo con pasos muertos. Puedes manejar el cuerpo; puede que sea un buen ejercicio, pero no un éxtasis. Puedes abrazar, puedes besar, puedes seguir interpretando unos movimientos para hacer el amor, pero el amor no estará presente; sólo los gestos. Los interpretas y te sientes frustrado. Los interpretas y sabes que nada va a suceder. Lo intentas todo y un constante sentimiento de frustración te persigue como una sombra.

Cuando Leibnitz dice que éste es el mundo más perfecto de todos los posibles, afirma lo mismo que Chuang Tse está diciendo,

"...Todo está ya cumplidamente preparado".

No es necesario que te preocupes por la vida, no es necesario que te preocupes por la muerte; la misma fuente que se preocupa por la vida, se ocupará de la muerte. No necesitas pensar en un gran funeral. La misma fuente que me ha hecho nacer, me absorberá. Y se basta a sí misma; no es necesario que le añadamos nada.

Los discípulos escuchaban, pero no podían entenderle; de lo contrario no hubiera sido necesario añadir nada más. Pero los discípulos aun insistían,

"Tememos que los cuervos y los milanos
devoren a nuestro Maestro".

Si no nos ocupamos, si no pensamos qué hacer, los cuervos y los milanos se comerán a nuestro Maestro. Chuang Tse replicó,

"¿Y qué? Sobre la tierra seré devorado
por cuervos y milanos,
y bajo la tierra por hormigas y gusanos.

*En ambos casos seré devorado,
así que, ¿por qué no favorecéis a las aves?"*

Así que, ¿por qué elegir? He de desaparecer, por lo tanto ¿a qué viene elegir? Chuang Tse dice: "Vive sin elegir y muere sin elegir". ¿Por qué elegir?

Intentas manipular la vida y luego intentas manipular también la muerte. Por este motivo la gente deja testamentos, documentos legales, para que cuando ya no esté, puedan seguir manipulando. Muertos, pero aún podrán manipular. La manipulación parece ser tan atractiva que la gente, aún después de la muerte, sigue manipulando. Un padre muere y establece condiciones en su testamento de forma que el hijo reciba su legado sólo si cumple con ellas; en caso contrario, el dinero irá a parar a una institución caritativa. Pero esas condiciones se han de cumplir ... el fallecido domina todavía.

El fundador y presidente de una sociedad londinense redactó su testamento. Decía: "Cuando muera, que mi cuerpo no sea destruido. Tiene que ser conservado. Continuaré sentado en el sillón presidencial". Y todavía está sentado allí. Siempre que se reúne la sociedad, su cadáver preside la reunión sentado en su sillón. Está sentado a la cabecera de la mesa, dominando aún.

Tu vida es una manipulación de los demás y quisieras que tu muerte también lo fuera. Chuang Tse dice: "No hay elección. Si abandonas mi cuerpo sobre la tierra, está bien, será devorado; si lo entierras, será devorado también. Así que, ¿por qué favorecer a los pájaros, o a los gusanos? Que suceda lo que tenga que suceder. Deja a la Fuente decidir".

El decidir te crea ego: "Yo decidiré". Deja que el Origen decida, deja que la Esencia decida cómo disponer de este cuerpo. Nunca se me preguntó ¿cómo pudo la Esencia crear este cuerpo?, ¿Por qué he de decidir yo cómo hay que deshacerse de él? ¿Y por qué escandalizarse si es comido? Es correcto.

Nos asusta ser devorados, ¿por qué? Es algo que hay que comprender. ¿Por qué no asusta tanto ser devorados? Durante toda nuestra vida estamos comiendo y destruimos vidas con nuestro comer. Comas lo que comas, matas. Tienes que matar, porque la vida sólo puede comer vida. No hay otra forma. Nadie puede ser llamado vegetariano, nadie. Todo el mundo es no-vegetariano, porque todo lo que comes es vida. Comes fruta, es vida; comes verduras, las verduras tienen vida; comes trigo, arroz, que son semillas para que germine más vida. Todo aquello de lo que dependes, tiene vida.

La vida devora la vida y todo es comida para algo; por eso ¿por qué te proteges y tratas de asegurarte de que no serás comido? ¡Pura estupidez! Has estado comiendo durante toda tu vida; dale ahora a la vida la oportunidad de que te coma, déjala que te devore.

Por eso afirmo que los *parsis* poseen el método más científico para eliminar un cadáver. Los hindúes lo incineran. Eso no está bien, porque estás quemando comida. Si todos los árboles quemaran su comida y si a cada animal que muriera los demás animales lo quemaran ¿qué sucedería? Serían todos hindúes, pero no quedaría nadie. ¿Por qué quemarlos? Has estado comiendo vida; deja ahora que la vida te coma, dale una oportunidad. Y alégrate, porque ser comida significa que estás siendo absorbido. No hay nada malo en ello. Significa que la Existencia se ha retrotraido, el río ha regresado al océano.

Y éste es el mejor modo de ser absorbido: siendo comido, para que todo lo que en ti pueda ser útil, esté vivo en alguien. Algún árbol, algún pájaro, algún animal, estará vivo gracias a tu vida. Alégrate, tu vida ha sido distribuida. ¿Por qué crees que no es correcto? Los musulmanes y los cristianos entierran a sus muertos en cajitas bajo tierra, en ataúdes, para protegerlos. No está bien, es una solemne estupidez, porque si no podemos proteger la vida, ¿cómo vamos a proteger la muerte? No podemos proteger nada, no hay nada que pueda ser protegido.

La vida es vulnerable y tú intentas hacer de la muerte algo invulnerable. Quieres protegerla, salvarla.

Los parsis tienen el mejor método: simplemente dejan el cuerpo sobre las rocas y los buitres y otras aves llegan y se lo comen. Todo el mundo está en contra de los parsis, incluso los mismos parsis, porque el espectáculo parece repugnante. No es repugnante. Cuando comes, ¿es repugnante? Entonces ¿por qué cuando un buitre está comiendo ha de resultar repugnante? Cuando comes, lo llamas "comida" y cuando un buitre te come sigue siendo una comida. Has estado comiéndote a otros; deja ahora que los otros te coman. Sé absorbido.

Por eso Chuang Tse dice: "No hay elección, ¿por qué favorecer esto o aquello? Deja que la vida haga lo que elija hacer; yo no voy a decidir por ella". Realmente, Chuang Tse vivió una vida sin elegir, de forma que ahora está preparado para morir sin elegir el tipo de muerte. Y cuando permaneces en un estado de no elección, sólo entonces *eres*. Cuando eliges, la mente está presente. La mente es la que elige; el *ser* permanece siempre sin elegir. La mente desea hacer algo; tu *ser* simplemente permite que las cosas sucedan. *Ser* es un dejarse ir. ¿Cómo puedes ser un desgraciado si no eliges? ¿Cómo puedes ser infeliz si no anhelas un resultado en particular? ¿Cómo puedes ser miserable si no te orientas hacia una meta determinada? Nada puede hacerte desgraciado. Tu mente pide metas, elecciones, decisiones,... y entonces llega la desgracia.

Si vives sin elegir y permites que la vida suceda, te conviertes simplemente en un escenario: la vida se despliega en ti, pero tú no eres el que la dirige. No la diriges, no la controlas. Cuando dejas de ser el controlador, todas las tensiones se disuelven; sólo entonces hay un estado de relajación, sólo entonces estás totalmente relajado. Esa relajación es el punto extremo, el alfa y el omega, el principio y el final. Tanto si es vida, como si es muerte, no deberías de tomar partido.

Ése es el significado de esta historia: no deberías tomar partido. No deberías decir: "Esto esta bien y eso está mal". No deberías dividir. Deja que la vida sea un todo indiferenciado.

Chuang Tse dijo: "Si estableces divisiones—aunque sólo sea una mínima división—el cielo y la tierra se separarán y luego no podrán ser unidos".

Conocí una vez a un joven. Solía venir a mí y siempre tenía una preocupación. Deseaba casarse, pero fuera cual fuera la chica que llevaba a su casa, su madre la desaprobaba. Se había vuelto un tema casi imposible. Por eso le dije, "Busca a una chica que sea muy parecida a tu madre: su cara, su figura, la forma en que camine, su modo de vestir. Encuentra su imagen especular, un reflejo de tu madre".

Él buscó y buscó y finalmente encontró a una chica. Vino a mí y me dijo, "Tenías razón; le gustó a mi madre al momento. Es tal como mi madre; no sólo se viste como mi madre, sino que camina, habla e incluso cocina como mi madre".

Y le pregunté, "¿Qué sucedió luego?" Él contestó, "Nada. Porque mi padre la odia".

La polaridad; si una parte de tu mente ama algo, inmediatamente puedes encontrar otra parte de tu mente que la odia. Si eliges algo, mira detrás; la otra parte que odias, se esconde ahí. Siempre que elijas, no sólo es el mundo el que es dividido; tú también eres dividido mediante tu elección. No eres uno. Y cuando no eres total, no permites que la vida suceda. Y toda bendición nace como gracia, como regalo; no se alcanza a través del esfuerzo.

No elijas pues la religión en oposición al mundo, no elijas bondad contra maldad, no elijas gracia en vez de pecado, no elijas ser un buen hombre en vez de ser un mal hombre, no distingas entre demonio y Dios—esto es lo que dice Chuang Tse. Dice: "No elijas entre la vida y la muerte. No elijas entre esta clase de muerte y esa clase de muerte. No elijas, permanece uno; y siempre que seas un todo, te encontrarás con el Todo, porque lo semejante encuentra lo semejante".

Ya lo han afirmado los místicos durante siglos: "Como arriba, así es abajo". Me gustaría añadir una cosa más: "Como dentro, así es afuera". Si eres uno en tu interior, la Totalidad exterior surge inmediatamente. Si estás dividido por dentro, el Todo exterior está dividido. Eres tú el que se convierte en el universo entero, eres tú el que proyectas, eres tú. Y siempre que elijas, estarás dividido. "Elegir" significa "dividir"; "elegir" significa "conflicto"—a favor de esto y en contra de eso.

No elijas. Permanece como testigo, sin elegir, y no te faltará de nada. Entonces esta Existencia será la más perfecta posible. Nada puede ser más hermoso, nada puede aportar mayor dicha. Está ahí, a tu alrededor, esperándote. En el momento en que seas consciente, te será revelada. Pero si tu mente sigue activa en tu interior—dividiendo, eligiendo, creando conflictos—nunca te sucederá.

Te lo has estado perdiendo durante vidas enteras. No sigas pasando de largo.

Suficiente por hoy.

ACERCA DEL AUTOR

OSHO es un místico contemporáneo cuya vida y enseñanzas han influido a millones de personas de todas las edades y condiciones.

Ha sido descrito por el *Sunday Times,* de Londres, como uno de los «mil artífices del siglo xx», y por el *Sunday Mid-Day* (India), como una de las diez personas —junto con Gandhi, Nehru y Buda— que han cambiado el destino de India.

Acerca de su propio trabajo Osho ha dicho que está ayudando a crear las condiciones para el nacimiento de un nuevo tipo de ser humano.

Él ha caracterizado a menudo a este ser humano como «Zorba el Buda»: capaz de disfrutar de los placeres de Zorba el Griego y de la silenciosa serenidad de Gautama el Buda. Como un hilo conductor a través de todos los aspectos del trabajo de Osho se encuentra una visión que conjuga la sabiduría intemporal de Oriente y el potencial más elevado de la ciencia y la tecnología occidentales.

También es conocido por su revolucionaria contribución a la ciencia de la transformación interna, con una perspectiva de la meditación que reconoce el ritmo acelerado de la vida contemporánea. Sus singulares Meditaciones Activas **OSHO**® están diseñadas para liberar primero el estrés acumulado del cuerpo y la mente, y así facilitar la experiencia de la meditación, un estado relajado y libre de pensamientos.

RESORT DE MEDITACIÓN OSHO INTERNACIONAL

El RESORT DE MEDITACIÓN OSHO INTERNACIONAL es un gran lugar de vacaciones en donde la gente puede tener una experiencia directa de una forma de vivir con más conciencia, relajación y diversión. Está situado a unos 160 kilómetros al sureste de Bombay, en Puna (India). Originalmente construida como el lugar de veraneo de los marajás y la adinerada colonia británica, Puna es hoy una ciudad moderna y vibrante asiento de numerosas universidades e industrias de alta tecnología.

Las instalaciones del Resort de Meditación se extienden sobre 32 acres en un barrio lleno de árboles conocido como Koregaon Park. En torno a unas 15.000 personas procedentes de más de cien países diferentes lo visitan cada año y encuentran acomodo adecuado entre una gran variedad de hoteles y apartamentos privados, dependiendo de la duración de su visita.

Los programas del Resort están todos basados en la visión de Osho de un nuevo tipo cualitativo de ser humano que es capaz de participar alegremente en la vida de cada día y relajarse en el silencio y la meditación. La mayoría de los programas se desarrollan en lugares modernos y con aire acondicionado e incluyen una gran variedad de sesiones individuales, cursos y talleres. Muchos de los miembros del equipo son líderes mundiales en sus respectivos campos. La oferta del programa cubre todo, desde las artes creativas hasta los tratamientos holísticos, el crecimiento personal y la terapia, las ciencias esotéricas, la visión zen de los deportes y el entretenimiento, problemas de relación y crisis de transición para hombres y mujeres de todas las edades.

Ambos, las sesiones individuales y los grupos, se ofrecen durante todo el año, acompañados de un programa diario de meditaciones activas, además de mucho espacio para la relajación en el esplendor de los jardines tropicales, o en la piscina y las instalaciones del Resort de Meditación. Cafés al aire libre y restaurantes dentro del Resort ofrecen la cocina tradicional india y una variedad de platos confeccionados con vegetales orgánicos cultivados en la propia granja del Resort. Ésta tiene su propio suministro de agua convenientemente tratada.

Para más información

www.**OSHO**.com

Un amplio sitio web en varias lenguas, que ofrece una revista, libros OSHO y OSHO Talks en formato audio y video, la Biblioteca OSHO con el archivo completo de los textos originales en inglés e hindi, y una amplia información sobre las meditaciones OSHO. También encontrarás el programa actualizado de la multiversidad OSHO e información sobre el Resort de Meditación Osho Internacional.

YouTube: http://www.youtube.com/oshointernational
Facebook: http://www.facebook.com/OSHO.International
Twitter: http://www.Twitter.com/OSHOtimes
Newsletter: http://OSHO.com/newsletters

Para consultar otras obras de Osho en castellano, pregunta en tu librería habitual o entra en:

www.alfaomega.es

OSHO INTERNATIONAL
e-mail: oshointernational@oshointernational.com
www.osho.com/oshointernational

OTRAS OBRAS DE **OSHO** EN CASTELLANO

Gaia Ediciones (Madrid)

Meditación hoy (DVD + libro)
El libro de los secretos
El secreto de los secretos
Tarot Osho Zen
El libro de la sabiduría
El arte del té
Amor, libertad y soledad
El libro de la nada
India, mi amor
Meditación para gente ocupada
El juego de la vida
El juego de la transformación
Vida, amor y risa
Buda, su vida y enseñanzas
Tao, su historia y enseñanzas
Tantra, el camino de la aceptción
Zen, su historia y enseñanzas

Neo Person (Madrid)

El gran desafío
Más allá de la psicología
De la medicación a la meditación

OTRAS OBRAS DE **OSHO** EN CASTELLANO

Gulaab (Madrid)

Tantra: la suprema compresión
La alquimia suprema (vols. 1 y 2)
El bote vacío
El verdadero sabio
Sobre los derechos humanos
Meditación: el arte del éxtasis
Yoga, la ciencia del alma (vols. 1 al 4)

Arkano Books (Madrid)

Tantra, espiritualidad y sexo
… y llovieron flores
Los misterios de la vida
El libro de los chakras
El libro del Hara